Pedro Sánchez o la pasión por sí mismo

Anatomía de un *dictador*

Antonio Elorza

Papel certificado por el Forest Stewardship Council®

Primera edición: mayo de 2025

© 2025, Antonio Elorza
© 2025, Penguin Random House Grupo Editorial, S. A. U.
Travessera de Gràcia, 47-49. 08021 Barcelona

Penguin Random House Grupo Editorial apoya la protección de la propiedad intelectual. La propiedad intelectual estimula la creatividad, defiende la diversidad en el ámbito de las ideas y el conocimiento, promueve la libre expresión y favorece una cultura viva. Gracias por comprar una edición autorizada de este libro y por respetar las leyes de propiedad intelectual al no reproducir ni distribuir ninguna parte de esta obra por ningún medio sin permiso. Al hacerlo está respaldando a los autores y permitiendo que PRHGE continúe publicando libros para todos los lectores. De conformidad con lo dispuesto en el artículo 67.3 del Real Decreto Ley 24/2021, de 2 de noviembre, PRHGE se reserva expresamente los derechos de reproducción y de uso de esta obra y de todos sus elementos mediante medios de lectura mecánica y otros medios adecuados a tal fin. Diríjase a CEDRO (Centro Español de Derechos Reprográficos, http://www.cedro.org) si necesita reproducir algún fragmento de esta obra.
En caso de necesidad, contacte con: seguridadproductos@penguinrandomhouse.com

Printed in Spain – Impreso en España

ISBN: 978-84-666-8211-4
Depósito legal: B-4.796-2025

Compuesto en Llibresimes, S. L.

Impreso en Unigraf, S. L.
Móstoles (Madrid)

BS 8 2 1 1 4

Índice

Prólogo 11

0. Actualidad de una fábula 21

I. EL CERCO A LA LIBERTAD

1. La caída de las democracias 29
2. Una Transición inacabada 40
3. La corrupción, una pasión española 55

II. UN NARCISISMO POLÍTICO

4. Trepar al cielo 82
5. El reto de Podemos 104
6. Aprendiendo de Fidel... 112
7. ... y anticipándose a Trump 124
8. Él 130

— 5 —

III. LA FORJA DE UNA DICTADURA

9. Mirando hacia atrás sin ira: la COVID 141
10. El Muro 152
11. La perversión de la memoria: la memoria
    democrática 155
12. La infamia 165
13. El tránsito a la dictadura 172
14. Anatomía de una dictadura 186
15. LPS. El Lenguaje Político de Pedro Sánchez . . . 192
16. Huyendo de la catástrofe. La dana 202
17. Una rebelión constitucional 208

IV. LA FACHADA PROGRESISTA

18. Un progresismo alicorto 222
19. El ejemplo de Venezuela: «Si eres leal, roba» . . . 227
20. Inmigración: el buen uso del malgobierno 239

V. EL JUEGO DE LA NACIÓN: CATALUÑA Y ESPAÑA

21. El futuro de una negociación 252
22. ¿Acuerdo o sumisión? 256
23. La lógica del absurdo: Puigdemont 260
24. La extinción de España 265

VI. UN YO OMNÍVORO

25. El porqué de una autocracia 281
26. *Delenda est Iustitia!* 287
27. Vuelve el privilegio 292

28. El padrino 296
29. Un régimen de corrupción 304
30. Callejón sin salida 307
31. Apoteosis 314
32. Un falso Quijote 321
33. Un horizonte totalitario 326

Conclusión. El deseo de Pedro Sánchez 339

Epitafio 347

Terrible cosa tener que contender con uno que se cree en posesión de la verdad absoluta, eterna y esencial.

MIGUEL DE UNAMUNO, «Reflexiones actuales», 28 de octubre de 1934

¡Basta ya de guerra civil!

DOLORES IBÁRRURI, Comité Central del PCE, 25 de julio de 1956

Por un lado, las fuerzas conservadoras y reaccionarias del PP y Vox que quieren retroceder (…). Y frente a ellos existen unas fuerzas progresistas que están dispuestas a seguir avanzando.

PEDRO SÁNCHEZ, discurso de investidura, 15 de noviembre de 2023

Prólogo

Las «memorias parciales», publicadas por Pedro Sánchez en 2019 con el título de Manual de resistencia, hubieran podido ser una buena introducción al conocimiento de su personalidad humana y política. Concernían a un periodo, los años previos a su acceso a la presidencia, bien conocido y sin muchos momentos complicados. Podía contar cosas interesantes, sobre todo para poner al descubierto unas ideas y unos planteamientos de Pedro Sánchez, que quedaron escondidos bajo la superficie de la historia oficial. Es lo que intenta destacar en su breve presentación. No olvida hacer gala de su sinceridad, dado que «esas vivencias me hacen sentir vinculado a millones de ciudadanos y ciudadanas de a pie que sufrieron con la crisis y que también podrían escribir un manual de resistencia sobre su propia vida». El hecho de que hayan sido redactadas, o de forma más elegante, hayan recibido forma literaria por una escritora de calidad, Irene Lozano, suponía un atractivo adicional para abrigar buenas esperanzas sobre el producto, aunque estén centradas en la etapa de lucha política que le llevaría a presidir el Gobierno de España.

Lo cierto es que las trescientas páginas no resultan inútiles para alcanzar una mejor comprensión del personaje, pero en *gran medida, por lo contrario de lo que prometen, incluso para esos años de lucha, Pedro Sánchez ofrece en ellas un rasgo definitorio de su psicología, poco adecuado para empapar unas memorias de sinceridad. Nos referimos a la voluntad permanente de sustituir la realidad por la imagen que quiere transmitir de sí mismo en cada circunstancia. El ejemplo más clamoroso es la extensa referencia inicial a Mariano Rajoy, plagada de elogios y de alusiones al trato cordial entre ambos. Más adelante, hablará de la campaña electoral de finales de 2015, citando una serie de anécdotas. Silencia el violentísimo ataque que lanzó contra Rajoy, en el curso del debate entre ambos la noche del 14 de diciembre, cuando le espetó: «Tenía usted que haber dimitido hace dos años. El presidente tiene que ser una persona decente, y usted no lo es». Una agresión personal que tuvo la virtud de sacar de quicio a Rajoy, y que traspasó todas las líneas rojas en una discusión democrática. Aquello era odio.*

Al margen de que, vistas las cosas desde hoy, es claro que Sánchez no se aplica a sí mismo su medicina, lo esencial es que la ocultación preside el relato en todo aquello que puede empañar la inmaculada imagen del líder, tanto sobre el contenido de las relaciones políticas como de los principales temas de debate en cada momento, encubriendo aquellos apoyos que ya no conviene nombrar, y abordando los grandes temas desde un grado de generalización que nada dice. Solo se intuye la dura competencia con Podemos, pero envuelta en papel de plata.

Lo que sí se percibe, comparando sus afirmaciones de 2019 con lo realizado por Sánchez desde entonces, es el vuelco que han dado tanto sus posiciones políticas concretas como sus ideas en torno a los principales problemas del Estado. El Sánchez de 2019 cree que «el 155 fue como un bálsamo para la sociedad catalana», «que el Estado actuó de manera inteligente», que «son ellos —los independentistas— los que la han partido en dos» [la sociedad catalana], que el papel del

Partido Socialista Obrero Español (PSOE) es defender «la España de izquierdas» y que el independentismo es «antieuropeo y antisocial». A la vista del «diálogo» y de sus resultados, resulta evidente que el pasado tiene poco que ver con el presente, sobre todo porque, en los cambios, Pedro Sánchez se ha atenido a las circunstancias, sin el menor esfuerzo de reflexión. Y en esos cinco años, las diferentes tomas de posición suyas se han sucedido.

Una de particular relevancia: mientras sube por la escalera del poder, Pedro Sánchez es un apóstol de la democratización radical del PSOE, y sabemos que, como presidente del Gobierno, hará de él un bloque monolítico. Una frase del Manual *merece ser recordada al respecto: «Esa es la magia de la democracia: su fuerza imparable arrolla a quien no cree en ella o la utiliza como coartada para ejercer el poder. Yo creo en ella...». Podría confeccionarse fácilmente un libro rojo o verde de sus citas que arrojaría como resultado un hilo argumental comparable al de una vieja película,* La marcha sobre Roma, *donde los hechos van desmintiendo una a una las promesas del líder autoritario.*

La consecuencia de la revisión es que vale de poco afrontar la citada personalidad política de Pedro Sánchez de acuerdo con el procedimiento habitual de reconstruir su formación cultural y política, el itinerario de ascenso en el PSOE, sus enlaces con otras instancias del mismo hasta llegar al poder, sus posiciones ideológicas, la definición de su política y los cambios experimentados en ella. Sánchez es economista titulado y nada en el Manual *nos informa sobre lecturas y adhesión a esta o a otra escuela, aunque él mismo declara haber sido docente, sin saber apenas de qué ni sobre qué. Eso sí, la experiencia ha sido magnífica. Afirma haber devorado las obras de Willy Brandt y los diarios de Manuel Azaña, al parecer sin efecto alguno sobre su cerebro. Declara su amor a los perros, y tiene uno como mascota y dos tortugas.*

De su carrera política dentro del partido, de sus apoyos en momentos clave —¿José Luis Rodríguez Zapatero, José Blanco?—, de sus colaboradores, como el ingenioso José Luis Ábalos, nada salvo un contacto puntual con Susana Díaz, para convenientemente atribuirle una confianza en su persona, y una curiosa alusión a su rival en 2014, Eduardo Madina, de quien solo nos dice que se presentó con «escasa convicción» y con «improvisación», nada positivo sobre él o sobre sus ideas. Poca cosa para afrontar «la sintonía que yo había generado con la militancia». En suma, información efectiva sobre esa rivalidad, cero. Complejo gratuito de seguridad, a raudales. Todas las páginas del Manual rebosan de esa actitud. Nunca hay manera de saber qué argumentos y qué objetivos se manejaban en cada caso, solo que él lo hacía todo estupendamente, tenía siempre razón y los militantes le seguían. Poca cosa para iniciar un análisis, que no sea psicológico.

Así que era preciso empezar de cero, y con la dificultad de que estamos ante una trayectoria personal siempre cambiante. Y con un espesor ideológico tan leve que se limita a enunciar la vulgata de la socialdemocracia, aderezada en las primeras páginas con su sensibilidad ante el problema humanitario de los inmigrantes en el mar.

Mientras daba vueltas a la cuestión de cómo entender primero, y explicar a continuación, una problemática tan resbaladiza, recordé una experiencia personal muy distante, pero que ofrecía cierta similitud en cuanto a su funcionamiento. Fue cuando a los doce años mi padre trató sin éxito de enseñarme a disparar. El blanco no era fijo, sino un pequeño oso mecánico que se desplazaba en línea sobre un circuito, ocultándose a veces de manera inesperada. Mi padre acertaba siempre y yo no le di ni una, pero mirándolo bien, el símil del osito que camina en línea y se esconde ayuda a entender el tema que nos ocupa. Se mueve siempre en una sola dirección, no se detiene para rectificar su camino por iniciativa propia. No piensa por sí mismo, o no dice qué. Su única tarea es responder a las ame-

nazas, a los problemas, con las ocultaciones sorpresivas, para luego reemprender su marcha inalterada.

En Pedro Sánchez, resulta fácil entender la dinámica interna que preside su actuación política, siendo inútil buscarle unos fundamentos ideales que se traduzcan en actitudes y decisiones. Lo que cuenta es seguir avanzando en su trayectoria, impulsado por su voluntad de poder. No hace falta indagar sobre sus componentes básicos, la inspiración doctrinal y los argumentos que subyacen a los cambios. En todas las vicisitudes que cuentan él e Irene en el Manual, *las dos cosas claras son que él está dispuesto siempre a ganar —justificación primaria, intereses del país y del partido— y que existe ya una barrera infranqueable entre izquierda y derecha. No hay término medio. Y así hacia delante.*

Pedro Sánchez nunca ahonda ni un milímetro bajo la superficie para tomar en consideración los intereses del país, ya que las culpas son todas de la derecha y las soluciones, las suyas. Puede servir de muestra el razonamiento en que apoya el rechazo, en 2016, del PSOE a abstenerse, haciendo posible un Gobierno Rajoy, es decir, que hubiera Gobierno: 1) «Nos estábamos jugando nuestra credibilidad», 2) «nos estábamos jugando la razón de ser del partido»; 3) «estaba en juego nuestro papel como alternativa de gobierno al PP». Tres razones que eran una. Egoísmo de partida: la estabilidad del régimen al quedar sin Gobierno, sin posibilidades de cambio, no cuenta para nada.

Mantener la divisoria a toda costa es lo que justificó y justifica el liderazgo en el partido. Un dualismo primario que le permitió ganarse a la mayoría de los militantes del PSOE, en unos tiempos bien duros y con una situación política muy complicada. Al acertar en la presentación de su esquema como única vía de salvación, el blanco contra el negro le dará la victoria en mayo de 2017.

A partir de ese momento, emprende un recorrido lineal,

como el del osito en el juego de tiro, ocultándose o moviéndose cuando resulta oportuno y tropieza con un problema político grave o con una dificultad inesperada, sin otras aportaciones que aquellas que le permiten recuperar la trayectoria emprendida. Huyamos de toda complejidad y de toda concesión, eso es lo importante.

El análisis de la política de Pedro Sánchez ha de adaptarse entonces al ritmo de una road movie, en cuyo curso el personaje se desplaza de un lugar a otro, respondiendo a sus objetivos variantes y también a los obstáculos con que va tropezando. No sirve parar la cámara e intentar una profundización en los móviles o la finalidad última de su viaje. Ello sería tanto como suscribir el engaño. En cuanto a compromisos doctrinales, es un marxiano confeso, pero no discípulo de Carlos Marx, sino de la conocida declaración de Groucho Marx que en su versión sufriría algún cambio: «Yo tengo unos principios, pero si me conviene, tengo otros a mi disposición».

Terrorismo vasco, independencia catalana, legitimidad de una amnistía, posición sobre el Sáhara, democracia en Venezuela, fueron otras tantas cuestiones, sobre las cuales nunca dudó en contradecirse a sí mismo. La anatomía del político Pedro Sánchez no puede, en consecuencia, reproducir el enfoque y los filtros que han servido para estudios clásicos, uno de los más recientes el de Enrique Moradiellos sobre la figura de Francisco Franco, sino que obliga a perseguir al objeto de conocimiento, que siempre es el mismo, y una lagartija más que el osito sería el mejor ejemplo, moviéndose sin cesar, al cual no hay otro remedio que intentar atraparle en cada una de las etapas de sus desplazamientos.

El comportamiento político del personaje Pedro Sánchez requiere, eso sí, tomar en consideración las principales variables que inciden sobre su acción política y que son de distinta naturaleza. No opera en el vacío. De entrada, a pesar de su fuerte individualismo, conviene recordar que no es un cabo suelto, sino un ejemplar más de la copiosa lluvia de estrellas errantes actual, de los gobernantes de vocación autoritaria que en el mundo de hoy impulsan y protagonizan el ocaso de la democracia. Es preciso tomar en consideración, asimismo, los condicionantes negativos de la Transición, y por tanto de la democracia en España. Unos vienen de muy lejos, como la corrupción, otros han mostrado su gravedad recientemente, como el problema catalán, e incluso hay uno casi inmediato: la degradación del progresismo.

Hay otras variables puntuales, que inciden sobre los recursos tácticos adoptados por Sánchez. Uno singular es Podemos, competidor y maestro. Otro es el modelo de gestión dinámica del conflicto, tomado de Fidel Castro. El resultado es el singular proceso de radicalización autoritaria, que en el transcurso de su gestión y de la creciente conflictividad, con la corrupción como último agravante, hace que el vacío político de Pedro Sánchez, impulsado por su voluntad de poder, desemboque en otro vacío, el del régimen democrático vigente hasta su llegada al Gobierno.

Tal es el itinerario que intentaremos reconstruir, siempre lineal, en el cual los momentos de cambio y los sucesivos obstáculos plantean demandas a las cuales nuestro personaje responde, atento siempre a seguir en su trayectoria ascendente. Las respuestas pueden ser contradictorias entre sí, ya que se atienen a esa finalidad de autoafirmación, de un hito al siguiente, «de partido a partido», que diría Simeone. Nuestro hombre es un fin en sí mismo y para sí mismo. Como inicio, habrá que tomar en consideración del contexto en que se mueve, nunca sus ideas, subordinadas a una voluntad de ascenso al poder que, al materializarse y tropezar con obstáculos, se hace más decidida y dotada de mayor voluntad de dominio. De ahí que, partiendo de la definición de esa actitud fundamental, un narcisismo político, tenga lugar una ampliación progresiva de su alcance, pasando del caudillismo inicial a un sentido dictatorial del poder como jefe de Gobierno, que finalmente adquiere una dimensión totalitaria. Lo que llamo un «yo omnívoro».

Las sucesivas fases de este ensayo tienen con frecuencia como base mis análisis sobre la personalidad política de Pedro Sánchez, aparecidos en El Correo *(EC)*, El País *(EP)*, Letras Libres *(LL)* y The Objective *(TO)*. *Las menciones incluyen las referencias cronológicas al tiempo en que fueron redactados, sin que eso implique localización ni transcripción precisas, salvo que así quede expresado. La evolución de los planteamientos políticos de Sánchez, sometidos a un cambio constante, aconseja esa presentación. Es como apuntar a un blanco móvil.*

En reiteradas ocasiones he omitido el deber de que el autor de un relato no intervenga en el mismo a título personal, pero, tras pensarlo, creí que más valía cometer esa infracción que hace posible incluir los resultados de mi observación participante.

Por último, un par de cuestiones de vocabulario. Se entiende por «autocracia» un poder político personal de vocación ilimitada, el cual, al concretarse en un monopolio de la capacidad de decisión y normativa en el ejecutivo, por encima de la división de poderes, deviene una dictadura.

«Dictadura» es un concepto propio del análisis político y responde en lo esencial a su significado de origen en la República romana: magistratura personal provista de poderes excepcionales. Como es lógico, ya no se trata del veto tribunicio o de ordenar la formación de legiones. Su actualización, desde el legado de Montesquieu, implica la supremacía absoluta de quien detenta el ejecutivo sobre los otros dos poderes. El repertorio de contenidos va de las tiránicas, más frecuentes, a las pedagógicas, como la de Mustafá Kemal en Turquía, pasando por los procesos de vaciado de democracias hoy en curso (Erdoğan, Orbán).

La dictadura puede ser débil, como es nuestro caso, por la

— 18 —

inevitable complicidad en su mantenimiento de partidos antisistema y soberanistas, que priorizan intereses opuestos al Estado. Así la vía dictatorial se consolida, sobre todo en contra de la autonomía judicial y de la función del Parlamento, al precio de una entrega escalonada de fragmentos del orden constitucional a sus enemigos y de un mercadeo, ley a ley. El mando absoluto, paradójicamente, no le permite a Pedro Sánchez gobernar.

Madrid, 1 de marzo de 2025

Actualidad de una fábula

Al escribir *Rebelión en la granja*, George Orwell se proponía denunciar el falso mensaje de liberación de la humanidad que en su momento seguía ganando adeptos para el comunismo soviético, pero la fábula resulta aplicable a todo proyecto político que anuncia la construcción de un paraíso y, de hecho, consagra el establecimiento de un poder tiránico. El «cuento de hadas» lleva dentro una pesadilla de opresión. Podemos comprobarlo al trasladar algunos elementos del relato a un escenario de ficción, alejado de cualquier situación o personaje real, tal y como antes aseguraban los títulos de las películas.

Volvamos la mirada a una granja o hacienda de un lugar imaginario, el país de Nunca Jamás, donde los animales estaban hartos de que unos Cerdos ocuparan el poder, con toda la carga de corrupción que habían acumulado. Parecía no existir alternativa. Los demás animales estaban divididos y no tenían por sí solos la fuerza suficiente para echarlos. Eso sí, había un animal ambicioso, la Serpiente, dispuesta a emplear toda su astucia y toda su energía a fin de alcanzar ese objetivo, por y para su interés personal, pero estaba demasiado próximo el asalto de los Zorros a la granja, con el propósito de destrozarla, como para pensar en una conjunción de fuerzas inmediata. Además, tras el ataque fallido, muchos raposos habían quedado apresados en los sótanos de la granja, el más importante había huido y la Serpiente había aprobado ese castigo, e incluso prometió hacérselo cumplir al cabecilla zorruno —nuestros Zorros forman manadas— en caso de ser atrapado.

Fue entonces cuando la Víbora, tan ambiciosa como la Serpiente, le sugirió que podía desplazar a los Cerdos del poder, aliándose con los Zorros, aunque el propósito de estos hubiera sido destruir la granja. Todo valía, sin que contase el riesgo futuro. Lo importante era dar con una identidad que sirviera de denominador común, por vacía que fuese de contenido, para marcar la separación con los Cerdos. La más inmediata de «animalismo» no servía porque todos eran animales, puercos incluidos. «Progresismo» sonaba mejor, olía a modernidad, aun cuando fuese contradictorio admitir en la alianza a quienes de eso nada tenían, por no hablar de aquellos procedentes de una modernidad tan poco civilizada como el terrorismo. La unión de todas las fuerzas exigía que fueran convocados también, como lo fueron, aquellos Lobos marcados por un pasado de sangre. Pero todos estaban de acuerdo en que los enemigos no eran progresistas, sino furibundos reaccionarios, y los conjurados quedaron satisfechos con tan sugestiva identidad de combate.

De entrada, existía un peligro: la mordedura de la Víbora era altamente venenosa y la Serpiente temió que si la admitía a su lado, acabara siendo víctima de su veneno. La experiencia demostró que había una solución: guardar las distancias, y la jerarquía, con la Víbora, y extraerle el veneno para usarlo contra los propios adversarios políticos. La Víbora aceptó ser utilizada para este fin, pero el tamaño y la autoridad de la Serpiente eran mucho mayores, y acabó dándose cuenta de que todo su despliegue de agresividad había sido estéril. En sentido contrario, la Serpiente descubrió la enorme ventaja de utilizar la carga de veneno recibida. Estaba en condiciones de cumplir su sueño de protagonista exclusivo de la vida en la granja, añadiendo el derecho de acabar, previsto por la Víbora, con todo bicho viviente ajeno al «progresismo».

Aún intentó la Víbora mantener su reto a la Serpiente, transfiriendo su puesto de mando en la granja a un ave a la que asignó el papel de Águila, cosa que ella misma llegó a creerse. Solo que una vez atrapada en el abrazo de la Serpiente, fue reducida a la condición de rapaz (o rapaza) domesticado/a. La Víbora se refugió en su guarida, fruto de los servicios prestados, mucho más lujosa que antaño. La Serpiente quedó sola al frente de la granja.

El único inconveniente fue que pronto descubrieron los animales que, si antes había corrupción, ahora además estaban enjaulados. La Serpiente había reunido a todos los ofidios de su especie, para que no quedase un rincón de la granja fuera de su presencia dominante y del disfrute de sus privilegios. Los ofidios cumplían la vieja máxima de que todos los animales son iguales, pero hay unos más iguales que otros. Para asegurar que las puertas de la jaula no se abrieran, y de que nadie se opusiese a la autoridad establecida por la Serpiente, esta decidió asignar el encargo de hacer efectivo su poder a otra familia de animales, más dinámica, capaz de contaminar y contagiar, tanto en la comunicación social como en la política, y para ello ninguna más adecuada que los múridos.

El poder absoluto de la Serpiente tendría en lo sucesivo a una Rata mayor a su servicio inmediato y en permanente actividad, a un tiempo como agente principal del control de la vida de los animales y como agresor de todo posible adversario. El experimento fue un éxito. Día a día, los habitantes de Nunca Jamás contemplan el alcance de la coacción y de la violencia volcadas sobre su vida pública por este roedor incansable, carente de visión propia, y eficaz ejecutor al pie de la letra de las órdenes de la Serpiente.

La Serpiente nunca ataca de forma directa. Se esconde, finge pasividad, muerde en cada ocasión que puede, siempre engaña. Su actividad mira de forma exclusiva a los fines propios. No está en su naturaleza hacer nada que pueda dar prioridad sobre lo suyo a cuanto necesitan los animales de la granja. Su objeto es dominar el propio espacio, mediante el ataque sinuosamente preparado. Y utilizar los medios a su disposición para eliminar a aquellos animales, los Perros guardianes, los cuales, por su sentido de la lealtad a las normas establecidas, siguen siendo aún hoy los últimos defensores de la convivencia.

Para combatirlos, la Serpiente no solo ha encontrado colaboración, sino un impulso decisivo, en los Zorros que poco tiempo atrás intentaron trocear la granja y fueron castigados por ello. Desde su acceso al gobierno de la granja, necesitó el apoyo de los raposos, y también el de los lobos, para conservar su puesto, aun cuando eso supusiera hacer concesiones cada vez mayores a quienes tienen por objeto acabar con la existencia del lugar. Recordemos que la Serpiente no atiende más que a su propia supervivencia y al mencionado control de su territorio. Por este motivo, se lanza contra todo animal rebelde a su mando y en cambio ha aceptado la inversión de los papeles, el dominio de Zorros y Lobos, hasta el extremo de tolerar que los Perros guardianes sean maltratados por cualquier vulpeja. Los que antes fueran debidamente presos y sancionados son convertidos ahora en héroes y en víctimas de la injusticia, pudiendo vengarse de los guardianes que los encerraron. Una repetición del asalto fallido quedaría sin castigo. No solo eso, sino que han recibido la seguridad de ser, en un futuro próximo, «singularmente» más iguales que los demás animales del lugar.

Mientras se cimbrea, exhibiéndose al son de la música de

sus turiferarios, la Serpiente no tiene el menor inconveniente en admitir que a su lado las especies agresivas se propongan desmantelar la granja y, entre tanto, esquilmarla. Tiene la ventaja de que también entre ellas, sobre todo entre los Zorros, se pelean sin descanso. Aun sin renunciar a sus instintos, los antaño Lobos sanguinarios son en cambio un ejemplo de mansedumbre y lealtad, bien recompensadas. La supuesta Águila mira impotente cómo se hunde su arca de Noé. A la vista del naufragio, siempre agazapada, la Víbora espera el momento de volver.

A la Serpiente solo le preocupa la pugna con los Perros guardianes, que han descubierto las pruebas del instinto depredador del ofidio, disponiéndose a estrangularlos y destruirlos. Cuenta para eso con una jauría propia de Perros de Presa, a los que ha adiestrado para que traicionen a la nobleza de su especie. De momento no hay indicios de que se transformen en rebelión el descontento y las protestas de los demás animales de la granja, los que, como efecto de las ventajas otorgadas a Zorros y Lobos por la tal Serpiente, si nadie lo impide, pasarán pronto a ser mucho menos iguales que ellos. Además, para hacer indeseable cualquier aventura, asoman en el horizonte unos Jabalíes negros que vienen sembrando la desolación en la mayoría de las granjas y que ahora pasan a tener el apoyo resuelto de una gran Hiena que impera desde una cueva lejana. La Serpiente, cegada por su egolatría, le sirve involuntariamente de aliado.

I

EL CERCO A LA LIBERTAD

1. La caída de las democracias

Una vez disipado el espejismo del «fin de la historia», con la caída del bloque soviético, hemos entrado en el tiempo de otra caída, la de las democracias.

A partir de 1945, al terminar la Segunda Guerra Mundial, incluso bajo la amenaza del comunismo, la democracia se presentaba como el único modo válido de conducir a los hombres en la parte desarrollada del mundo. Su negación en las llamadas «democracias populares» llevaba implícito el elogio en su propio falseamiento, al añadir un supuesto rasgo positivo, lo de popular, que implicaba su rotunda negación. Como consecuencia, los obligados a soportar el «socialismo realmente existente» preveían la superación de los regímenes posestalinianos, únicamente en la forma de un tránsito a la democracia. La represión de Tiananmén en China fue vista como un freno temporal a un proceso que no podía detenerse. Solo el atraso de Latinoamérica y el más profundo de África presentaban obstáculos de apariencia insalvable para la generalización de la democracia.

El modelo occidental, tanto en América del Norte como en Europa, ofrecía signos de solidez. Sistemas políticos regidos mediante la alternancia de partidos reformistas (socialdemócratas) y conservadores respondían a las necesidades de los ciudadanos, conscientes de la mejora de su nivel de vida desde 1945 y de la protección social (Estado de bienestar), mientras redes asociativas, corporativas para el capital, sindicatos para los trabajadores protagonizaban las relaciones económicas y canalizaban intereses y reivindicaciones. Al concepto de ciudadanía política se sumaba el concepto de ciudadanía social. Por fin, en un mundo bipolar, sometido al riesgo permanente de la guerra nuclear, otros conflictos, como los identitarios, resultaban sometidos a la exigencia de estabilidad de cada uno de los bloques. El miedo a la catástrofe nuclear operaba en el mismo sentido, como pudo apreciarse en las sucesivas crisis: Hungría en 1956, Checoslovaquia en 1968, misiles soviéticos en Cuba en 1962.

Ciertamente, el óptimo técnico de la democracia no era alcanzado en todos los países desarrollados, y distaban de materializarse en grado suficiente los dos baremos clásicos, heredados de la polis: la isonomía (participación efectiva del ciudadano en las decisiones) y la isegoría (información y libertad de expresión). Los efectos de la revolución en el campo de las comunicaciones, como la televisión, se revelaron muy pronto ambivalentes. Al filo de los sesenta, la televisión hizo posible en Estados Unidos el triunfo del discurso democrático de John F. Kennedy sobre Richard Nixon, pero casi al mismo tiempo fue el instrumento para el golpe de Estado de Fidel Castro, deponiendo al presidente Manuel Urrutia y llevando a la instalación de su «democracia de la plaza pública», negadora de la restauración democrática que antes anunciara. Con el tiempo, su valor de manipulación sobre la mentalidad social irá acentuándose hasta constituirse en la clave de los nuevos populismos, ahora con los conservadores en vanguardia (Silvio Berlusconi). La democracia derivará hacia la videocracia, acompañando a la pérdida de poder y de prestigio de las asambleas representativas.

Al llegar el cambio de siglo y de milenio, el panorama político se situaba bajo el signo de la estabilidad, pero nada favorecía que la utopía liberal del «fin de la historia» fuese a realizarse por el simple hecho de que se hubiera hundido su amenazante competidor, el «socialismo real». Las relaciones de poder y los conflictos internacionales minaron su supuesto de partida, la hegemonía mundial de la democracia americana, y los cambios tecnológicos y económicos en el marco de la globalización arruinaron la estabilidad, la próspera estabilidad precedente. Los datos para la crisis de la democracia representativa a nivel mundial estaban servidos.

«En algún momento —advierte Casio a Bruto en el *Julio César*, de Shakespeare—, los hombres son dueños de sus destinos y su culpa no depende de las estrellas, sino de ellos mismos». La reflexión es oportuna cuando vemos que la nave que nos lleva, bautizada como Occidente, hace aguas por todas partes. Si John Reed hizo el elogio vibrante de la Revolución rusa como diez días que cambiaron el mundo, o intentaron ese cambio, por fortuna sin lograrlo, ahora con mayor propiedad cabría hablar del cuarto de siglo que transformó efectivamente el mundo, y no para bien. En ello intervinieron errores humanos, al lado de la incapacidad para entender que las nuevas tecnologías no se ajustaban a la secuencia de cambios progresivos, prevista por Carlos Marx.

Al llegar al año 2025, pocas cosas siguen como estaban en el 2000. Y en ese cambio, el papel de las fuerzas ciegas resulta innegable, pero tal vez fue más importante el encadenamiento de errores estratégicos de la potencia hegemónica en Occidente, Estados Unidos de América, que, desde la incapacidad para prever el riesgo yihadista y la invasión de Irak hasta la pasividad ante Vladímir Putin, pasando por el fenómeno Donald Trump, demostró la absoluta incapacidad para responder a la inestabilidad creciente y al desprestigio de la forma democrática cuya bandera habían enarbolado en la década de 1990.

A la vuelta de un tercio de siglo, no hay que esforzarse para detectar los síntomas del fin de una época, desde la invasión de Ucrania al regreso de Donald Trump. El recorrido pasa por el fenómeno que nos ocupa, las profundas crisis en democracias aparentemente consolidadas (Francia, Alemania, Corea del Sur), la consolidación en cambio de las dictaduras izquierdistas de la miseria (Cuba, Nicaragua, Venezuela), el regreso de la hegemonía rusa en la Europa del Este y el Cáucaso (más su intervención en África), el rápido desvanecimiento del espejismo de la Primavera Árabe, el papel desestabilizador de Turquía en apoyo del islamismo terrorista (a Hamás y a la rama siria de al-Qaeda en plena ofensiva), la incontinencia criminal de Benjamín Netanyahu en su repuesta al 7-O en Gaza y agudizada incluso sobre Cisjordania, el belicismo de una teocracia iraní irreformable... En suma, una cascada de horrores que tendría como cierre y como punto de máxima peligrosidad a la China de Xi Jinping, con la creciente amenaza militar de su irredentismo mirando a Taiwán.

Hubo unos momentos de calma, antes de que llegara la tempestad. La última década del siglo xx llevó a cumplimiento algunas de las esperanzas utópicas de los años sesenta, comprendida la dimensión personal: emancipación progresiva de la mujer y libertad en las relaciones sexuales. Por fin se había disipado la amenaza de una guerra de destrucción nuclear generalizada, al desaparecer la Unión Soviética (URSS), y con el fin de la utopía comunista despuntaba otra utopía más placentera, la del fin de la historia, bajo el signo de la democracia. Lejos ya del trauma de Vietnam, el «americano feo» (*the ugly American*) de tiempos de Nixon era sustituido bajo Bill Clinton por el atractivo garante de la paz. Resultó incluso viable una actuación militar ejercida internacionalmente para su defensa, como sucedió en la etapa final de la crisis de Yugoslavia, al imponer el acuerdo en Bosnia y luego evitar la destrucción de la mayoría albanesa en Kosovo. Muy discutida en su día, pero después de la matanza serbia de Srebrenica, necesaria. Nada de eso se hubiera logrado en las circunstancias actuales, con Putin en Moscú. Fugazmente, aún pudo esperarse, hasta el asesinato de Isaac Rabin, una solución al problema palestino.

En sentido opuesto, comenzaron a ser visibles los efectos de la revolución tecnológica en el mundo desarrollado sobre el mercado laboral, poniendo fin en Occidente a la era del *affluent worker*, del trabajador opulento, esto es, de unas relaciones de trabajo consolidadas, en el marco de un estado de bienestar (y con los sindicatos como guardianes). No obstante, hasta la crisis de 2008 se mantuvo un alto ritmo de crecimiento capitalista bajo el signo de la desregulación. Sin que se cumpliera del todo el diagnóstico panglossiano de que todo va hacia lo mejor en el mejor de los mundos; tampoco había razones para el pesimismo que hoy es de rigor.

Aunque los grandes errores han desempeñado un papel capital, las estrellas también intervinieron. La revolución digital y la globalización han generado dinámicas propias, como lo ha hecho la circunstancia de que estas grandes transformaciones han tenido por epicentro económico, no a un país democrático, por cargado de contradicciones e insuficiencias que estuviera, Estados Unidos, sino a un sistema político, y subrayo político, el comunista de China. Un sistema donde la eficacia económica sirve de motor a la distopía orwelliana, dando lugar a un orden social bajo control milimétrico generalizado, y puesto además al servicio de un nacionalismo agresivo (de la obsesión de conquistar Taiwán al aplastamiento de los uigures y a la prohibición de utilizar incluso a otros países el nombre de Tíbet). Se trató de una dinámica endógena, nacida de la convergencia entre el potencial expansivo de la economía y el control totalitario del Partido Comunista, y su resultado fue el tránsito desde la brillante estabilización de Deng Xiaoping y sus «cuatro modernizaciones» —en la agricultura, la industria, la defensa nacional y la ciencia— a la era imperial de Xi Jinping, hoy en curso.

La crisis occidental sobrevino muy pronto, como resultado del rápido fracaso del proyecto de hegemonía global de Estados Unidos, diseñado por los *think tanks* del presidente George Bush Jr. Ni siquiera les conmovieron los atentados de al-Qaeda el 11-S. Solo la pesadilla del desastre iraquí les hizo despertar. El sueño de un siglo XXI americano, diseñado felizmente para Oriente Próximo al modo de la *pax romana*, había ignorado el enorme riesgo que suponía adentrarse sin preparación alguna en el avispero islámico, conquistando Irak. Fue la herida provocada en un tejido canceroso, con el resultado de la metástasis del Estado Islámico y sus secuelas. El terrorismo islámico se extendió a escala mundial. Y los despropósitos se sucedieron, con esperpéntica y fatua participación española tras los atentados del 11-M, al lanzar Zapatero aquello de la Alianza de Civilizaciones, nada menos que con el islamista turco Tayyip Erdoğan de socio, luego practicante del vandalismo a costa del arte cristiano bizantino (y, lo que es peor, anfitrión de Hamás, según el mundo aprendió por sorpresa al saber la residencia de su dirección en el 7-O).

Salvo para darle una prebenda póstuma en las Naciones Unidas (ONU) al exministro Miguel Ángel Moratinos, la Alianza solo sirvió para evidenciar la impotencia política frente al yihadismo, cuya actividad se mantiene hasta hoy en Oriente Próximo y en África. El islamismo terrorista desatendió la torpe convocatoria de fraternidad. No está concebido para eso. Algo más importante: la Primavera Árabe fue un espejismo que no resolvió nada, hasta que recientemente fue semienterrada en Túnez la última experiencia democrática en África del Norte. Ni siquiera la alternativa en Afganistán a los talibanes pudo sobrevivir, con la atención y los recursos americanos absorbidos por Irak. Como mucho, fue eliminado en África un tirano, Muamar el Gadafi, pero al precio de que Libia quedase sumida en el caos y abierta a la penetración de Putin.

La impotencia fue también el rasgo definitorio de la política respecto de Latinoamérica, oscilante entre la permisividad ante los ensayos de extrema derecha (Jair Bolsonaro en Brasil) y el desconcierto a la hora de afrontar la expansión del chavismo y sus secuelas.

Más grave aún, a partir del aplastamiento de la independencia chechena y con toda claridad en la guerra contra Georgia, Vladímir Putin pudo aplicar su sentido estaliniano de la medida, a la restauración paso a paso, vía militar, del imperialismo ruso. El hombre había sufrido mucho, cuenta, por la destrucción de la URSS. Apenas Hillary Clinton supo apreciar el peligro de su estrategia, como émulo de Hitler al invadir Crimea, pero perdió las elecciones presidenciales de 2016. Únicamente se activó sin descanso la contención de China y eso por causa de la permanente amenaza a Taiwán.

Los dos imperios inesperadamente resurgidos, Rusia y Turquía, la primera en particular, supusieron un reto abierto no solo a la hegemonía americana, sino al mantenimiento de la paz. El enlace de Rusia con China, en nombre del multilateralismo, apuntó a la hegemonía de Estados Unidos como víctima designada, solo unos días antes de que Ucrania fuera invadida. Fue una desestabilización que ya antes del 7-O contó con la colaboración de Israel, empeñado en subordinar la búsqueda de estabilidad regional, imprescindible para su supervivencia, a la afirmación, suicida a largo plazo, de su sionismo. Estados Unidos se conformó con el papel de testigo mudo y arsenal a un tiempo. En definitiva, cómplice, aunque también hiciera Joe Biden esfuerzos por buscar compromisos, que por lo menos consiguió con la tregua de enero de 2025.

— 35 —

A pesar de ello, un fracaso estratégico y humanitario de enormes dimensiones.

En un marco internacional tan desfavorable, el declive económico occidental, visible desde la crisis de 2008, con especial intensidad en Europa, tuvo necesariamente que provocar una grave erosión del tejido institucional e ideal de nuestras democracias. El mal, causado por el cambio tecnológico, venía de atrás. El análisis y la metáfora de Zygmunt Bauman pueden introducirnos a la comprensión de ese paso de sistemas sociales y políticos marcados por la cohesión interna, de base tecnológica, institucional y de valores que integraban a sus miembros en todos los órdenes, a una sociedad líquida, donde esas bases y las redes de enlaces y vínculos han quebrado, y el individuo se ve obligado a nadar por sí solo, tanto para sobrevivir como para afirmarse, en medio de una corriente que le arrastra.

Como consecuencia, en los planos económico y político, no es ya tiempo de reformas sociales que los intereses conservadores acabaron aceptando, durante décadas, sino de malestar social, pérdida de los puestos de trabajo tradicionales, individualismo a ultranza y neoliberalismo económico. La socialdemocracia, el conservadurismo democristiano, la propia democracia representativa, pagaron la inevitable factura. Las encuestas sobre la adhesión de las poblaciones a la democracia mostraron su caída en picado con el nuevo siglo. «¡Que no nos representan!», proclamaban aquí a una satisfechos Pablo Iglesias y Juan Carlos Monedero en 2011, haciéndose eco del 15-M y mirando a la destrucción del orden constitucional. Resultado: Podemos. Con otras características y el mismo fondo antisistema, en Francia Jean-Luc Mélenchon organiza La France Insoumise, todavía hoy hegemónica en la izquierda y factor permanente de inestabilidad política (y de ascenso de la extrema derecha del Rassemblement National).

Ha sido un fenómeno europeo, signo de que existe un denominador común, de Hungría y Eslovaquia al Mediterráneo. Protestas, sentido de frustración, inseguridad económica, como en la posguerra de hace un siglo. Recordemos los ejemplos más próximos. Así, en Italia, surgió el Movimiento 5 Estrellas y creció el posfascista Fratelli d'Italia de Giorgia Meloni, hoy en el Gobierno y en los brazos de Trump, mientras en Francia, a los fracasos de la presidencia socialista de François Hollande y de la tecnocrática de Emmanuel Macron, sucedió la subida en flecha de los extremos que aún hoy tienen atenazada su política: el renovado Frente Nacional de Marine Le Pen y la izquierdista Francia Insumisa del antiguo trotskista Mélenchon.

Un caos resultante al que colabora desde hace tiempo con eficacia el presidente Emmanuel Macron, dispuesto a permanecer en el cargo aun cuando solo le quede un único seguidor. El callejón sin salida absoluto ha motivado su prioridad también absoluta, propia de los tiempos: seguir en la presidencia. Algo que aquí conocemos bien, si bien Sánchez maniobra mucho mejor. Y tampoco es casual que la crisis anunciada del régimen presidencialista francés, pasados dos tercios de siglo desde su fundación en 1958, se encuentre asociada a casos de corrupción, empezando por el expresidente Nicolas Sarkozy. Dos tercios de siglo de vida en un sistema político estable tocan a su fin, y algo parecido puede suceder en Alemania con el regreso de los neonazis.

La primacía del individuo ha quebrado la trama de vínculos tradicional entre el ciudadano, de un lado, y partidos e instituciones de otro. El poder se convierte en la presa a alcanzar por la ambición de un individuo que se sirve de un discurso populista y de la manipulación de los medios para ejercer un dominio sobre los ciudadanos reducidos a masas (caudillismo, autocracia). Berlusconi fue un adelantado en Italia. Paralelamente este proceso degenerativo impulsa la tendencia a servirse de ese poder logrado en función de los propios intereses del individuo, generando una corrupción económica susceptible de ser frenada cuando funcionan las instituciones del Estado de derecho. De no ser así, autocracia y cleptocracia avanzan unidas. En la pasada década, la deriva fue frenada a duras penas. Ahora avanza imparable.

Todo lo anterior viene a cuento de la necesidad de entender que cuanto sucede en España forma parte de una circunstancia de depresión en las cuatro modernizaciones, citando a Deng, que afecta a toda Europa. Su consecuencia inevitable es la tentación de sustituir la democracia en el régimen político y en los partidos por autocracias de sesgo populista. Pueden protagonizarla *izquierdistas* como Mélenchon o Sánchez, exdemócratas como Viktor Orbán, o ser patrimonio de movimientos cada vez más afines a los antecedentes totalitarios. Incluso en la Europa del Este, el fracaso de la Unión Europea a la hora de integrar satisfactoriamente a economías más atrasadas (Rumanía, Bulgaria), por contraste con aquellas que fuera de la UE prosperan a su lado y con su protección, albergando un capitalismo especulativo (y antes el narcotráfico tolerado, caso de Albania), explica esa inesperada orientación de los países en crisis hacia Putin, con la ayuda de las redes sociales.

La arrolladora victoria de Donald Trump viene a confirmar esa constatación: el malestar social, la frustración, la indignación soterrada, acaban siendo capitalizados por autócratas populistas. En América del Norte, con la incorporación de los vértices del poder económico y de la tecnocracia. Ignacio Varela acaba de hacer el oportuno balance desde *El Confidencial* del «declinar de las democracias representativas frente al auge de los populismos antiinstitucionales más o menos autoritarios. Trump y sus émulos ya no son bichos raros, sino criaturas plenamente contemporáneas; los raros empezamos a ser los creyentes en un producto *vintage* llamado democracia constitucional».

Bajo el dominio de ese malestar social y político, minorías activas, y sobre todo líderes ambiciosos, como ocurriera hace un siglo con Benito Mussolini en Italia, encuentran la estructura de oportunidad para forjar sistemas antidemocráticos, dictaduras orientadas hacia la movilización de los ciudadanos, reducidos a masas obedientes (como los americanos votando y celebrando el triunfo de Trump o como los socialistas del PSOE en adoración a su líder en el último Congreso). O donde la guillotina, la eliminación del adversario, se convierte en seña de identidad de la democracia, en seguimiento de su actualización radical por Putin. Pablo Iglesias lo diseñó aquí con notable dosis de imaginación, pero como él solo llegó a ser vicepresidente, correspondió a su superior, y en parte discípulo, llevarlo a cabo.

La deriva antidemocrática forma parte de nuestro tiempo, del tiempo de Trump, Putin y Orbán, solo que entenderlo no supone ni aprobarlo ni renunciar al ejercicio de una inequívoca oposición, lo cual requiere, asimismo, la actualización de las ideas y de las formas para llevarlas adelante. A escala mundial, la perplejidad es total. Aquí y ahora, resiste todavía el lema: democracia y Constitución. Pero es difícil saber hasta dónde resistirá una UE dividida y perpleja al envite planteado en todos los órdenes por el autócrata norteamericano. Su estrategia de reparto de esferas de influencia con Putin, una vez entregada Ucrania, requiere un desmantelamiento económico y político de Europa. Todo pronóstico optimista está destinado a verse incumplido.

2. Una Transición inacabada

Una frase críptica, pronunciada por Franco, tras la muerte de Luis Carrero Blanco, viene a cuento del problema que nos ocupa. Es aquello de que no hay mal que por bien no venga, aplicable a la importancia que tuvo y tiene partir de la lamentable situación de la España de la posguerra para valorar lo que supuso la Transición en todos los órdenes, desde la política a la economía y a la cultura.

Puede ilustrarlo la visión que de aquella ofrecía una de las peores películas del cine francés, titulada *Los joyeros del claro de luna*, de 1958. En ella Roger Vadim intentó sacar rendimiento a la condición de *sex symbol* de la que fuera su mujer, Brigitte Bardot, con una manifiesta incapacidad para sugerir siquiera la fascinación de su cuerpo, revelada más tarde por Jean-Luc Godard en *El desprecio*. El engendro de Vadim nos interesa porque de forma descarnada presentaba la imagen tópica de la España del subdesarrollo, la *eternal Spain*, tal y como se veía en Europa a finales de los años cincuenta. Están ahí todos los tópicos: señoritos desalmados, contrabandistas, carreteras sin asfaltar, miles de burros, guardias civiles y, sobre todo, toros por todas partes. El chafarrinón no tenía otro interés que subrayar con torpeza que España era un país marcado por el atraso, que a duras penas había superado los niveles de renta de 1936.

A partir de ahí comienza otra historia, la del desarrollo que en la siguiente década crea las condiciones económicas y culturales del tránsito a la democracia. El resultado es también conocido: el fin de la dictadura y la construcción de la democracia responden a las exigencias de ese rápido proceso de modernización española.

En el orden político, existe un acuerdo al estimar que la Transición española surgió del encuentro de dos debilidades:

la del conjunto de la izquierda, que vio morir al dictador en su cama, y la del propio régimen, incapaz de encontrar una fórmula viable de continuidad a la muerte del Caudillo. El fiel entre los fieles, Carrero Blanco, lo había anunciado muy pronto: «El único problema de Su Excelencia es que no es inmortal». Al igual que sucediera en otros caudillismos de la época, a excepción del cubano por la firme vigilancia de Raúl, su existencia se encontró ligada a la vida del tirano.

Favorecida por el marco mundial de la Guerra Fría, donde Franco asumió el papel de «centinela de Occidente», la prolongada supervivencia del régimen tuvo también mucho que ver con la despiadada represión que se extendió desde el 17 de julio de 1936 hasta los años cincuenta. Ya en sus años de jefe de la Legión, Franco había establecido un código de comportamiento perfectamente legible por los españoles: no le importaban las muertes que fueran precisas con tal de imponer su mando. Y como dijo al término de la Segunda Guerra Mundial, respecto de los opositores republicanos, a los enemigos de su régimen estaba dispuesto a «clavarles los dientes hasta el alma».

Lo suyo era aplicar sin límites humanitarios una represión selectiva, dirigida a eliminar cualquier propensión a desobedecer sus órdenes. Apenas iniciado el golpe del 18 de julio, el primer ejemplo fue el fusilamiento de su primo hermano y compañero de juegos de la infancia, militar que se mantuvo fiel a la República. Todos sabrían a qué atenerse en lo sucesivo, y nada cambió a última hora, cuando, al ordenar en el Consejo de Ministros los fusilamientos de septiembre de 1975, pronunció el «¡Quiero un vasco más!». Un solo ejecutado de Euskadi Ta Askatasuna (ETA) y tres terroristas de extrema izquierda no servían para la ejemplaridad buscada. Dos etarras fusilados sí respondían, en cambio, a la imagen de una represión brutal y selectiva. A su servicio, una policía técnicamente anticuada, pero dispuesta a actuar con métodos nazis, más el bastión seguro del Ejército, bastaron para anular, de 1939 a 1975, las expectativas de los pequeños grupos democráticos o de la «huelga nacional pacífica», anunciada por el Partido Comunista de España (PCE).

Había, no obstante, un rasgo característico de la actuación política de Franco que resultó beneficioso para la transición democrática: la personalización del poder, especialmente en el plano militar. El franquismo nunca fue un pretorianismo. Durante la dictadura de Miguel Primo de Rivera, Franco percibió los riesgos de aparecer, siquiera por un momento, como *primus inter pares* sometido a una oposición corporativa de quienes habían participado de la Victoria; el vencedor era solo él, y el Ejército, ciertamente «la columna vertebral del régimen», debía estar sometido sin reserva alguna a sus órdenes. Y nadie, desde un puesto en las Fuerzas Armadas, podría presentarse ante él representando a toda la institución.

Para garantizarlo, conservó y aun aumentó la pluralidad de centros de decisión: tres ministerios, ocho capitanías generales, un jefe operativo de Estado Mayor. Fue una fragmentación que había de resultar decisiva cuando el rey Juan Carlos quedó al frente del entramado y pudo resolver la intentona del 23-F. Como el mismo monarca me relató en julio de 1988, no faltaba voluntad insurreccional entre los principales mandos militares, sino acuerdo entre ellos. Resultó significativo que la pieza clave del levantamiento no perteneciera al vértice de la jerarquía, desempeñando el puesto secundario que le proporcionara el rey. Su legitimidad como golpista dependía de la proximidad a Juan Carlos. La frase pronunciada por Franco al ser asesinado Carrero, «no hay mal que por bien no venga», adquirió así involuntariamente pleno sentido.

Otro tanto cabe decir de la absoluta personalización del poder en el plano político. A partir del estudio del sistema franquista, Juan J. Linz elaboró para el mismo la categoría de «régimen autoritario». Lo curioso es que la conceptualización acuñada por Linz resulta válida como instrumento de análisis, y sin embargo encaja mal con el franquismo, justamente por la excepcionalidad de la posición del dictador. El régimen autoritario supone la existencia de un subsistema político de un pluralismo limitado, bajo el líder, susceptible de incorporar de modo activo distintas corrientes políticas y, llegado el caso, sentar los supuestos para el eventual reemplazo del jefe supremo. El modelo del Partido Revolucionario Institucional (PRI) mexicano había de proporcionar el mejor ejemplo, y por ello los jóvenes posfranquistas de los años setenta acudieron allí para aprender, y de modo más consistente Manuel Fraga Iribarne propugnó esa transición limitada años antes.

Ahora bien, si Franco estaba siempre listo para aplastar a la oposición democrática, su concepto del mando le vetaba toda concesión al pluralismo al elaborar sus decisiones. Las «familias del régimen» tuvieron un valor sociológico, y Franco reconoció su existencia, trató de darles buen trato, aunque siempre las consideró solo un vivero para elegir colaboradores, pero la decisión era suya. El ascenso a su lado de Carrero Blanco fue precisamente posible porque el almirante disimuló en todo momento su ansia de poder. El suyo constituyó el intento más logrado de poner en marcha una continuidad, a la sombra de un Juan Carlos forzosamente encadenado al franquismo. «Sin la muerte de Carrero, no estaríamos aquí», explicó el monarca en la reunión citada de julio de 1988, ante las apelaciones de su interlocutor, Nicolás Sartorius, a la inexorabilidad del cambio histórico.

Los jóvenes posfranquistas, con Adolfo Suárez a la cabeza, y con el inteligente asesoramiento de Torcuato Fernández-Miranda, tuvieron que arriesgarse al salto sin red, instaurando un régimen democrático para mantenerse en el poder. En el marco del régimen franquista, no cabía una mutación desde su interior.

Así, desde muy pronto, fue percibido que el cambio de régimen tenía como precondición una voluntad de entendimiento entre socialistas y demócratas de varias procedencias, catalanistas y nacionalistas vascos. El PCE era de hecho realmente visible, y más aún gracias a su enlace con Comisiones Obreras (CC. OO.), protagonistas de unas luchas reivindicativas que, en los últimos diez años, mejoraron sustancialmente el nivel de vida de los trabajadores. Desde 1956 habían dado la pauta para una acción coordinada contra el régimen con la consigna de «reconciliación nacional», que seguirían aplicando hasta los años ochenta.

En su contra, el pasado de la Guerra Civil contaba, y había de contar más en la Transición, cuando el PCE creyó erróneamente que recordarla daba votos. El rechazo se veía fortalecido por la permanente presión y propaganda anticomunista del régimen, así como por un entorno internacional, capitaneado por Washington y por la República Federal de Alemania, poco dispuesto a admitir la repetición del modelo italiano de protagonismo del Partido Comunista Italiano (PCI). Así que participó en la carrera democrática, si bien en inferioridad desde la salida y bajo la impresión de que un fuerte PCE sería un auténtico peligro de muerte para la Transición.

Adolfo Suárez y Santiago Carrillo aparecen como los dos protagonistas del entendimiento que ponen los fundamentos de la democracia, el primero por encarnar la conciencia de que una supervivencia del régimen sin Franco resultaba imposible, y el segundo por disponer, con el PCE y CC. OO., de los dos principales resortes para una movilización permanente, que hiciera posible dicha supervivencia, siendo consciente a su vez de que los intentos de acoso y derribo anteriores, habían fracasado.

Un artículo reciente, «El rostro de los políticos», publicado en *The Objective*, el 15 de enero de 2025, corrige esa impresión. Sería el rey, desde la idea de que la conservación de la Corona requiere la democracia y el acuerdo con el PCE, quien se sirve de Nicolae Ceauşescu como mediador para que encajen ambos objetivos, con el beneplácito de Estados Unidos y Adolfo Suárez como encargado de implementarlos.

Suárez jugó con valentía y habilidad, al llevar adelante la legalización del PCE, en contra de la opinión del Ejército, y también de manera que tuviese un corto tiempo para organizarse de cara a las elecciones de junio de 1977. Así el PSOE saldría en esta carrera con ventaja, al funcionar desde antes como partido legal. Le era bien necesario porque en gran parte de España, salvo excepciones como Asturias o Vizcaya, su implantación era muy débil. El PCE era «el Partido». Contaba con el gran capital del prestigio de la socialdemocracia europea, en un momento feliz tras décadas de crecimiento y construcción del estado de bienestar, pero los mimbres en España eran débiles.

La voluntad de entendimiento y la conciencia de fragilidad fueron dos de los pilares sobre los cuales se levantó el régimen democrático. A modo de soporte, la economía había sido un factor decisivo a la hora de ampliar la base social del cambio, a partir de una conciencia generalizada de los beneficios aportados por la progresiva integración económica en Europa. Los principales capitalistas no eran particularmente adictos a la democracia y temían que, como en Portugal, el fin de la dictadura abriese la puerta a fuertes presiones obreras, pero al mismo tiempo percibían que sin democracia el mercado europeo se hallaba comprometido.

La inversión de la coyuntura en la segunda mitad de los setenta puso en peligro, sin embargo, la cohesión social alcanzada, y la amenaza solo se superó con un alto coste —en especial para el PCE y CC. OO.— mediante los Pactos de la Moncloa. La Unión General de Trabajadores (UGT) tuvo que sumarse, solo que desde un inteligente oportunismo, y Nicolás Redondo se abstuvo de asumir una abierta corresponsabilidad. Los trabajadores aceptaron una drástica regulación de salarios, gracias a la cual se controló una inflación galopante, compensada por el reconocimiento de los derechos sociales. Después de la derrota inesperada en las elecciones de junio, el protagonismo comunista en los Pactos señaló el camino del hundimiento: por experiencia propia como militante comunista entonces, puedo dar fe de la dificultad para que los trabajadores aceptasen unas medidas que de inmediato recortaban su poder adquisitivo.

Igualmente hubo grandes concesiones por la parte democrática en la Ley de Amnistía, que bloqueó todo castigo a los crímenes franquistas, a cambio esta vez de que se aplicara también a presos demócratas y sindicalistas. La fuerza residual del pasado régimen, centrada en el Ejército, hacía de esa concesión una exigencia imprescindible para evitar la puesta en marcha de un golpe de Estado. Y sobre todo contó con la elaboración colectiva de una Constitución, cuyas insuficiencias y puntos ambiguos, como el título VIII sobre la organización territorial del Estado y el papel del Ejército, o la distinción entre una nación, la española, y las nacionalidades, se debían a las presiones contrapuestas de las Fuerzas Armadas y de las organizaciones nacionalistas, sin que hasta fechas cercanas hayan influido en la disconformidad que ha ido surgiendo respecto de la ley fundamental.

La disposición adicional primera sobre el reconocimiento a los territorios forales históricos, sin quebrar la primacía de la Constitución, fue el mejor ejemplo de un espíritu de compromiso vinculado al rigor normativo, aun cuando lógicamente disgustara a los nacionalistas vascos. Como contrapartida, la concesión a Xabier Arzalluz del artículo 150.2, para obtener el sí del Partido Nacionalista Vasco (PNV) a la Constitución (propósito fallido), abrió la puerta a un vaciado de las competencias reservadas al Estado. La solución permitió un encaje transitorio de los nacionalismos vasco y catalán en el orden constitucional, sin por ello resolver en modo alguno el problema de forma definitiva.

Una variable independiente, el rey, puso así en acción y en acuerdo a las dos principales fuerzas disponibles —reformadores del franquismo y comunistas—, y frenó al principal obstáculo: el Ejército. Este había sido «la columna vertebral del régimen», encarnaba la Victoria, solo que, con la sustitución de Franco por el rey, era un monstruo descabezado —lo fue todavía el 23-F— y se limita a gruñir cuando llega la provocación de que el PCE es legalizado (abril de 1977). Los acuerdos se suceden a lo largo del año, a partir de la Ley de Reforma Política (enero) en que el franquismo político acuerda su propio fin, de la ley a la ley, abriendo con Suárez el camino a la propia mutación democrática. Ley de partidos (enero), elecciones (junio), amnistía (octubre) y, sobre todo, el mismo mes, Pactos de la Moncloa, con Enrique Fuentes Quintana / Adolfo Suárez y Santiago Carrillo / Marcelino Camacho por protagonistas, hacen posible el proceso constituyente de 1978, con su *happy end.*

Si volvemos la vista atrás, no ya diez años, sino solo ocho años más tarde, desde la celebración del referéndum de pertenencia a la OTAN, el escenario democrático está ahí y el orden constitucional no se altera, a pesar de las fuertes tensiones de la campaña, pero los personajes no son los mismos. La amenaza de un golpe militar acaba de desvanecerse: Franco por fin ha muerto. El rey sigue ahí, después de salvar —con todas las sombras que se quiera— la democracia, pero han desaparecido prácticamente los dos protagonistas de la primera fase de la Transición, la Unión de Centro Democrático (UCD) y el PCE, Suárez y Carrillo. El dueño de la escena es el personaje recién llegado a la muerte de Franco, Felipe González y su PSOE, mientras un exministro reformista del régimen, Fraga, intenta trabajosamente poner en pie una derecha en la democracia.

Las consecuencias del cambio de protagonistas en el teatro político han quedado ocultas bajo el reconocimiento de que eran prácticamente inevitables. El hecho de que franquistas reformadores y comunistas fueran decisivos a la hora de establecer la democracia no significa que reunieran las condiciones para seguir ejerciendo ese papel. El coste para el sistema fue alto, en ambos casos. Mientras hubo que esperar a que el franquismo sociológico llegara a adquirir la contextura de un partido conservador, gracias a José María Aznar, la lógica incapacidad para que la concepción estaliniana del partido, en Santiago Carrillo, consumara la metamorfosis en un comunismo tipo PCI, tropezó posiblemente con la tremenda frustración derivada del rápido éxito, y de la rápida conquista de los puestos de poder y de los cargos, por el renacido PSOE.

En cuanto al PSOE, tuvo también que pagar una factura, después de superar la crisis del «marxismo». Como partido de aluvión estuvo abierto a la penetración de todo tipo de militancia, desde profesionales conocedores de la socialdemocracia a corruptos vocacionales como Luis Roldán. En países como Francia o Italia, la Resistencia había servido de vivero para futuros administradores comunistas y socialistas. En España, un joven socialista de los años ochenta podía ver en la militancia simplemente el acceso a un puesto de trabajo o a un cargo de representación. La ausencia inicial de cuadros fue cubierta también desde otro ángulo: la militancia izquierdista, del Frente de Liberación Popular (FLP) al maoísmo.

Ha sido así posible asistir a metamorfosis como la de Pepe «el Chino», pongamos por caso, organizador de juicios críticos a lo Mao que expulsaron a valiosos docentes, con ayudas inexplicables, convertidos ya maduros dentro del PSOE en organizadores de otro tipo de acontecimientos, de la máxima calidad cultural. Un ejemplo entre muchos que no han merecido atención y que, con las aperturas antes reseñadas a la burocracia en el partido y a la corrupción, forma parte de la singularidad característica de la historia del PSOE desde la Transición.

A pesar de todo, la fragilidad estaba ahí, apenas aprobado el texto constitucional. El avance sustancial de los niveles salariales y de consumo logrados en el tardofranquismo se vio transitoriamente anulado, la democracia no trajo consigo el fin de ETA, y tampoco de las violaciones recurrentes de derechos humanos por la policía y la Guardia Civil. El terrorismo vasco no solo sembraba la muerte con creciente intensidad, sino que contribuía a la radicalización de la mentalidad anticonstitucional en amplios sectores del Ejército. Entraba en proceso de disgregación la UCD, el partido de Adolfo Suárez, que había servido de puente entre el franquismo reformista y el orden constitucional, destacados intelectuales hablaban de «desencanto» e incluso el rey se hacía eco del malestar y de la oposición militar a Suárez.

«He dado una patada a la Corona, está en el aire y ya veremos dónde cae», dijo Juan Carlos en la noche del 23-F a su hijo, el entonces príncipe de Asturias. La polémica sigue sobre su comportamiento, y en especial sobre sus relaciones con el general Alfonso Armada, pero lo cierto es que a fin de cuentas el rey detuvo el golpe y la masiva respuesta en la calle de los españoles sirvió de plataforma a una consolidación democrática, culminada en la gran victoria electoral del PSOE el 27 de octubre de 1982. La entrada en un periodo de normalización ha hecho olvidar, sin embargo, el papel decisivo que desempeñó entonces el ministro de Defensa, Narcís Serra, quien puso en marcha discreta y eficazmente los cambios orgánicos y técnicos que hicieron del español un Ejército más de la OTAN, y no un vivero de golpistas nostálgicos.

— 49 —

Los cuatro firmantes que, ante las elecciones de 1982, siguen al Nobel Vicente Aleixandre en el manifiesto «Por el cambio cultural» en apoyo del PSOE en vísperas de su victoria habían sido franquistas: Antonio Tovar, Pedro Laín Entralgo, Joaquín Ruiz-Giménez, José Luis L. Aranguren. Fue un zigzag que afectó a muchas trayectorias. En el plano cultural, el franquismo estaba agotado desde los movimientos universitarios de 1956, lo cual no significa que la *intelligentsia* encontrase un lugar satisfactorio ante las exigencias de cambio. Señas de identidad de Juan Goytisolo habían sido el emblema de ese momento de insatisfacción, destinado a reaparecer pronto con «el desencanto», enseguida interrumpido por el 23-F.

Se reprodujo además un fenómeno ya presente en la primera mitad del siglo XX, y que había dado lugar al protagonismo y a la exaltación de Ortega y Gasset: la pobreza del lenguaje político llevó a primer plano a los intelectuales que cubrieron ese vacío. La centralidad asumida por *El País* responde a esa situación, dando lugar a una vía paralela entre ideas y decisiones que empieza a ser transformada en convergencia bajo José Luis Rodríguez Zapatero, muy lejos en todo caso de la prensa militante a las órdenes del Gobierno, adonde han ido a parar las mismas siglas desde 2017.

A pesar de los desajustes, o gracias a ellos, la libertad produjo sus frutos, tanto en la creación literaria como en el ensayo y en la producción cinematográfica. La carga acumulada desde los años sesenta, en autores y en temas, dio lugar a ese desarrollo. Y al igual que en la política, con el regreso de figuras destacadas de los años treinta (Tarradellas, Irujo, Pasionaria), la vuelta de escritores de la República (Alberti, Sender, Ayala) sirvió de puente para considerar el erial franquista como un simple paréntesis, marcado además por la infamia del asesinato de Federico García Lorca.

La Transición abrió también un capítulo brillante para la afirmación del pluralismo nacional, en el plano de la cultura, especialmente en Cataluña, donde había existido, además, un hilo de continuidad que se transformó en manifestaciones de vanguardia desde los años sesenta. Figuras como Salvador Espriu dejaron clara la compatibilidad entre afirmación catalana y cambio democrático español. No sin que estuvieran ausentes ambigüedades que pesarán en el futuro, de un lado por la escasa penetración de la producción cultural en catalán en el resto de España, y de otro por el doble sentido de un proceso de «normalización» lingüística que servirá de cauce a un nacionalismo excluyente.

En los espacios exteriores a la alta cultura, el fin del franquismo supuso un estallido de novedades, con un grado mucho mayor de eco popular, acrecido por fin de una interminable censura, si bien en algunas de sus manifestaciones fuera el simple reflejo de las frustraciones acumuladas. Tras cuatro décadas de censura eclesiástica, los hombres españoles tenían auténtica ansia de ver mujeres desnudas, y al mismo tiempo de reivindicar una virilidad enfrentada con el reto de la apertura moral y del impacto turístico.

Las tensiones acumuladas propiciaron también un auténtico cambio de escena, con la aparición de una contramoral no exenta de rasgos conservadores bajo la superficie. La forma, sin embargo, fue estridente. En el concurso pornográfico de la primera película de Pedro Almodóvar, *Pepi, Luci, Bom y otras chicas del montón*, a la reivindicación democrática de «elecciones generales» se opone la alternativa de «erecciones generales». La movida madrileña fue la expresión más vibrante de esa ruptura en definitiva controlada. Como en los argumentos de Almodóvar, la suma de provocaciones a la moral tradicional no impedía la inevitable restauración final del orden. A pesar de ello, esta vez sí que iban rompiéndose tabúes, de manera que, sin un enlace explícito, puede decirse que siembran el terreno para la modernización moral abordada por ley en los primeros años del Gobierno de Zapatero.

Un reajuste similar fue alcanzado, incluso tras registrarse la incidencia de una depresión económica transitoria en los noventa, y a pesar de la presencia del terrorismo de ETA, con las sucesivas perturbaciones en la trayectoria ascendente que corresponde a los gobiernos de Felipe González y primero de José María Aznar. El tema de la OTAN se resolvió según un procedimiento estrictamente democrático y las cuatro huelgas generales soportadas por el Gobierno socialista fueron, ante todo, la prueba de que la democracia presidía asimismo las relaciones de trabajo.

El único obstáculo al avance de la modernización general, en definitiva, de la democratización llegó del terrorismo de ETA, que decidió incrementar su mortífera presión al llegar la democracia, en vez de ajustarse a la nueva coyuntura política para afirmar desde ella sus fines. Los efectos perversos de esa continuidad se reflejaban en todos los órdenes de la vida política y social, especialmente en el País Vasco y Navarra, pero no solo allí, y menos mal que el atentado de la calle del Correo, en 1974, disipó la ilusión suscitada por el gran éxito de la muerte de Carrero Blanco, en diciembre de 1973. ETA no luchaba contra la dictadura, sino contra España.

La contaminación de ETA alcanzaba de lleno al PNV, implicado por su complicidad en el cerco a los enemigos del terror e inclinado a pujar por la independencia; a las fuerzas democráticas, situadas entre el miedo y la tentación de aprobar un terrorismo de Estado; al Ejército, duramente golpeado y por ello fortalecido en su desconfianza frente a la democracia constitucional y en la propensión a suprimirla mediante un golpe de Estado: 23-F. Todo ello pasó, pero a través de una secuencia mucho menos romántica que el relato oficial. Hubo momentos en que la conciencia democrática estuvo bajo mínimos.

En la misma dirección, entró en juego el terrorismo de

Estado, prolongando los malos usos de la policía «social» y de la Guardia Civil bajo el franquismo, y con la sucesión de crímenes de los Grupos Antiterroristas de Liberación (GAL) contra ETA, sucesores de los del Batallón Vasco Español, comprometió seriamente al Estado de derecho. Un efecto nada secundario, por fortuna, de corta vigencia, pero asimismo de profundas repercusiones negativas sobre la conciencia democrática de vascos y españoles.

Lo que venía también del pasado, y que no solo permaneció como rasgo indeleble de nuestra vida social y política, fue la corrupción. Las viejas formas de corrupción se vieron potenciadas por la nueva organización del Estado, y en especial con las administraciones autonómicas como punto más vulnerable, a favor también de un crecimiento económico que se reflejó en la fiebre de nuevas construcciones. «Con la libertad —resume Juan Luis Cebrián—, que no llegó con la muerte de Franco sino con el pacto del Partido Comunista de España y la Monarquía Parlamentaria frente a la abstención presuntuosa del PSOE, la corrupción se instaló a partir de entonces en los partidos políticos. El caso Naseiro y la Gürtel del PP, Filesa y los ERE del PSOE, Jordi Pujol con su familia, y tantos otros mangantes de los que no se libraron tampoco los sindicatos, son precedentes bastantes...».

Hasta que la crisis económica provocó a partir de 2008 el fin de los años dorados, el hundimiento del ladrillo y la inesperada caída de la confianza en las instituciones. Todavía en noviembre de 2011, el Partido Popular (PP) de Rajoy y el PSOE de Alfredo Pérez Rubalcaba concentran el 75 por ciento de los votos. Bajarán al 50 por ciento en las siguientes elecciones de 2015. El auge de Ciudadanos, y sobre todo de Podemos, pone de relieve que la democracia representativa se encontraba en tela de juicio.

El descenso a los infiernos resultó inevitable, con los indignados del 15-M como portavoces de una justificada repulsa al vigente modo de hacer política. Después del salto de los cinco diputados en las elecciones europeas de 2014, el éxito de Podemos en las parlamentarias de 2015 fue el indicador de la crisis de la democracia representativa. Su 20 por ciento de votos roza el 22 por ciento del PSOE, que pierde casi siete puntos desde 2011, mientras el PP baja de 44,6 por ciento a 28,7 por ciento, y sobre todo el apoyo conjunto de los dos principales partidos apenas alcanza el 50 por ciento, por casi un 75 por ciento en 2011.

No solo los dos partidos, sino todo el soporte político del régimen representativo, sufrió el impacto del descontento social, inducido por la crisis económica desencadenada a partir de 2009. El tercer grupo directamente vinculado a la Transición, Izquierda Unida (IU), heredera del PCE, no capitaliza en absoluto ese desgaste y ve como se desploma su porcentaje de voto casi a la mitad, del 7 por ciento al 3,8 por ciento. La ventana de oportunidad bendijo a los recién llegados, a Ciudadanos, que desde el centro muerde sobre el PP, y sobre todo Podemos, que pensó razonablemente en superar al PSOE.

Sería, en consecuencia, lícito pensar que el vuelco depende de la crisis económica, cuya responsabilidad los ciudadanos asignan por igual a socialistas y a populares. Y ello es cierto, pero no de modo exclusivo. La fragilidad del sistema de partidos de la Transición tenía mucho que ver con causas endógenas en cada uno de ellos, que se encontraban en pésimas condiciones para afrontar un distanciamiento de la opinión pública que les afectaba tanto a título singular como colectivo.

A la debilidad del sistema de partidos nacionales (estatales) se une desde el principio un problema prácticamente irresoluble hasta hoy: la existencia de partidos de nacionalidad, sobre todo en el País Vasco y en Cataluña, los cuales, por encima de la alternancia de fases radicales y de moderación, no tienen en absoluto el objetivo de consolidar la democracia en España (salvo cuando están en peligro sus intereses de consolidación o supervivencia). El Estado de las autonomías fue una razonable solución de emergencia, cuasi-federal, pero ni en el plano técnico ni en las mentalidades, resolvió el problema. El PSOE optó siempre como fórmula por la federación, pero al no ser construida esta, el rápido incremento de pleitos jurídicos entre comunidades y Estado fue un indicador de que este conflicto iba a seguir dominando durante décadas la vida del Estado.

3. La corrupción, una pasión española

Vale la pena empezar por una pregunta que se formula Juan Luis Cebrián en un reciente artículo titulado «Madre España»: «Pero cuando se investiga una presunta defraudación fiscal de más de doscientos millones protagonizada por un colaborador del Estado condecorado militarmente por sus servicios, presente en fiestas y reuniones de los dirigentes del partido gobernante, gentil e inesperado interlocutor de la vicepresidenta del tirano de Venezuela en el aeropuerto de Barajas, y también de la esposa de nuestro presidente en lejanas tierras, merece la pena preguntarse qué habremos hecho mal los españoles para que esto suceda».

Una primera respuesta sería que la corrupción es algo tan instalado en la historia de España que cabe definirla como una pasión nacional, con elementos de continuidad y también de cambios a lo largo del tiempo.

De esa trayectoria no se libra siquiera el franquismo, que por su excepcionalidad ha sido presentado por sus apologistas como un régimen exento de corrupción, ya que el dictador tenía otras preocupaciones. Y lo cierto es que en apariencia su actitud se definía por la despreocupación, salvo si un escándalo como el de Matesa afectaba al prestigio del régimen. Es más, reaccionaba como en otros problemas graves, reaccionando en contra de quienes los habían suscitado. Los que levantaron el citado caso contra el Opus Dei, Fraga y Solís, fueron apartados y la posición del Opus reforzada políticamente. «Estoy convencido de que se les ataca por servir al régimen español —comentaba en 1966—, y por estar ligados a una institución de carácter religioso y de gran reputación mundial. Entra todo en el plan de ataque internacional contra el régimen y contra mí...». Eso era lo importante.

Lo mismo sucederá en el caso del ministro en quien se centraban todos los rumores de corrupción en los años cincuenta, Manuel Arburúa, con la cartera de Comercio. Franco le estimaba por su conocimiento del mercado exterior y no le importaba su comportamiento, sino la opinión negativa reinante, causa de su cese.

El descuido por tales temas no impidió, sin embargo, que Francisco Franco se hiciera con una gran fortuna a lo largo de la guerra, haciendo suyos los donativos del dictador brasileño Getulio Vargas, según ha explicado Ángel Viñas en *La otra cara del Caudillo.* Para algo era el Caudillo. Se trataba de una apropiación por el dictador de la excepcionalidad propia del monarca del Antiguo Régimen, poniéndose por encima del resto de los españoles en cuanto a los deberes fiscales. Una corrupción del privilegio, que se extendía a sus allegados y que ante la opinión pública se reflejaba en la exención para su esposa de pagar cualquier factura, de joyas en particular, según la leyenda. A título personal, puedo dar fe de que una simple merienda que tuvo que abonar en un balneario cercano a Loyola (Guipúzcoa), dio lugar como inmediata respuesta a una multa de mil pesetas, de los años cuarenta, «por precios abusivos». De forma inesperada, la corrupción por el privilegio reaparecería en tiempos más próximos, tanto en el comportamiento de la Familia Real como a modo de exigencia por el presidente Pedro Sánchez.

A partir de la concepción militarizada de las relaciones sociales, envuelta además en el manto de la sacralización católica, de la Guerra Civil como Cruzada donde lo esencial era el triunfo del Bien (y el consiguiente castigo inmisericorde de los malos), la Victoria se convirtió en una gran empresa de depredación, de apropiaciones indebidas para unos y de expropiaciones, a favor de los vencedores y para el Estado en virtud de la Ley de Responsabilidades Políticas. A partir de ahí entró en juego la proyección de ese dualismo fundamental, vencedores sobre vencidos, en una sociedad de posguerra, marcada por una penuria endémica, tanto en lo relativo al abastecimiento de la población como al conjunto de actividades económicas, desde las materias primas al crédito.

Un racionamiento insuficiente y su correlato, el mercado negro, fueron la seña de identidad económica en las dos primeras décadas del régimen. Un escándalo de los tiempos finales de la República, ligado a un juego de ruleta fraudulento, dio el nombre al mercado negro: el estraperlo. Miguel Ángel del Arco ha propuesto con acierto aplicar tal título a la tela de araña que cubrió todas las relaciones económicas, bajo el signo de la miseria y de la represión, para el nivel popular, y de la corrupción vinculada al poder para el «gran estraperlo». La satisfacción de cualquier necesidad obligaba a aceptar sus reglas, desde comprar una docena de huevos —mi madre los adquiría en una empresa de construcción—, a la adquisición de un vehículo o a la obtención de las materias primas para una fábrica. Acudir a la recomendación venía de atrás, pero ahora resultaba necesario para sobrevivir.

Dado el consiguiente enlace entre la obtención de los recursos de importancia y el poder político, la corrupción era tanto más intensa al aproximarse a su vértice. De ahí el papel que representan las cacerías, presididas por el propio

Franco, en torno al cual se reúnen los principales hombres del régimen: asistir a estas es indicador de posición personal y cauce para obtener privilegios económicos. El primo y secretario del dictador, Pacón, ha dejado un cuadro imborrable para mediados de los cincuenta: «De ahí salen grandes favores, permisos de importación, tractores, maquinarias agrícolas, etcétera». En torno a Franco estaban «los ministros cazadores», además dispensadores, el de Agricultura (Cavestany) y el de Comercio (Arburúa), y alguno más (Ejército...). En un mes de otoño de 1955, podían celebrarse diecisiete cacerías. Berlanga acertó al reflejar su carácter emblemático de la caza en *La escopeta nacional*. En los años sesenta las cosas fueron cambiando, apareciendo casos de corrupción económica ligados a fraudes en la financiación de empresas (Matesa) y a la explosión urbanística por el turismo (Sofico).

En la gran corrupción del medio siglo de democracia, las formas arcaicas del franquismo cedieron paso a una serie de variantes de corrupción más complejas, de acuerdo con la configuración plural del poder, tanto en el Estado como en la vida económica, si bien no desapareció la fórmula tradicional del privilegio, heredada del franquismo y del Antiguo Régimen. En las democracias representativas, es rara la formación de redes de corrupción en torno al titular máximo del poder. Los episodios que afectaron en la pasada década a la Familia Real y a la presidencia del Gobierno serían una excepción en el marco europeo.

Ateniéndonos siempre a los grandes casos, cabe observar puntos comunes entre los dos grandes partidos, vinculando corrupción y financiación, y también diferencias. En el PSOE jugó un papel decisivo su carácter de partido de aluvión entre 1976 y 1978, con una rápida expectativa de poder —y, por consiguiente, de gestión— que atrajo a buen número de arribistas, al lado de sinceros demócratas. El caso Roldán es paradigmático. Luis Roldán falsea titulaciones, rápidamente escala puestos en el partido y de 1986 a 1993, tras ser nombrado delegado del Gobierno en Navarra, desempeña la Dirección General de la Guardia Civil, obteniendo enormes ganancias personales, sustraídas de los recursos destinados a obras y fondos reservados, por un total superior a dos mil millones de pesetas. Como en otros casos, es un periódico no alineado con el Gobierno quien descubre la trama. Fue juzgado y condenado por cohecho y malversación tras una rocambolesca huida. El contrapunto del caso Roldán fue el caso Filesa, también socialista, iniciado en 1989 y sentenciado en 1997, ateniéndose a la fórmula clásica de la creación de una trama de empresas, cuya alteración de balances hiciera posible la financiación de la campaña electoral del PSOE.

La línea original de corrupción socialista se desarrolló en torno a la Junta de Andalucía, y siempre, en sus dos etapas y con dos protagonistas, desde una justificación asistencial. La primera se desenvuelve respetando en la forma la legalidad, aunque no en su práctica. Fue el Plan de Empleo Rural, más conocido siempre como PER, aplicado a Andalucía y a Extremadura, incluso tras ampliar su denominación en 1986, que consistió en un plan de inversiones de fomento en el mundo agrario, que incluía la posibilidad de asignar subsidios a trabajadores que hubieran cumplido un mínimo de jornadas de trabajo mensuales. Medida justa, cuyo control era asignado a la autoridad local, de modo que podía convertirse en un *do ut des,* mínimo necesario a cambio de votos, con la rentabilidad política consiguiente para PSOE (e IU). En el orden económico, de ser posible vivir en familia gracias al PER, disminuía sin duda el aliciente para trabajar.

Con los Expedientes de Regulación de Empleo (ERE), ya en el nuevo siglo, el sistema de ayudas económicas se desplazó al ámbito empresarial y financiero, asumiendo la Junta de Andalucía, presidida por Manuel Chaves, a partir de 2001, la conveniencia de proporcionar ayudas económicas a empresas en dificultades, tanto mediante prejubilaciones como con subvenciones. Solo que de forma masiva fueron prejubilados quienes no estaban en activo y subvencionadas empresas, con un fraude total mínimo de 680 millones de euros.

El caso puede ser incluido ya en el apartado de la concepción patrimonial del poder, que como veremos caracterizó al caso Gürtel del PP, dado que es el monopolio de control administrativo el que produce la desviación de los fondos. De ahí que la jueza instructora, Mercedes Alaya, fuese subiendo en las imputaciones hasta la cúpula de la Junta, Chaves y Griñán, que acabaron condenados por el Supremo y luego absueltos en julio de 2024 por un Tribunal Constitucional convertido en suma instancia de casación. La presión política del PSOE en contra de la investigación fue ya muy fuerte, sirviéndose de medios próximos, tales como las informaciones andaluzas de *El País* (contra cuya descalificación de la jueza protesté en el mismo diario). A partir de entonces, el ascenso de Mercedes Alaya en la carrera judicial se vio totalmente bloqueado.

El correlato del caso ERE en Andalucía fue el caso Gürtel en Madrid, con la desventaja para el PP de que aquí estaba en juego el Gobierno del Estado, y no una autonomía, y que el partido y Rajoy pagaron la factura con la pérdida del poder en 2018. La trama se ajustaba al esquema de corrupción patrimonial, desde una serie de centros controlados por el partido, que obtenía grandes cantidades para financiación y sobornos por medio de una serie de empresas-pantalla. Rajoy no fue alcanzado judicialmente por las eventuales responsabilidades, que siempre negó. Para el Gürtel, *El País* encabezó las investigaciones y la denuncia política del montaje corrupto.

Justos y pecadores. En la moción de censura que determinó la caída del Gobierno Rajoy, el acta de acusación para

— 60 —

su derrota en el Congreso corrió a cargo del diputado socialista José Luis Ábalos, mano derecha de Pedro Sánchez y quien en 2024, tras la detención de su chófer y colaborador, Koldo García, ha sido imputado por el Tribunal Supremo. El cuadro de acusación es muy amplio —organización criminal, tráfico de influencias, cohecho— centrándose en la adjudicación fraudulenta de contratos públicos, cuyo primer paso habría sido la adquisición de mascarillas desde el primer mes de la COVID, vía Koldo, a la empresa-pantalla del especulador Víctor de Aldama. Una forma de corrupción que hoy «decepciona» al entonces ministro de Sanidad, Salvador Illa. De forma confusa, las declaraciones de Aldama indican que nos encontramos ante una red de corrupción mucho más amplia, que apunta a las conexiones con la dictadura de Maduro en Venezuela. Por el momento, todo son datos parciales e indicios de un argumento del cual únicamente cabe predicar con seguridad que lo que resulta imposible es su total inexistencia.

El caso Koldo/Aldama ha coincidido en el tiempo con la puesta en marcha de la investigación judicial sobre Begoña Gómez, la esposa de Sánchez, y esa coincidencia, con la reacción del presidente, nos indica que estamos ante un regreso a la corrupción por el privilegio, que con una forma arcaizante contemplamos en el franquismo. La pretensión pudo verse en el intento de bloquear la indagación desde el supuesto principio de «inescindibilidad», esto es, el veto a ser sometido a una actuación jurídica ignorando que como presidente se encuentra liberado de las exigencias del ciudadano normal. De modo implícito, debe tener garantizada la impunidad. De modo explícito, lo proclaman sus voceros: «No hay causa». El intento de implicar a Begoña Gómez solo puede ser un ataque contra él, con el juez inducido por la derecha e ignorando su condición privilegiada. Tampoco es lícito indagar en una corrupción criminal en el caso Koldo, a un paso de la presidencia, no en el aparato administrativo del PP, como en Gürtel. A diferencia de lo que ocurriera con Rajoy, todo queda encerrado en el círculo del privilegio.

Con mayor razón el privilegio sobrevivió, en sentido estricto, a la hora de exonerar al exrey Juan Carlos I de sus deberes fiscales al ser conocida la entidad de sus fraudes y del blanqueo de capitales. Por una jugada del viejo topo, una cacería, más sugerente que las de Franco, fue el principio de su fin. Sin contravenir formalmente la legislación, la inmunidad cubrió también a la infanta Cristina por su implicación en el caso Nóos y suavizó el cumplimiento de las penas con que fue condenado su esposo. En cuanto a la corrupción presidencial que llamaríamos periférica, del expresidente de Cataluña, Jordi Pujol, y de su numerosa familia, la táctica de demorar el procedimiento a lo largo de diez años ha servido para que el juicio aún no se haya celebrado y que los consiguientes efectos negativos en el plano político sobre el nacionalismo catalán, a diferencia de lo ocurrido con Rajoy en Madrid y con Chaves en Sevilla, hayan sido nulos.

Venimos de lejos...

Ahora bien, el punto de partida de esta historia no es de ayer. Los antecedentes más lejanos se remontan nada menos que a la «monarquía de España» bajo los Austrias. La fórmula es siempre la misma: la exhibición de poder por un Estado, incluida su exaltación simbólica, puede ser compatible con su debilidad para ejercer un control efectivo sobre la justicia. El absolutismo español refleja esa contradicción, lo cual supone dejar el campo libre a las instancias inferiores de poder, cuya única exigencia es profesar la lealtad al soberano. En la Francia del siglo XVII la misma fórmula logra una mayor cohesión, ya que parlamentos y nobleza actúan como poderes intermedios, correas de transmisión —eso sí, conflictivas— de un absolutismo en proceso creciente de centralización.

En la España de los Austrias, son poderes emisarios, que apuntalan el sistema desde una actuación escasamente regulada. Las comedias del Siglo de Oro lo reflejan, en apariencia para exhibir la omnipresencia de la justicia del rey. A fin de corregir la opresión local, descrita con rasgos trágicos, siempre aparece el monarca justiciero, condenando a los notables opresores. Solo que ese encuentro feliz, en Zalamea, Ocaña o Fuenteovejuna, solo tenía lugar en lo imaginario. Felipe II o Felipe IV no andaban por ahí repartiendo justicia. Y de Lerma con Felipe III a Manuel Godoy, impera la corrupción del privilegio.

Significativamente, el mismo esquema en Sicilia, sin reyes viajeros y sin literatura, consagra la primacía de los poderes inferiores, convertidos ya en contrapoderes, estando en los orígenes de la mafia, al escapar a la jurisdicción estatal, y asentándose sobre redes de clientelas privilegiadas y el ejercicio de una violencia privada, considerada como legítima (Henner Hess y Nicola Tranfaglia). En la formación de esa red intermedia de poder, debió tomar parte incluso el Santo Oficio, que requería la participación para su funcionamiento, dotados de armas y facultados para vigilar y detener: los familiares de la Inquisición. Una cuota de poder nada despreciable.

La forma de transición al Estado liberal en España hizo posible que ese poder emisario de la nobleza terrateniente se viera incluso en su base económica reforzado al integrarle a los grandes arrendatarios («labradores»), pero desaparecían los señoríos jurisdiccionales. Era precisa una reafirmación de su poder, en un orden agrario afectado por el hambre y el bandidaje que sigue a la guerra de Independencia. La Guardia Civil garantiza la represión, pero eso no basta, siendo necesario un eslabón sólido para la gestión local. En un

«Estado escuálido» como el de la España moderada, según la definición de D. López Garrido, «el gasto público se concentra en las fuerzas de represión y el modelo centralizado es, en realidad, un conjunto fragmentado de dependencias mínimamente dotadas, propicio, por tanto, a la proliferación de redes clientelares».

Es centralizado en la forma, por cuanto el aparato estatal lo es formalmente; en Madrid reside el vértice de poder, y también en la capital, la nobleza que mantiene su posición privilegiada, viéndose obligada por razones técnicas, a delegar su ejercicio a dependientes locales, que lo ejercen por encima de la ley, según su albedrío, sin otra condición que la lealtad a su señor, como de este al rey. Nace el régimen de «oligarquía y caciquismo», una fórmula eficaz de estabilización del dominio de la nobleza, sobre la base de una corrupción institucionalizada. El dicho popular lo resume bien: «Al rey le conocen por la moneda, al cacique por el palo».

«Al caciquismo antes esbozado —escribió Antonio Miguel Bernal—, que venía impuesto por una circunstancia concreta, como fue la resolución de los pleitos señoriales, sucedió una práctica caciquil que tiene en sí todas las características de lo que será esta aberración político-señorial de la España en la segunda mitad del siglo XIX. La nobleza, asentada en Madrid, manipula desde el centro acciones y voluntades que repercuten en la vida ciudadana y en los aspectos económicos privados». Es un orden social que se mantiene hasta la década de 1930, renace en el 39 y solo se modifica sustancialmente por la modernización económica de los años sesenta.

Ese núcleo de base para la vida española necesita, sin embargo, la conexión con Madrid, donde reside la cabeza de sus vinculaciones políticas y desde donde recibe instrucciones y la garantía de impunidad. En todo caso, cuenta el cacique provincial, el de Huelva en 1916 fue llamado «el Señor del

Gran Poder», por su dominio sobre el territorio y por su «influencia» en Madrid. La interacción se materializa con las elecciones, con el cacique (más Guardia Civil) determinando el resultado de las elecciones, al aplicar las instrucciones del gobernador, quien a su vez las recibe de Madrid. De 1838 a 1923, nos recuerda Miguel Artola, nunca un Gobierno pierde las elecciones. Cuenta solo a quien asigna el monarca la disolución de las Cortes. «En la elección propiamente dicha —escribe Benito Pérez Galdós—, ni hay lucha ni la puede haber». Según la gráfica expresión, no se celebran elecciones: «el Gobierno hace las elecciones».

La exculpación habitual por algunos historiadores es que corrupción, tanto política como económica, la había también en los mejores países. Olvidan la diferencia: no es que en España hubiera corrupción en el sistema, sino que el sistema era la corrupción. Ninguna prueba mejor que la inexorable dependencia de los resultados en las elecciones en España, respecto del Gobierno que las organizaba, nada menos que entre 1838 y 1931. En todo ese tiempo, no se celebran elecciones propiamente dichas en España, sino que el Gobierno hace las elecciones, expresión consagrada que da cuenta inmejorablemente de la realidad. Luego toda la luz y todos los taquígrafos que se quiera, pero entre tanto, con una agudización espectacular desde 1868 por la acción del *lobby* integrista cubano, al falseamiento permanente de las elecciones se unía el imperio de la corrupción económica sobre las élites del régimen.

Un factor adicional contribuyó a crear otra forma de corrupción destinada a durar: la transformación del último residuo importante del imperio, la isla de Cuba, por la riqueza de sus recursos, en una colonia sometida a una sistemática depredación desde que en 1837 fuera privada de representación en el Congreso español. Con la coartada de eliminar la amenaza separatista, los capitanes generales se apoyarán en los inmigrantes españoles más intransigentes, asociados con los esclavistas. A La Habana le llegan las harinas de Nueva Orleans vía Santander y los garbanzos de México vía Barcelona. Cualquier relación económica es una vía de exacción para esta «vaca lechera» y ello propicia que el espíritu empresarial se vuelque sobre la corrupción. Durante la Restauración, la hegemonía de los «integristas» es completa, tratan de tú a tú a cualquier Gobierno de Madrid, forman un *lobby* invencible, y de su líder Antonio López y López, hecho marqués de Comillas, detentador de las claves de poder de la isla desde el Banco Hispano Colonial y la naviera Trasatlántica se dirá con razón: «¿Quién fuera López?».

Su hijo, Claudio López Bru, protagoniza en 1887 el mayor episodio de corrupción del siglo, un leonino contrato con la compañía de transporte, propiedad de Comillas, la Trasatlántica, en el cual Práxedes Mateo-Sagasta impuso sin más el interés de España y la invocación de la lealtad a sus amigos políticos.

La novedad es que se pasa de adoptar leyes contra Cuba a adoptarlas al mismo tiempo contra España, en nombre de los intereses de esos singulares capitalistas patriotas (que en el 98 pedirán la anexión de Cuba a Estados Unidos). El 11 de abril de 1887, lo subraya el liberal Sagasta para forzar la aprobación del otorgamiento del monopolio de transporte a la naviera fundada por López, la Trasatlántica, en un acuerdo leonino: siendo española, sin más encarna los intereses de España, y el liberal que deje de votar el acuerdo deja de ser su «amigo» político. España no es Inglaterra, puntualizó. De interés nacional, nada. Única condición: la lealtad.

La situación se repite en la primera década del siglo con otro asunto de corrupción olvidado: el freno a las obras necesarias para el abastecimiento de agua para Madrid, de 1905 a 1928, por la exhibición de un privilegio del marqués de Santillana, con el respaldo simbólico de Alfonso XIII, para abastecer la capital con las aguas del caudaloso Manzanares, tifoideas por añadidura, en vez del Lozoya (embalse de Santillana). La defensa de lo impresentable corrió a cargo de un prohombre del régimen, Antonio Maura, quien decía defender «mis modestos ahorros». El ultracatólico Joaquín Sánchez de Toca, que frenó la maniobra, exhibiendo los informes de los técnicos del Canal de Isabel II, fue expulsado del Partido Conservador. Por desleal. Y para la construcción de nuevas presas, ni siquiera hacían falta aportaciones exteriores: bastaba con que el Canal reinvirtiera sus propias ganancias.

El desbloqueo de obras hubo de esperar casi veinte años más, hasta 1928. Los periódicos ilustrados transmiten las imágenes de los habitantes del norte de la capital, rompiendo con picos las cañerías del Canal para sacar agua. La historia del agua de Madrid aporta una novedad: en su ansia por obtener beneficios, los políticos corruptos no dudan en optar por la sed de los madrileños para que sus intereses sigan prevaleciendo.

Nada tiene de extraño que, en tales circunstancias, se produjera un intento de corrupción de tal alcance que su objetivo fuera la conquista, siquiera parcial, del propio Estado y tampoco que su protagonista, Juan March, pasara a la historia con honores de santidad pública, a su muerte en 1962. De la organización del contrabando de tabaco a partir de Orán, pasó a ejercer un dominio absoluto sobre la isla en que nació, Mallorca, comprando en el plano político a todas las fuerzas, anarquistas incluidos, a excepción de los liberales de Valeriano Weyler. Hasta el consulado inglés recibe dádivas de March, a quien califica de «Smugglers' King», de rey de los contrabandistas, y gracias a su informe conocemos el funcionamiento de la trama. Al llegar la República, se ofreció a Manuel Azaña, quien le mandó a la cárcel. En respuesta, contribuyó al 18 de julio y contó siempre con el beneplácito del régimen. «El arma suprema de March —resumió Indalecio Prieto en los años veinte— era la corrupción, que desde las casetas de los carabineros ascendía hasta los despachos ministeriales».

En el franquismo se dio, según vimos, una curiosa mutación de un caso de corrupción puntual, con una ruleta trucada, el estraperlo, originaria de la Segunda República, a la forma de mercado negro por la escasez de productos, donde la vinculación a los vencedores servía de salvoconducto. El tema de la corrupción no le preocupaba a Franco, salvo si salía a la luz pública, y de ocurrir esto, cosa que sucedió con el caso Matesa, hubo de resignarse a su difusión, por la ley de Prensa de Fraga, sin más efectos.

Hacer política en Españistán

Con la Transición, los grandes casos, ya revisados, se atuvieron a una oscilación pendular entre la concepción patrimonial del PP y las prácticas más originales del PSOE. La novedad residió en el aprovechamiento de la nueva estructura del Estado en unos años de crecimiento económico, sobornando a las autoridades locales y autonómicas. Fue un territorio de caza común para populares y socialistas, asentado sobre la interacción de los inversores y especuladores, de un lado, y los cargos políticos, de otro.

Lo analizaron Fernando Jiménez y Vicente Carbona en *Letras Libres* (2012), con el título «Esto sucedió así». Enriquecimiento y elecciones se encontraban fructíferamente enlazados: «El fin principal suele ser el enriquecimiento ilícito —explican los autores—, pero generalmente de manera instrumental aparece un segundo fin relacionado con este: la financiación de las campañas electorales. Para poder enriquecerse ilícitamente con la "venta" de determinadas decisiones públicas es necesario previamente haber alcanzado una posición de poder público. Para ello, en el caso de puestos de elección pública, es necesario invertir en el coste de una campaña electoral con la que asegurar que se va a alcanzar la posición de poder deseada».

De la importancia de esa corrupción da cuenta el mensaje que me hizo llegar Alfredo Pérez Rubalcaba en abril de 2012, evocando su actuación como ministro del Interior: «En esa etapa creamos grupos especializados en la persecución de los delitos urbanísticos, asociados en muchos casos a la corrupción política, y esas actuaciones dieron múltiples resultados. Con operaciones sonadas como el caso Gürtel, la operación Alicante, la Malaya en Marbella, todos los asuntos abiertos de Baleares, el de Estepona, varios en Canarias, Andalucía, Cataluña... Cientos de operaciones policiales alentadas y apoyadas desde la dirección política de mi Ministerio». Casi todas tenían un denominador común: la burbuja inmobiliaria. Fue la corrupción del ladrillo, brillantemente ilustrada en el cómic y el corto *Españistán*, de Aleix Saló.

Durante la campaña por la Secretaría General del PSOE, la exministra Cristina Narbona había reprochado a la dirección del partido lenidad ante el fenómeno de la corrupción, pensando en el fraude inmobiliario. La respuesta del entonces candidato Rubalcaba ante los micrófonos de la SER fue esta vez sorprendente: sí, había luchado contra la corrupción, «lo que le ganó buenas broncas». Resultados: cero. El político confesaba así que, o bien le abroncó Zapatero por oponerse a la corrupción, o bien cayó sobre él la pléyade de corruptos socialistas. Rubalcaba añadía su juicio sobre la «burbuja inmobiliaria»: trajo algo bueno, el dinero (*sic*); algo malo, el paro; y además la corrupción. Tal justificación pasa por alto que ese «dinero» arrastró al país hacia la crisis y que la corrupción, ilegal o alegal, era el producto inevitable de semejante forma de capitalismo especulativo.

La citada investigación de Jiménez y Carbona describe un sistema de corrupción perfectamente rodado, a pesar de su novedad, donde los cargos electivos aceptan los sobornos y recompensan a los depredadores económicos que los contratan. Una vez puesta en marcha la muy rentable conexión inmobiliaria, solo falta ampliar el campo directamente a los servicios públicos en una espiral del fraude, del cual es buen ejemplo la tela de araña descubierta en torno a Jaime Matas. La impresión es que en este proceso de enriquecimiento y envilecimiento los partidos acaban pasando de testigos mudos a protagonistas (nuevamente Gürtel y ERE). El caso Urdangarin no tiene así nada de extraño, al servirse de una posición privilegiada que parecía garantizar la impunidad y enlazar hasta el fondo con las redes de corrupción ya establecidas, gracias a la puerta legal abierta por el artículo 148 de la Constitución y la ley del suelo de 1998.

Para el PP, la nueva corrupción era un vino joven, vertido en el odre viejo de su concepción patrimonial del poder, heredada de la Restauración, más la complementaria de una organización administrativa propicia en el marco de nuevos negocios. «¡Luis, sé fuerte!», le dice Rajoy a Bárcenas. Para el PSOE, recién llegado al poder, el panorama abierto era más amplio. Junto con el aludido de las administraciones territoriales, estaba la posibilidad de instrumentalizar el populismo, como sucedió con PER y ERE, y con buenos resultados políticos, y no tanto económicos, antes de que apareciera la dimensión corrupta. Y siempre arrastró la rémora de ser un partido de aluvión, alcanzando el poder sin un mínimo filtro previo: el caso Roldán sería el más espectacular y solo un anticipo.

Con frecuencia, los políticos en busca de poder se escudaban en etiquetas atractivas. Así José Luis Balbás, impulsor de la candidatura de Zapatero en 2000, junto con su «amigo del alma» José Blanco, fundó unos «Renovadores por la base», buena etiqueta. Dos de sus miembros protagonizaron en 2003 el «tamayazo» que transfirió el poder al PP en la Comunidad de Madrid, hasta hoy. Casualidad: dado que solo fue un instrumento para llevar a Zapatero a la Secretaría General del PSOE, frente a José Bono, según cuenta José Andrés Torres Mora, su «Nueva Vía», suponemos que bienintencionada, respondía a este tipo de montajes, sin contenido doctrinal alguno.

Hubo un caso sonoro, aunque marginal, de nepotismo, al favorecer Alfonso Guerra a su hermano, antecedente del actual con los hermanos Sánchez de protagonistas. Y sobre todo, hubo la posibilidad de ascender en la proximidad del partido de gobierno. Alegalidad más cercanía al poder era una fórmula rentable.

Recuerdo la ascensión de un economista brillante, cuidadoso de cumplir las normas, pero que me dio lecciones de inversión en bonos del Estado, sin pagar impuestos, y percibiendo las ganancias en el mismo Banco de España (eso sí, por la puerta trasera de Marqués de Cubas y no mostrando el DNI). Luego fue innovador en España de los fondos de alto riesgo, acumulando una fortuna de cuya entidad dio fe el estado de propiedades de su esposa como política. Imagino que siempre sin salirse de la legalidad, como seguramente no lo hará nunca Zapatero con su Onuart, organización favorable a intereses chinos y en la que se habló de un concierto pro derechos humanos en Pekín, en diciembre de 2024.

Tampoco se saldrá de la legalidad José Blanco en su consultora multipartidaria Acento Public Affairs, S. A., fundada después de que en 2019 Pedro Sánchez le dejase fuera de las listas europeas. En esta firma, de proyección internacional, Blanco invitó al exministro comunista Alberto Garzón para dorar su retiro y reforzar el espectro político de apoyo. Considerado el mayor *lobby* de España, en su plana mayor figuran notables procedentes del PSOE, del PP —el exalcalde de Vitoria, Alfonso Alonso, presidente— e incluso un hijo de Esteban González Pons, jefe de operaciones. Fue cofundador Andrés Hernando que en 2021 pasó a ser secretario adjunto de presidencia y hoy es ministro. Entonces ofrecía «relación directa con varios ministros del Gobierno» (José Luis Ábalos, Reyes Maroto, Teresa Ribera). Luego fueron más discretos. Se limitaban a ofrecer a toda empresa «tu solución en la gestión de los asuntos públicos». Seguro que así era.

Un boom de intereses económicos ha sido suficiente para derribar el Muro tras el que se refugia Pedro Sánchez. No hace falta que vulneren la ley. Siempre legales, lo llevan en el alma. Estas sí que son puertas giratorias, si bien a Pablo Iglesias y a Podemos no les preocupan. De momento han asumido, entre otras, la defensa de La Liga, de Huawei y de los intereses de Marruecos en Bruselas. En 2022 sus beneficios eran de 1,5 millones de euros para una cifra global de 6,2 millones. En 2023 subió a los ocho millones.

Es un terreno en que se mueve la relación entre intereses económicos y poderes políticos, en absoluto exclusivo de España, pero que aquí sorprende por la estrecha vecindad de megaintereses económicos y Gobierno, a través del tándem PSOE-PP, al que solo faltó el fichaje frustrado de un leninista, Alberto Garzón, exministro, firme defensor de la incompatibilidad entre capitalismo y democracia. Un nuevo escenario de Berlanga, para reír, si no fuera serio.

Favorece la existencia de estos vínculos la propia naturaleza de un capitalismo organizado en torno a grandes centros de poder transnacionales, con lo cual su incidencia sobre el interior de los Estados se beneficia de un alto grado de opacidad, mientras, recíprocamente, por medio de *lobbies*, pueden ser defendidos intereses estatales en instancias internacionales, como en el caso mencionado de Marruecos en la UE. Ocurre, sin embargo, que con Acento no existe esa opacidad.

Como bien dicen los gestores de Acento: «Los asuntos públicos son cruciales en el ecosistema corporativo actual». Y para el ecosistema corporativo actual se hace preciso encontrar cauces legales para influir sobre las decisiones públicas. Debe ser la nueva variante de la socialdemocracia para estos tiempos.

Sin excluir espacios de interactividad, la asociación entre autocracias y cleptocracia sigue en principio un camino paralelo, al enlazar los procesos de construcción de poderes dictatoriales con redes de corrupción de naturaleza política. Intereses económicos y gestión política siempre asociados en España, dentro o fuera de la ley.

II

UN NARCISISMO POLÍTICO

En una memorable intervención en Sanremo 2013, el humorista Maurizio Crozza recreó la figura de Silvio Berlusconi, aún entonces en su apogeo. Mientras interpretaba un tema clásico de Frank Sinatra, descendía hacia el público, revelando uno a uno los engaños disimulados bajo su aparente condición de magnate. Repartía a discreción billetes de quinientos euros, los que robaba a los italianos. «Son vuestros», aclaraba. Al dirigirse a las señoras bien ataviadas de las primeras filas, exhibió su galantería: «¡Cuántas mujeres hermosas! ¡Como las que yo invito a mi casa! Pero ¡ustedes están vestidas!». Las participantes de pago en las orgías del político, evidentemente, no lo estaban. La declaración final de amor a los italianos significaba lo contrario, el amor a sí mismo. A los ciudadanos, los odiaba. La sátira suscitó una violenta división de opiniones, pero ofrecía el mejor retrato de un político que fue objeto de la atención de dos directores italianos, Nanni Moretti en El caimán *y Paolo Sorrentino en* Silvio (y los otros).

Berlusconi es un personaje que aquí nos interesa como ejemplar de lo que llamaremos «narcisismo político», es decir, el ejercicio del poder de acuerdo con la prioridad que di-

mana del amor a sí mismo en quien lo detenta. Es la categoría a que pertenece Pedro Sánchez y sin duda ambos no están solos. En el mundo contemporáneo, deben ser incluidos en ella gobernantes de tan dispares ideologías y significación como Mussolini (no Hitler), Castro, Mobutu, Mitterrand (no De Gaulle), Mao Zedong, Stalin (no Lenin) y Putin. Y Trump. También, mirando hacia el pasado, Napoleón, fundador de la especie, y su apéndice español, Manuel Godoy, precursor de Sánchez en la obsesión por el poder personal, el cultivo de la propia figura y la astucia con que procedía a la eliminación de los adversarios.

La proximidad entre Berlusconi y Pedro Sánchez no surge, por supuesto, de su cleptocracia como capitalista ni del gusto por las orgías, pero sí de la promoción de su figura en tanto que protagonista de un permanente espectáculo. En el curso de este, presenta continuas ofertas que luego van a ser desmentidas por sus hechos, de manera que el engaño sistemático, sirviéndose de los medios de comunicación, de la videocracia, será su seña de identidad. Ambos responden al objetivo de colmar su ansia de poder.

La obsesión por el poder personal es compartida por todos los políticos citados, hasta el punto de resultar posible el establecimiento de unos rasgos comunes que los definen. De entrada, tenemos el encuentro de la aspiración al poder personal con una circunstancia de crisis que la sitúa por encima del funcionamiento regular de las instituciones. La democracia es mala tierra para las autocracias y si alguno de los citados, Mitterrand, acaba triunfando en ella, recordemos que es un hombre de extrema derecha, en 1936 y en 1940, que sabe cambiar de tren a tiempo. Napoleón no es un producto de la Revolución francesa, sino de la crisis de la Revolución francesa en 1793, como tampoco surge Stalin de 1917, sino del callejón sin salida al que ha llegado el leninismo.

Los otros casos son tan claros que no hace falta describir-

los, y si Berlusconi es la respuesta conservadora a la crisis de la República italiana (tangentópolis), Pedro Sánchez lo será de modo inequívoco a la de su partido en medio de la que afecta a la democracia representativa, que había evidenciada en el 15-M. La función requiere la aparición del órgano, y para las crisis orgánicas rige el principio de fortuna audaces iuvat. *Siempre, eso sí, que los audaces estén provistos de inteligencia y de fuerza para atender esa condición.*

El amor a sí mismo como principio rector, seña de identidad del narcisismo político, requiere siempre colocar los propios fines por encima de los intereses generales a que dice servir. Y ello a su vez exige un abandono (y casi siempre una ocultación) de las propias ideas, poniendo la acción bajo el criterio del pragmatismo. En Berlusconi, es evidente, lo mismo que en Stalin, con intensidad muy superior, dispuesto a transformar un proyecto de emancipación de la humanidad en una tiranía sin límites, bajo la eficaz fórmula de situar a «la patria del socialismo», su Imperio soviético, por encima del «internacionalismo proletario».

También Fidel Castro, cuando asume el papel de redentor dictatorial de Cuba, olvida su sincera profesión de fe democrática en el proceso después del asalto de Moncada. Mobutu es el dictador neocolonial sanguinario que proclama el fin del colonialismo belga, etcétera, etcétera. Por desconocido, el giro de Napoleón es el más espectacular: cuando aún es un joven oficial del ejército revolucionario francés, piensa que el primer deber de todo patriota corso es matar al primer francés que encuentre; pero en 1793 fracasa la aventura corsa de los Buonaparte, y él se convierte en el más brillante jefe militar de Francia, nada tolerante además respecto del particularismo corso. La puesta en práctica de una lógica de inversión rara vez está ausente en el narciso político.

En Pedro Sánchez no hay un vuelco puntual, sino una permanente oscilación pendular entre palabras y acciones, clave de su estrategia política. Como el osito del tiro al blanco, se trata de avanzar siempre en su trayectoria ascendente, ocultándose en toda ocasión que sea preciso.

Un componente difícilmente evitable del narcisismo político es el odio. La exaltación de sí mismo se traduce en el propósito de maximizar los propios logros, lo cual a su vez lleva a la construcción de un círculo de los enemigos, compuesto por todos aquellos que se oponen a ese propósito. Tanto Napoleón como Mussolini expresan con suma intensidad esa aversión al otro, en cuanto adversario, con la consecuencia de una vocación destructora. La correspondencia del primero desde las vísperas del 2 de Mayo, o los editoriales del segundo en Il Popolo di Italia, *lo mismo que los discursos de Fidel justificando el «paredón», el exterminio permanente de Mobutu, o, en otro orden de cosas, la correspondencia de Godoy con la reina María Luisa dan fe de la variedad de justificaciones para una actitud compartida. Y pensemos en la suerte de Alekséi Navalny. En nuestro caso, la de Pedro Sánchez contra la oposición, y en particular contra Isabel Díaz Ayuso, son muestras inequívocas.*

Para terminar, la pasión por sí mismo se proyecta con frecuencia sobre la sexualidad, lo cual dista de ser irrelevante. Sánchez es una excepción: se conforma con ejercer inteligentemente de sex symbol *a efectos políticos. Napoleón debía serlo, condicionado por su* pétite épée, *y según su colaborador Carlos Franqui, Fidel lo estaba como «mal palo», pero no hay apenas excepción en la galería de obsesos sexuales que integran el citado Berlusconi, un verdadero modelo, su maestro Gadafi, Mitterrand, Mobutu, Mussolini. Sobre la interacción de sexo y política en este último, tenemos el testimonio precioso de los diarios de su amante Clara Petacci. Marco Bellocchio supo reflejarla en su film* Vincere (Vencer).

El análisis de un narcisismo político debe partir del conocimiento de la circunstancia crítica que lo hizo nacer y pros-

perar. En nuestro caso, se trata de la mencionada crisis de la democracia representativa y de las limitaciones propias de un PSOE que en la Transición siguió un recorrido atípico, marcado por las malformaciones inherentes a su débil nacimiento y a su repentino éxito. Sobre el mismo, incidirán factores externos, el más importante, el reto que supuso la aparición de Podemos, sin olvidar otro secundario en el fondo, pero no en la lógica de la acción: la enseñanza del castrismo, aportación capital para que, en su ocupación y defensa del poder, Pedro Sánchez adopte la estrategia de la araña.

Hay, en fin, un rasgo que caracteriza al narcisismo político de Pedro Sánchez: la pulsión del poder es lo que le sirve de base, pero con un grado de intensidad creciente, y por tanto una respuesta más radical, conforme se siente más amenazado, lo cual no siempre supone que esa amenaza tenga la gravedad que la justifique. Así la acusación de violar el orden constitucional, con la Ley de Amnistía y el pacto catalán, le empujan a asumir la condición de dictador; al sentir como una agresión personal y a su estatus las indagaciones sobre la corrupción de su entorno, pasa a pretender la supremacía absoluta de su poder personal sobre las instituciones (principio de inescindibilidad) y, por último, cuando percibe la posibilidad de verse derrotado en el Congreso por el proyecto de ley «ómnibus», de una total irracionalidad, da un paso más, tal vez decisivo para ingresar en el área de la patología política: hacer una manifestación expresa de omnipotencia, que ignora la realidad para decidir. Es su obsesión por «la resistencia», mantener sus decisiones por todo y contra todos, en cuanto expresión de su ego, prueba de su propia excepcionalidad, tal y como Mao la probaba análogamente por su supervivencia, siempre victoriosa, a los enemigos. Desde esa condición, el líder se ve a sí mismo dotado de una inmortalidad simbólica, por encima del tiempo y de los hombres.

4. Trepar al cielo

Más allá de «Pedro el guapo»

Una sorpresa para el lector de *Manual de resistencia*, la autobiografía parcial de Pedro Sánchez, es su silencio sobre todo lo que se refiere a su etapa de formación, tanto cultural como política en el PSOE, hasta que llega la crisis de 2014, de la cual sale elegido como secretario general. Nos cuenta algo de sus orígenes familiares, centrado en sus abuelos manchegos, a quienes les fue negada una alfabetización digna, y por eso se hizo socialista. «En lo político, Manuel Azaña y Willy Brandt fueron mis referentes», más una improbable lectura de «todas sus intervenciones y diarios», para Azaña, que le llevaron a una importante conclusión: «La política es un constante tejer y destejer». Posiblemente es un seguidor más fiel de las enseñanzas de su admirado «Cholo» Simeone: la vida se vive «partido a partido». Y de su consecuencia: «Si se cree, se puede».

Hay también un fogonazo de brillo personal al lado de Carlos Westendorp, en Bosnia-Herzegovina, con un toque de admiración personal a Clinton, y dos leves menciones a un trabajo en una consultoría y a la «magnífica» experiencia docente, sin más señas, todo ello sobre el telón de fondo de su identidad socialdemócrata, tópico sobre tópico, y sin adentrarse en problema alguno.

En suma, nada que haga posible profundizar en la personalidad intelectual y política de Pedro Sánchez. El gusto por la ocultación está ya ahí, a partir de lo que no dice, al omitir en sus orígenes familiares que su padre es economista y funcionario, y su madre, abogada. Prefiere ir al pasado de ignorancia de sus abuelos. Nada de sus sentimientos. También se presenta a las primarias de 2014 declarándose «militante de base», que «hace año y medio no estaba en política», cuando ha sido concejal y diputado por dos veces, y al parecer estaba en el PSOE, desde 1993, tras la victoria agónica de Felipe González, aunque en el *Manual* fecha su ingreso a los diecisiete años. De su condición de hincha del Atlético y de Simeone, también se olvidará más tarde, como de todo aquello que restrinja su capacidad de atracción.

Y es que su carrera política hasta que surge como *dark horse* para liderar el partido, en 2014, es sin relieve. Fue considerado un «fontanero político de José Blanco», el secretario de organización con Zapatero, pero siempre está en cargos secundarios y sin perspectiva de promoción personal: concejal del Ayuntamiento de Madrid, diputado en 2009-2011 y de nuevo en 2012. Solo el azar del diputado electo dimisionario, que le permite acceder por dos veces al escaño. Su formación universitaria y el dominio del inglés favorecen su presencia al lado de Bárbara Dührkop y de Westendorp, de nuevo sin un horizonte claro. En el lenguaje habitual de la política italiana, sería un *culo di ferro*, el hombre que cumple con paciencia y lealtad las funciones que le encargan sus superiores y confía en ascender. En 2014 su rival Eduardo Madina le calificará de «hombre del aparato», lo cual se entiende en quien entonces tiene un relieve político mucho más acusado.

En dos artículos publicados en *El País*, en junio de 2014, Fernando Garea describe como el azar propicia su eventual salto a la dirección del PSOE y qué escalera le permite subir. El azar es el vacío provocado por el fracaso en las europeas de 2014 y la presión ejercida por Susana Díaz, en la cima de su prestigio al frente de Andalucía, para que abra la sucesión. Interviene Madina, esgrimiendo la condición democrática de «un militante, un voto», freno para una decisión en el vértice, ratificada por un congreso, y Rubalcaba adoptará la solución salomónica de que el congreso sea precedido por unas primarias consultivas, vaciando así de cara al futuro el contenido de las asambleas. Para evitar riesgos, Susana Díaz aprueba que acceda un semidesconocido Pedro Sánchez a la Secretaría General, creyendo que le cedería luego el puesto. Se equivocaba, y Pedro Sánchez se cuida en el *Manual* de precisar que él anunció ya a la andaluza que consideraba inseparable la condición de líder del partido y de candidato a la presidencia del Gobierno. De ser veraz lo que dice, no tenía sentido un pacto de sucesión.

Garea refiere como «el caldo de cultivo —para la promoción de Pedro Sánchez— se gestó en el grupo parlamentario entre diputados desconocidos», por una iniciativa de Elena Valenciano, léase de José Blanco, para encontrar un candidato de continuidad real y renovación aparente. Madina tiene ya una posición de poder a nivel parlamentario —el más alejado de los militantes—, reta a Susana Díaz y entre sus dotes no cuenta la empatía. Entra entonces en juego el verdadero mérito político de Pedro Sánchez: saber utilizar su conocimiento de la organización del partido, y de la psicología de sus militantes, en un momento de frustración, para lograr una popularidad que Madina minusvalora.

«Por eso buscó apoyo —cuenta Garea— de los territorios donde tejió una red de apoyo de la base, de sus dirigentes, de quienes han controlado el Partido y del Grupo Parlamentario donde tienen representación esas tres fuerzas que controlan el PSOE. Con esas cuatro patas ha construido su flamante liderazgo». «Mi aparato —dirá— es un Peugeot 407 y mis aliados la carretera y los militantes». Buena parte de su éxito será debido al trabajo con los militantes, en 2014 y en 2016, pateando las sedes con su Peugeot. A diferencia de la hostilidad abierta del aparato pro-Almunia a la candidatura victoriosa de Josep Borrell en las primarias del 98, donde a veces tenía que dar mítines en la calle por serle impedido el acceso a las sedes durante su compaña, ahora encontró las puertas abiertas. En quince días, hizo doce mil kilómetros y cuarenta actos.

Como consecuencia de la pérdida del Gobierno en 2011, el PSOE atravesaba una crisis que nada tenía de psicológica: los casi cuatrocientos mil militantes de las anteriores primarias, en 1998, se habían reducido a la mitad. Hacía falta una buena dosis de aire fresco y de ilusión. Los demás factores también intervinieron, y en particular el vuelco a su favor de votos en Andalucía (Susana Díaz). Sánchez capitalizó el regalo de Madina, al enfrentar a los militantes con al aparato.

Las ideas jugaron un escaso papel, salvo para ofrecer, en palabras de Sánchez, una democratización sin límites en el funcionamiento del partido, con asambleas abiertas donde los militantes exigieran la rendición de cuentas de los dirigentes, y, naturalmente, «más socialismo». Sobre Cataluña, lo más innovador: «La España federal, la reforma constitucional, un nuevo marco de convivencia». Y en cuanto al partido tras las primarias, integración en la ejecutiva de sus rivales (Eduardo Madina y José Antonio Pérez Tapias). Ni siquiera les dirigirá luego la palabra y Madina hablará en lo sucesivo del «señor Sánchez».

El resultado fue claro: un 48,5 por ciento de votos para Sánchez y un 36 por ciento para Madina. El congreso celebrado unos días después, en julio de 2014, no podrá ignorarlo. Rubalcaba había cedido a algo que parecía una democratización. En realidad, dados la debilidad política del PSOE y el peso consiguiente de los factores personales, había sellado la suerte de los congresos y abierto la puerta al caudillismo.

El resto de la historia es de sobra conocido, y se atiene a los datos anteriores. A pesar de los malos resultados en diciembre de 2015 y de la imposibilidad consiguiente para formar Gobierno, Pedro Sánchez, como secretario general, se niega a autorizar la abstención del PSOE ante la formación del único Gobierno posible, del PP.

Al tomar esta decisión, Sánchez decidió ignorar los costes de la situación para España y para su partido, que sufría un descalabro electoral tras otro, y que corría el riesgo de verse superado por Podemos de haber nuevas elecciones generales a finales de 2016. Se encerrará en su «no es no», justificado sumariamente porque la abstención llevaba a la pérdida del PSOE, y de este modo intentará salvar su puesto convocando un congreso. Al ser derrotado por la dimisión mayoritaria de la Comisión Ejecutiva, planteó su reto: ellos, a quienes no reconoce identidad, o yo, el socialista. No iba a aceptar su cese, y sí a preparar su revancha frente a la comisión gestora que le sustituyó, decidiendo la abstención, de modo que Mariano Rajoy pudo formar Gobierno.

De la violencia del enfrentamiento, da idea el editorial de *El País* titulado «Salvar al PSOE», de 1 de octubre de 2016: «Hemos sabido que Sánchez ha mentido sin escrúpulo a sus compañeros. Hemos comprobado que sus oscilaciones a derecha e izquierda ocurrían únicamente en función de sus intereses personales, no de sus valores ni de su ideología, bastante desconocidos ambos». El retrato era inmisericorde, ofreciendo una imagen del todo negativa, pero no falsa en el fondo, del político. Este la corrobora en el *Manual*, sacando la conclusión de la crisis: «Una vez que esto pase, debe haber una sola voz en el PSOE, la de su secretario general».

Pedro Sánchez niega haber participado en la movilización de las bases contra la gestora, exigiendo primarias. Habla de una larga reflexión, pero al mes de dimitir como diputado, ya está iniciando la campaña de mítines, eco ampliado de la de 2014, para recuperar el poder. La frustración ante el Gobierno de Rajoy es un buen apoyo psicológico para el «no es no», identitario, bajo el lema de «Somos socialistas», mientras la gestora permanece atenazada por su propia naturaleza. En su nueva campaña intervienen dirigentes socialistas que luego apenas cuentan, mientras aparecen a su lado, en la nueva gira del Peugeot, leales oscuros (José Luis Ábalos, Santos Cerdán, Koldo García al volante).

Siguieron las que Sánchez llamó «las primarias de la militancia», en las cuales se repitieron los resultados de 2014, con otros contendientes: Pedro Sánchez alcanzó el 50 por ciento de votos, por el 40 por ciento de Susana Díaz y el 10 por ciento de Patxi López. En palabras del vencedor, no hubo nada personal en su empeño, que pronto le llevó a la presidencia del Gobierno, pero el resultado dejó algo claro desde el primer momento: la personalización del poder quedaba confirmada en manos de Pedro Sánchez y este, en lo sucesivo, tendría como objetivo llevarla al extremo, sobre el PSOE, y desde 2018, sobre el Estado.

Los traumas de una infancia

Fue la de Pedro Sánchez una extraña ascensión al poder, tanto por la oscuridad de su carrera política anterior, donde cuenta mucho más la fortuna que la capacidad demostrada, como por los violentos zigzags que experimenta desde su descubrimiento como posible candidato a líder, en 2013, a su llegada al Gobierno cinco años más tarde.

Todo indica que esos avatares personales, y el propio hecho de que fuera posible su ascenso, tienen mucho que ver con la singularidad de la historia del partido político en que se encuadra, a pesar de la transparencia y la evolución lineal que ofrece una primera lectura. En efecto, la historia es engañosamente sencilla. Convertido al volver la libertad en la más coherente de las ofertas políticas disponibles, mirando a Europa, la socialdemocracia, el PSOE, no tardó en llegar al poder, menos de cinco años después de la muerte de Franco. Son los años dorados: de 1983 a 1996, desarrolló una actuación decisiva para la modernización del país, con Felipe González al frente del Gobierno y del partido.

Siguió una crisis transitoria, gobernando Aznar, superada tras el 11-M en 2004 con la gestión, en un primer momento afortunada, de José Luis Rodríguez Zapatero, hasta que la infravaloración de la crisis económica dio en tierra con él. La caída política del PSOE llegó a parecer irreversible, en especial con la división y el enfrentamiento de 2016, finalmente superado mediante la reafirmación de Pedro Sánchez, quien devuelve el partido al liderazgo del país a partir de 2018, hasta la fecha.

Las cosas fueron, sin embargo, más complicadas, y lo confirma la excepcionalidad del poder adquirido por Sánchez, sugiriéndolo también esa alternancia entre periodos de auge y hundimientos transitorios. A efectos de buscar una explicación, sin necesidad de escribir una historia del PSOE desde la Transición, partiremos, con abierta heterodoxia en cuanto al método, de la evocación de dos vivencias personales y de las observaciones anotadas por Jorge Semprún durante su etapa como ministro de Cultura con Felipe González (1988-1991).

La primera evocación recoge una curiosa anécdota de la primavera de 1969. Me ganaba la vida como sociólogo en el gabinete de estudios del Ministerio de Trabajo, presidido por Juan Velarde, cuando una mañana veo entrar muy contento a mi amigo José María Maravall, empleado en el mismo lugar. Me dice: «¡Antonio, he visto un socialista!». Inmediatamente le acompañé para comprobar el descubrimiento. Se trataba de un viejo abogado, fiel militante todavía del PSOE en el exilio, que para sobrevivir hacía dosieres de prensa, con una tijera, en el último rincón del ministerio. Se llamaba Manuel Iglesias y para esas fechas aún no tenía un nieto que se haría famoso, Pablo Manuel Iglesias, el fundador de Podemos. Era una excelente persona, aunque algo gruñón, y fue un buen amigo y llave para enlazar con otros socialistas, entre ellos el colaborador de Pablo Iglesias, Andrés Saborit.

Cuenta ante todo de ese encuentro la constatación de un

hecho: la práctica desaparición del PSOE de buena parte de España, salvo sus bastiones regionales de Asturias y Vizcaya. Aunque muy golpeado, la primacía del PCE como «el Partido» en la oposición era indiscutible y sus principales competidores, de la nueva izquierda y del catolicismo social, veían al PSOE, regido desde el exilio de Toulouse por Rodolfo Llopis, como un residuo del pasado, desconfiando también del núcleo socialdemócrata heterodoxo que lideraba «el viejo profesor», Enrique Tierno Galván.

No hay que pensar en culpabilidad alguna para dar cuenta de ese desplome socialista. Los viejos militantes, procedentes de la República y la guerra, eran fácilmente identificables y su vulnerabilidad superior a la del PCE, y los núcleos más activos de ese pasado, pertenecientes a las Juventudes Socialistas, se habían pasado mayoritariamente al comunismo. Importaba también el desgarramiento con que el PSOE había salido de la guerra, enfrentados los seguidores de Indalecio Prieto, Julián Besteiro y Francisco Largo Caballero, y todos ellos con los fieles a Juan Negrín.

De cara al futuro, la única ventaja del PSOE residía en que, habiendo sido socialistas quienes sucesivamente tomaron la dirección de la España republicana, a partir de septiembre de 1936 hasta el 1 de abril de 1939, sin olvidar la iniciativa de Besteiro en el golpe del general Casado, no se produjo la identificación del PSOE como «partido de la guerra» que, en cambio, afectó al PCE. Por el momento, importaba debilidad. A un año de la muerte de Franco, el partido disponía en el interior de «una escueta militancia», en palabras de Alfonso Guerra, aunque lo explicara por ser «un país sin democracia». Lo cierto es que la regeneración socialista partió de una minoría activa, el grupo sevillano de amigos, liderado por Felipe González, y no de colectivos socialistas organizados.

El propio Alfonso Guerra es el protagonista del segundo

recuerdo, localizado a inicios de los años noventa, ligado a la última y aminorada huelga general contra la política socialista, en enero de 1994. Fui invitado a uno de esos aburridos programas de debate en la época, sobre capitalismo o socialismo. Participaba Antonio Garrigues Walker y organizaba Alfonso Guerra. Para mi sorpresa, la directora del programa, Cristina Ramos, me llamó para pedirme, sin conocerme, que sacara a debate el tema de la huelga general, ya que lo tenía prohibido por Guerra. Así lo hice, y el vicepresidente reaccionó con un «Ya has *desembuchao*, ¿qué pasa, estabas en un piquete?», previo a una malhumorada despedida: «Para hacer política, hay que hundirse en el barro». Nada violento había pasado en el curso del debate. Cristina me dio las gracias, no sé si por eso pasó al tema del corazón y se acabaron las invitaciones.

La reflexión que entonces me hice, y que sigo haciéndome, es que si el número dos del Gobierno y del PSOE llegaba a ejercer tal grado de control sobre un medio público que no pertenecía a su jurisdicción, ¿cuál sería su voluntad de dominio sobre el partido? La respuesta es fácil: total. Lo contó en sus memorias Jorge Semprún, ministro entonces, a quien el lugarteniente de Felipe no debió caerle muy simpático, refiriéndose «al temor que irradiaba la figura de Alfonso Guerra»: «Sin duda era respetado como el señor de las moscas y de los aparatos, atentos los fieles militantes a sus sonrisas y sus fruncidos de cejas».

La crítica de Semprún en *Federico Sánchez se despide de ustedes*, que leí mucho tiempo después de publicar por vez primera mis reflexiones anteriores, viene a confirmar el alcance de esa dominación sobre el partido, con una carga de resquemor personal a la que soy ajeno: «Todos los cuadros del PSOE fueron elegidos por él y para él, a su imagen y semejanza. O bien fueron marginados por asambleas sabiamente adiestradas, cuando fueron díscolos, o autónomos. Cuando se atrevieron a pensar por su cuenta».

Jorge Semprún me dio la *Autobiografía de Federico Sánchez* con una dedicatoria evocadora de posiciones críticas respecto del comunismo: «A A. E. por tantas vivencias compartidas». Hubiera podido extenderlas a la previsión de las consecuencias a largo plazo de lo que llama «guerrismo», en cuanto a la existencia de «dos almas» que cree apreciar en el PSOE, entre la socialdemócrata moderna, de Felipe González, y la que califica de «oportunista de izquierdas», la cual encubriría su vacío político con el radicalismo ideológico. Si la enlazamos con las consecuencias de la esclerosis orgánica, estaríamos al borde de entender la génesis de la línea política que van a encarnar hasta hoy José Luis Rodríguez Zapatero y Pedro Sánchez.

De cara al futuro, quedaba explicada la falta de iniciativas políticas de carácter general en todos y cada uno de los dirigentes del PSOE. Veremos que ello no nace de una propensión a ejercer la tiranía, sino de una exigencia de extremar la disciplina para dejar atrás la caótica crisis de 1979, pero tampoco ignoremos que el balance inevitable es el cumplimiento de la ley formulada por Lech Wałęsa: «Con los peces de un acuario, es posible cocinar una sopa de pescado, mientras con los peces de una sopa de pescado no es posible crear un acuario».

En esa época tiene también su origen una táctica destinada a perdurar: la respuesta a toda crítica con la descalificación de aquel que la plantea. Expresión inevitable de una gran debilidad orgánica, el protagonismo de las personas está ya ahí en el momento refundacional de Suresnes, en octubre de 1974. Lo recuerda en sus memorias, *La izquierda imperfecta*, Francisco Bustelo: «En la dirección surgida de Suresnes había tres grupos: los vascos, con Redondo, López Albizu, Múgica y Benegas; los andaluces, con González, Guerra y Galeote, y los madrileños, con Castellano y yo». Grupos y personas, la misma configuración que se mantiene en el congreso de la crisis de 1979, y es en ese marco, donde en el vértice el personalismo todavía se refuerza más, que se juega el futuro del PSOE, al decidir Nicolás Redondo que su elegido, Felipe González, deberá dirigir el partido.

En Suresnes, se contaban solo dos mil quinientos afiliados en el interior y muchos de ellos veteranos. Solo hay presencia seria en los bastiones del 36: quinientos afiliados en Asturias y otros tantos en Vizcaya, también presente en Guipúzcoa. En Sevilla, foco de Felipe y Alfonso, son ciento cincuenta. Menos aún en Madrid, y en Valencia, donde el PSOE ganará las elecciones de 1977, solo veinte. En toda Galicia hay diez afiliados. Tomado en sus dimensiones reales, el PSOE que aborda la Transición es un partido marginal, lo que le permite diseñar una estrategia sin contar con las exigencias inmediatas, y con la mirada puesta de modo exclusivo en su afirmación venidera, sobre el supuesto de la caída inevitable de la dictadura después de la muerte de Franco, con el respaldo decisivo de la imagen positiva de la socialdemocracia europea, signo de progreso y de tranquilidad.

El contraste es claro respecto de la connotación de riesgo que acompañaba al PCE, orgulloso de la costosa rémora de su asociación con la Guerra Civil y una resistencia antifranquista que ya no motivaban a las jóvenes generaciones. Al PSOE le venía bien incluso la confusión derivada de sus divisiones en 1936-1939, que a pesar de ello le permitía exhibir su tradicional vinculación con los trabajadores, «cien años de historia».

Pudo así montar su estrategia sobre dos bases: la autonomía a toda costa y el desbordamiento puntual de las posiciones del PCE, a sabiendas de que no asustaba a nadie. Cualquier alianza es vista como un desdibujamiento de la propia identidad, dentro de un planteamiento de riguroso marketing político: la fijación de un área de mercado, destinada a ser hegemónica. El concepto de «espacio político» jugará un gran papel en la literatura política socialista de los años setenta. Claro que ello suponía debilitar al conjunto de fuerzas antifranquistas, pero el dúo dirigente del PSOE confiaba en la ineluctabilidad del cambio. Y la afirmación de una política autónoma se unía, además, a una toma de posiciones en línea con un socialismo mediterráneo novedoso, libre de ataduras estalinianas y abierto a la utopía autogestionaria.

El PCE quedaba así atrapado en una pinza, a cuya confección contribuía alguno de sus más brillantes antiguos líderes, como Fernando Claudín. Así, si el PCE renunciaba a la bandera republicana, Alfonso Guerra recomendaba mantenerla a los jóvenes socialistas. Si hablaba de control de la banca, el futuro ministro Miguel Boyer explicaba la necesidad de su nacionalización. En palabras de Felipe González, del verano de 1976, el PSOE tenía al marxismo como sustento teórico y sus objetivos incluían la formación de un frente obrero orientado a la socialización del sistema productivo español. La puja radical llevará a la consolidación de un espacio político socialista en la izquierda, rival del comunista y atractivo para los militantes de grupos situados de la izquierda del PCE que protagonizaron las luchas de los sesenta. La aportación de cuadros procedentes del antiguo FLP, como Pasqual Maragall, Joaquín Leguina, José María Maravall, Narcís Serra, José Ramon Recalde, y por vía de Convergencia Socialista, fue el efecto de ese trasvase, de gran utilidad para el PSOE, cubriendo su inicial penuria en profesionales e intelectuales de relieve.

El resultado de la estrategia de la puja fue el tono radical que presidió el primer congreso de vuelta a España, el 27.º en la historia, tolerado aún sin legalizar el partido, en diciembre de 1976, en el hotel Meliá de Madrid, con un espectacular respaldo internacional. Adolfo Suárez otorgaba así una notable ventaja al PSOE sobre el PCE, que tendrá que esperar a marzo de 1977 para ser legalizado. Era hora de desbordarle, además, desde la ideología. «El PSOE se define como socialista —proclamaba su resolución política—, porque su programa y su acción van encaminados a la superación del modo de producción capitalista mediante la toma del poder político y económico, y la socialización de los medios de producción, distribución y cambio por la clase trabajadora». Ni más ni menos, y, claro, marxista, por ver en la lucha de clases el motor de la historia. No debe extrañar que el viraje de ciento ochenta grados de 1979 provocase una grave confusión en muchos militantes.

El éxito en las elecciones —de hecho, constituyentes— de junio de 1977 convirtió la subida de militantes, inicialmente moderada, en un tsunami: de ocho mil a finales de 1976 a ciento cincuenta mil un año más tarde. El resultado electoral del 77, con un 30 por ciento de los votos y casi ciento veinte diputados del PSOE, aplastando al PCE (9 por ciento de votos, veinte diputados), señalaba cuál iba a ser el futuro de la izquierda en España. Más aún cuando se les sumaron los ocho diputados, por un 4,5 por ciento de votos, del Partido Socialista Popular, de Enrique Tierno Galván. Parecía confirmarse el acierto de la predicción de Alfonso Guerra: «La dictadura caerá por sí sola. Al PSOE le bastará con enarbolar sus siglas para alcanzar un porcentaje sensible de votos». La consolidación de la democracia parecía ir de suyo; lo esencial era convertir al PSOE en alternativa de poder.

De ahí las reticencias socialistas para firmar en noviembre del mismo año los Pactos de la Moncloa, que permitieron controlar una inflación y un déficit exterior desbocados, a cambio de un retroceso de los salarios reales, punto donde la UGT capitalizó de cara a los trabajadores su rechazo inicial. PCE y CC. OO. pagaron la factura.

Las velas habían empezado a replegarse de cara a la campaña electoral de 1977. En un folleto didáctico, González y Guerra insistieron ya en la compatibilidad entre reforma y revolución, en el marxismo «de nuestro tiempo» como método de análisis, en el europeísmo, en una organización federal para España, y sobre todo en que ahora tocaba emprender la consolidación democrática.

El problema fue que el gran salto adelante de 1977 no se vio reafirmado con la misma intensidad en las elecciones de 1979, tanto en las generales como en las municipales inmediatas, y que a pesar del poder alcanzado —emblema: la alcaldía de Madrid para Tierno Galván—, la UCD mantuvo su predominio y el balance fue vivido por buena parte de la militancia como una frustración. En la medida en que Felipe González percibió que mantenerse en la ortodoxia marxista suponía un bloqueo para la hegemonía socialdemócrata y hacía falta un Bad Godesberg español, la batalla de las ideas estaba servida en torno a la supresión o el mantenimiento del marxismo como seña de identidad del PSOE.

El primer choque se resolvió con una derrota de Felipe González en el 28.º Congreso, que muy pronto arrojó sus frutos, ante todo, mostrar la absoluta debilidad de sus adversarios, simples marxistas de etiqueta, cuando no algo todavía más inane. Se desmoronaron apenas Felipe anunció que, ante la victoria del «marxismo», renunciaba a seguir dirigiendo el partido y bastó con la correcta maniobra de designar una gestora para realizar un nuevo congreso para que las aguas volvieran a su cauce. No obstante, el potencial de caos que encerraba el partido de aluvión era demasiado evidente y, en este punto, Guerra dio el golpe definitivo con la reforma de los estatutos en vigor ya para el congreso extraordinario de septiembre de 1979. Del voto por agrupaciones se pasó al voto por federaciones, y como la andaluza era la más numerosa, con Guerra al frente, su voto inclinaba en favor suyo el sentir del congreso. Sobre esta base, y con la aplicación rigurosa de su disciplina, Guerra estabilizó el dominio de su tándem Felipe-Alfonso hasta entrados los años noventa.

El 28.º Congreso había estado aún presidido por las personas. Frente a Felipe y Alfonso se habían juntado sus adversarios de Suresnes en torno al «marxismo» (Francisco Bustelo, Pablo Castellano, Luis Gómez Llorente) con el recién llegado Tierno, sin que consiguieran unirse para una alternativa. A partir de ese momento, el pluralismo se desvaneció, con la única excepción de una incipiente Izquierda Socialista y al llegar la subida al Gobierno, tras la victoria electoral de octubre de 1982, la estabilización del poder fue absoluta, superando incluso la crisis prevista por la sustitución del clásico «no a la OTAN» por la defensa a ultranza del mantenimiento de España en su seno, victoriosa contra pronóstico en el referéndum de 1986. Y, sobre todo, España había conseguido ingresar en el Mercado Común Europeo.

La ideología del PSOE se definía como un reformismo radical, es decir, una perspectiva de participación democrática y de reformas socioeconómicas de orientación igualitaria: «El Estado y las organizaciones sociales —escribió José María Maravall, ministro de Educación con González— pueden imponer un cambio progresivo en la relación de las fuerzas sociales, unas prioridades sociales a la dinámica de la acumulación capitalista». La renuncia a toda utopía revolucionaria se veía compensada por la promesa de transformaciones dentro del sistema —en la distribución del poder económico, en las relaciones internacionales, en la educación—, muy ajustada a las demandas surgidas de la situación de marasmo que caracterizó a la etapa final de la UCD en el Gobierno. Era el espíritu del programa electoral de octubre de 1982, que tan favorable eco alcanzó en el electorado.

Las cosas no iban a seguir realmente ese camino, bajo la exigencia de superar la crisis económica instalada a partir de 1973. Será una lógica de actuación claramente definida: supuesta la posición subalterna de España dentro del concierto capitalista mundial, había que asumirla con todas las consecuencias, con el relanzamiento de la inversión privada a favor de la presencia en Europa. Joaquín Almunia, economista próximo a Felipe González, advirtió que si la era del marxismo había pasado, no menos superada estaba la socialdemocracia con sus pretensiones redistributivas: «Nosotros —concluía— ponemos el acento en un problema nuevo, como es el de aumentar la producción».

El relanzamiento económico tuvo lugar, aunque en un principio fuera pagado por los trabajadores, retrocediendo en el PIB mientras se disparaban los beneficios empresariales. Para superar la crisis, fue empleada una táctica de adecuación, que mantuvo al PSOE como único instrumento económico de la izquierda, con un creciente malestar de los trabajadores, finalmente asumido por la UGT en unidad de acción con CC. OO. en la sucesión de huelgas generales entre 1988 y 1994. La ausencia de competidores, a pesar de la constitución de IU en 1986 y el rechazo provocado por la alternativa de Alianza Popular, con sus residuos franquistas y Fraga a su cabeza, favorecieron que la política de socialismo liberal pudiera pasar la tormenta, aun sufriendo un considerable desgaste.

El balance fue positivo: la situación del país dio un vuelco, ya en los primeros cuatro años de Gobierno del PSOE, con un Estado fuerte, cuyos mecanismos actuaban cohesionadamente, y ateniéndose a una legitimación democrática. Al reino de la inseguridad le sucedió el de la confianza, reforzada por la nueva etapa histórica que representaba la integración en Europa. Gracias a la debilidad transitoria de la derecha, hasta la llegada a su frente de José María Aznar, el PSOE pudo asumir el papel, tantas veces solicitado a lo largo del siglo desde Joaquín Costa, de partido nacional, trazando unas reglas de actuación que sobrevivieron al relevo electoral del PP en 1996. La modernización y la democracia resultaban consolidadas.

La adecuación a la realidad del país tuvo otros aspectos no tan brillantes, más allá del trauma experimentado en torno al referéndum sobre la OTAN de 1986, a fin de cuentas, resuelto por vía democrática, aunque a costa de una intensa práctica de manipulación de los medios. Más graves resultaron en el fondo dos vías de continuidad con las prácticas del pasado. Una de ellas fue la violación de los derechos humanos, adoptada como respuesta al terrorismo de ETA, hasta sostener con los GAL una forma transitoria de terrorismo de Estado. La otra, más duradera, fue la corrupción, a la cual sería preciso añadir otras prácticas irregulares que acabaron echando raíces en el partido, sin que hayan sido objeto de una suficiente indagación histórica.

Los casos más espectaculares corresponden al síndrome del recién llegado que se encuentra en posición de poder y se entrega a la tentación de disfrutar de los fondos puestos a su alcance, sin un control imprescindible por parte de ese partido débil, nacido del aluvión de 1977-1978. Como tantas otras veces sucederá en el futuro, fue la prensa la que levantó en noviembre de 1993 el caso Roldán, por la gran estafa en la construcción de cuarteles del que fuera director de la Guardia Civil, de militancia del PSOE. A menor escala, fue similar el caso Urralburu, protagonizado por el presidente socialista de Navarra. Con toda probabilidad, el enriquecimiento ilícito acompañó a la singular aventura político-asistencial del PER en Andalucía, cuya incidencia económica no menos singular descubrí como miembro de la Comisión del Quinto Centenario, cuando el futuro comisario de la Expo, Emilio Cassinello, explicó la distribución de mano de obra en la construcción del AVE. «¿Cómo hay tantos obreros en Ciudad Real y tan pocos en Córdoba?», le pregunté. «Es que en Córdoba hay PER», fue la respuesta. La corrupción nunca es inocua.

Con la descentralización autonómica y local, más un

tiempo de auge económico y construcciones, surgió otra fructífera línea de corrupción, compartida por populares y socialistas, analizada por Fernando Jiménez y Vicente Carbona. Fue la corrupción del ladrillo que tuvo en «el Pocero» su personaje emblemático.

La Nueva Vía

En un clima depresivo, la sucesión de Felipe González puso de relieve la fragilidad del partido, sin Guerra, y sobre todo con un fuerte desgaste del prestigio de Felipe. El favorito del aparato era Joaquín Almunia, político y economista discreto, propicio por entonces a suscitar una doble oposición, a su gestión y al continuismo, que se vio desprestigiada por las presiones ejercidas sobre su rival, Josep Borrell, en las primarias de 1998. Todo ello en medio del auge de la corrupción en municipios y comunidades autónomas.

Lo que ya es difícil adivinar es en qué grado esa corrupción contamina las continuas luchas por el poder a escala local en el PSOE, una vez que cesa la mano de hierro de Alfonso Guerra. En ellas, las falsas etiquetas anunciando «renovación» y cosas parecidas no dicen nada. El propio Pocero montó en un lugar la Renovación Democrática. Y dentro del socialismo madrileño tuvo que estallar el «tamayazo» cuando, tras las elecciones de 2003, dos votos de una extraña corriente madrileña, los Renovadores por la Base, votaron contra el candidato socialista Rafael Simancas, abriendo el camino a Esperanza Aguirre y al control por el PP de la Comunidad de Madrid hasta hoy. Los Renovadores por la Base eran un instrumento para un comisionista y empresario, José Luis Balbás, que según sus propias declaraciones había desempeñado un papel decisivo en la elección de Zapatero, al lado de José Blanco, quien entonces era su «amigo del alma».

En ese marco tan poco propicio, y siendo incapaz Almunia de asegurar con éxito la sucesión de un liderazgo fuerte, quedaron reducidas a un espejismo las expectativas de renovación suscitadas por la victoria de Josep Borrell en 1998, con el aparato de frente. Tras la derrota de Almunia ante Aznar en las elecciones de 2000, quedaba abierto el espacio para que tomase el mando aquel de los jóvenes ambiciosos que fuera capaz de maniobrar con mayor habilidad. José Luis Rodríguez Zapatero lo fue y demostró unas dotes para ello, nunca desmentidas en su posterior carrera política.

Una vez dimitido Almunia en marzo de 2000, el 35.º Congreso del PSOE, reunido en julio, puso de relieve tanto la vocación continuista del aparato como el disgusto y la frustración de los jóvenes incorporados al partido en los años ochenta. También el débil espesor político, ya que todo se resuelve en luchas de grupos, y de compraventa de votos por promesas, entre la propuesta de continuidad del aparato, a favor de José Bono, con el aval de sus victorias en Castilla-La Mancha; la oposición «guerrista» a Bono, minoritaria y al fin favorecedora del *dark horse*, el desconocido leonés José Luis Rodríguez Zapatero, que ofrece buen talante, optimismo —«no estamos tan mal»— y buen trato con Felipe González.

Zapatero dispuso de un poderoso muñidor electoral, hasta entonces casi desconocido, José Blanco que logró llevar a término las negociaciones con los «guerristas». Tras una noche interminable de «yo te doy una cosa a ti si tú me das una cosa a mí», sin discusión ideológica alguna, ZP vence a Bono por ocho votos. José Blanco inaugura con éxito su papel de hacedor de reyes, que repite con éxito en 2014 a favor de Pedro Sánchez.

La agrupación de militantes que promueve la candidatura de Zapatero, llamada «Nueva Vía», tiene una historia casi irreal según cuenta el sociólogo Andrés Torres Mora, su ideólogo, por llamarle algo. «Nueva Vía», como esos grupos que se forman en las organizaciones locales, carece de contenido alguno, y tiene por único propósito la victoria de Zapatero, y por eso, una vez conseguida esta, se disuelve. Todas las posiciones doctrinales tienen cabida en ella. Es un instrumento para subir al poder, haciendo efectivo «el relevo», con la jubilación de los fundadores.

José Luis Rodríguez Zapatero era un joven abogado provinciano, alto, de buen parecer y mejor trato, sin dato de relieve alguno en su ejecutoria. Para llegar al poder en el partido, él y sus socios hicieron lo mismo que los grupos en lucha por el poder local: dar con una etiqueta que sonaba bien, «Nueva Vía», tomada del británico Anthony Giddens —«Tercera Vía»—, solo que en España la «nueva vía» no llevaba a ningún sitio. «El grupito —escribió José García Abad— no tenía más base doctrinal que echar a los viejos y ponerse ellos en su lugar». Una vez elegido Zapatero, desapareció por arte de magia. El joven Pedro Sánchez había encontrado un modelo para su futuro.

Zapatero fue el prototipo de joven universitario, carente de relieve, que hace una carrera también gris en el PSOE hasta que llega su momento, un vacío de poder en el partido, desconcertado tras los fracasos de Borrell y de Almunia y con el principal candidato, José Bono, procedente del Partido Socialista Popular, instalado como todopoderoso en Castilla-La Mancha, enriquecido y con enemigos. Zapatero cuenta con su *talante*, anunciando buenos tiempos cuando todos se lamentan, y el anuncio de la doble renovación, generacional y de género.

ZP es un hombre muy decidido, satisfecho de sus conocimientos, que son escasos, y sobre todo de una seguridad absoluta en las propias opiniones, sobre las cuales no admite discusión alguna. Cuando Carlos Solchaga le avisa en 2008 de la inminencia de la crisis económica, se limita a responderle que no comparte esa idea, y dos meses después le cesa del Comité Federal. Es un tipo aislado que, según su colaborador económico Jordi Sevilla, desconfía de todo el mundo y por eso impone un estilo de gobierno bonapartista, la «dictadura del secretariado», útil al menos para que sus colaboradores sepan a qué atenerse. También odia y no duda en sugerir al director de *El País* la exclusión de un colaborador cuyas críticas le incomodan.

Sus intuiciones son órdenes, lo cual tiene buenas consecuencias al tratarse de las reformas de género, de igualitarismo feminista, legalizando el matrimonio homosexual, etc., en su primer bienio de gobierno (2004-2006) que le llevan a adquirir fama europea, hasta el punto de rodarse en Italia un film con el título *¡Viva Zapatero!* El problema al abordar cuestiones más complicadas es su ignorancia prepotente. La expuso tan satisfecho en su prólogo al libro del citado Jordi Sevilla, *De nuevo socialismo*, donde ni más ni menos define las ideologías como las ideas lógicas, y que precisamente por eso no deben ser seguidas: «En política no hay ideas lógicas». La razón no cuenta; solo lo hacen las que surgen de una deliberación, sean las que fueren, «sin hilo conductor alguno que oriente las premisas y los objetivos». Ahora bien, cuando desde esa ausencia deliberada de principios, valores y argumentos, llega intuitivamente la solución, esta es firme y debe ser adoptada.

A partir de este enfoque, abordará los principales problemas con que tropieza su gestión como presidente, lo cual no le exime, ni a él ni a sus colaboradores, de la exigencia de rigor al implementar. La rectificación no cabe en ninguna de sus apuestas. Si la negociación es el cauce para resolver el problema de ETA, el atentado etarra de la T-4 no debe perturbarla, siendo considerado «un incidente».

Si, como le tranquiliza su ministro Miguel Sebastián, la crisis de 2008 es pasajera y cabe mantener la política expansiva, obligará a hablar de «desaceleración» y la mantendrá hasta poner a España al borde del rescate. Si resulta muy incómodo admitir que el 11-M fue causado por el yihadismo, debiendo tomar medidas contra la propaganda del terrorismo islámico, proclamará que entre el islam y el catolicismo es preciso instaurar la Alianza de las Civilizaciones.

De ello se encargará en un tinglado conjunto, a la sombra de la ONU, con un gobernante musulmán tan inclinado a la fraternidad como Tayyip Erdoğan, que acabará practicando el vandalismo contra las imágenes de las basílicas bizantinas en Turquía, convertidas en mezquitas. El problema eran las caricaturas de *Charlie Hebdo*, no la violentísima reacción que suscitaron ya entonces en el mundo musulmán. Aun cuando se manifestará por solidaridad, ni una rectificación de Zapatero es escuchada tras el atentado criminal contra el semanario en 2015 y otro tanto sucederá cuando en 2021 los cubanos traten de expresarse en libertad y sufran la represión del 21-J. A pesar de los nulos resultados, la Alianza sigue existiendo y sirve de retiro a su ministro Moratinos.

Aunque tal vez el efecto más nocivo de esa seguridad en sí mismo sea su aceptación de la maniobra de catalanización del Partido de los Socialistas de Cataluña (PSC), sobre todo al respaldar el proyecto de «nou Estatut» y garantizar que lo que fuera aprobado en Barcelona lo sería en Madrid. Cuando vio el revuelo causado por la inclusión del término «nación», adscrito a Cataluña, se asustó por un momento, sin darse cuenta de que el independentismo, con Esquerra Republicana de Catalunya (ERC) al frente, esperaba la chispa para declarar el incendio, y lo declaró retirándose de la ponencia y no votando el texto modificado por el Congreso. Esto se convirtió en lo esencial para lo sucesivo: el Estatut, modificado o recortado, anulaba desde España el carácter nacional de Cataluña, la «humillaba» en palabras del propio ZP y esto resultaba intolerable. A partir de 2010 nacía el *procés*.

Con Zapatero cobra forma también la dimensión «progresista» de la política exterior española, antiamericana en un principio, algo justificado por la política de Bush y la invasión de Irak, pero que luego se concentra en la benevolencia hacia las dictaduras latinoamericanas, Cuba en primer término, anticipando también la actitud adoptada desde 2018 por Pedro Sánchez y que él reforzará con su participación en el Foro de Puebla y unas relaciones privilegiadas con la dictadura de Chávez, y luego Maduro en Venezuela, cuyo alcance es difícil de establecer.

Partiendo de otro punto de origen, Madrid, la trayectoria ascendente de Pedro Sánchez es similar a la de Zapatero. Un joven universitario que cursa estudios en centros de segundo orden, con grises resultados, y que emprende una carrera política en el PSOE no menos gris, amparado por el mismo José Blanco que contribuyó al acceso de Zapatero a la Secretaría General del partido. Es heredero del sentido del poder de su predecesor, comparte con discreción su nivel cultural, dando un paso más al subordinar cualquier opción política a sus intereses personales.

Incluso la vuelta a España de Sánchez para recuperar en 2017 la jefatura del PSOE reproduce la táctica empleada en 2000 por su precursor. «Zapatero ha dado muchas muestras de improvisación desde el gobierno —refiere García Abad—, pero solo en lo que se refiere a políticas, no en la política del poder». En este punto, Pedro Sánchez es clónico de ZP.

5. El reto de Podemos

Fue el día de la gran manifestación de Podemos en la Puerta del Sol, en el curso de la cual Juan Carlos Monedero reveló su doble alma de izquierdista y de hombre procedente por vía familiar de la extrema derecha. Puesto a defender a la Grecia de Yanis Varoufakis contra la agresión capitalista, al terminar su intervención gritó: «¡Arriba Grecia!». No fue la única sorpresa de la jornada, dado que antes de acabar la retransmisión recibí una llamada sorprendente, puesto que al otro lado del teléfono se encontraba Pedro Sánchez. Estaba preocupado por el desgaste que le pudiera suponer un artículo mío en *El País* en el que criticaba el voto parlamentario socialista a favor de la reforma del Código Penal con la prisión permanente revisable. Le tranquilicé diciendo que mis artículos tenían una eficacia muy reducida y que por el citado no iba a perder voto alguno. Hablamos brevemente de otras cuestiones, pero era claro que su único interés era el relativo al efecto electoral de la crítica.

Si no personalmente, de modo indirecto tuve una nueva relación con el presidente en vísperas de las penúltimas elecciones. Una ministra me invitó a mantener una conversación en la cual yo le expusiera ideas de cara al inminente debate electoral en TVE, el 4 de noviembre de 2019. Lógicamente el tema central fue Podemos. Por mi conocimiento de su grupo dirigente, y en particular de Pablo Iglesias —nieto de un entrañable amigo mío socialista— desde los días en que se llamaba Contrapoder, en la facultad y en mi departamento, siendo director y él joven profesor (brillante profesor), y líder de su movimiento lanzado a conquistar el poder en la Facultad, yo compartía con Pedro Sánchez la profunda desconfianza ante un Gobierno de coalición bicéfalo.

La estimación se apoyaba sobre mi proximidad al proceso de gestación y crecimiento de Podemos, visto habitualmente como un resultado político de la rebeldía expresada el 15-M cuando es algo distinto: la utilización de esa rebeldía, de ese malestar reflejado en esas movilizaciones, por una minoría activa, surgida en un foco izquierdista, la Facultad de

Ciencias Políticas de la Universidad Complutense. Su incidencia se vio potenciada por la relación y el apoyo del chavismo, en concreto, de Hugo Chávez a partir del momento en que toma por colaborador a Juan Carlos Monedero, tras el cual llega Pablo Iglesias. Son dos momentos sin los cuales Podemos no existiría. Sin la estructura de oportunidad proporcionada por el pos-15-M, obviamente, y sin el apoyo de Chávez, simbólico y material, tampoco.

Es preciso tenerlo en cuenta, ya que la ideología y las actitudes básicas de Podemos no nacen con las elecciones europeas de 2014, aun cuando sea entonces el momento en que se configura su formato exterior, son difundidos sus eslóganes y cobra cuerpo su táctica electoral. Pero el alma de Podemos ya está formada en su precursor, Contrapoder, en la Facultad de Políticas, ya con la troika Iglesias-Monedero-Errejón, que se presenta en 2006 con un acto público en solidaridad con el etarra Iñaki de Juana Chaos. Digamos que estas señas de identidad, como su himno rapero o artículos de Pablo Iglesias —entre ellos el fundamental donde justificaba la violencia de los escraches como un nuevo gesto de Antígona—, han sido convenientemente borradas de la red.

Los ingredientes de lo que yo llamé entonces «fascismo rojo» están ya ahí: una ideología simple y maniquea que permite la designación del otro como enemigo; la formación de un grupo altamente cohesionado en torno a un conjunto de signos identitarios; la actuación de un líder carismático, que fija los objetivos de la acción y detenta los mecanismos de control y vigilancia; la aspiración a ser reconocidos como únicos representantes legítimos del colectivo a que pertenecen, y la utilización sistemática de la violencia —verbal en Podemos— para eliminar a opositores y disidentes.

En una palabra, Podemos no aportaba nada de impulso democratizador, aunque la falta de democracia sea esgrimida para el blanco principal de sus críticas políticas: la Transición democrática. También aprenderán de Hugo Chávez varias cosas: el caudillismo, el populismo (para ser originales, no hablarán del pueblo, sino de «la gente»), la pretensión de anular las instituciones democráticas por sobreposición y el antieuropeísmo: frente a la UE capitalista y burguesa, su «socialismo del siglo XXI» vendrá de Latinoamérica. Y como poso de la procedencia, nunca abandonado, el comunismo: Iglesias, admirador de Julio Anguita, adora al «calvo genial», Lenin.

De ahí que, partiendo de la plataforma de la videocracia, con Chávez y los ayatolás proporcionando los recursos, Pablo Iglesias monte un centralismo cibercrático a lo Movimiento 5 Estrellas italiano, con los medios digitales puestos al servicio de lo de siempre, bien encubierto por la implantación generalizada de círculos, también al modo del Movimiento 5 Estrellas italiano, y en la periferia del tipo «mareas» que acabarán refluyendo cuando comprueben el vigor del mando de Pablo Iglesias.

En todo caso, la oferta de Podemos tenía demasiado peso ideológico como para que la soportara fácilmente un PSOE afectado por la derrota de 2011, por la falta de liderazgo y por la sensación de crisis general de la democracia representativa, particularmente aguda en España. En 2015 Podemos estuvo cerca del *sorpasso*, y aun sin conseguirlo, Pablo Iglesias jugó a ejercer su superioridad, en una situación difícil para el recién llegado Pedro Sánchez. Son las únicas páginas del *Manual de resistencia* que respiran sinceridad. En diciembre de 2015, no hubo *sorpasso*, pero el PSOE perdió veinte escaños. Iglesias se vengó de la relativa derrota con el gesto de provocación ante el rey, al ser su consulta anterior a la de Sánchez: propuso al monarca que nombrara a Sánchez presidente, reservándose él los puestos claves del Gobierno, una lección aprendida de las democracias populares.

Aquello era casi de broma y por eso utilicé el argumento

de un famoso cuento de Rudyard Kipling, donde la dama que sale de paseo sobre un tigre acaba devorada por él. La posibilidad de desplazar al PP se veía cegada por la prioridad entonces de Podemos, de absorber o desplazar a los socialistas.

Había que volver a los viejos usos, siempre tirando la piedra y escondiendo la mano, al promover una manifestación de masas en acoso del Congreso, contra el Gobierno de Rajoy. Ahora se tratará de ganar el afecto de Pedro Sánchez, radicalizado por efecto de la lucha por recuperar la Secretaría General y que habla de un «socialismo nuevo». En el *Manual*, Pedro Sánchez resume la nueva situación en dos líneas: «Frente al nuevo PSOE él se da cuenta de que no puede seguir manteniendo el grado de hostilidad demostrado anteriormente, y que de hecho fue censurado por muchos de sus votantes. Yo lo califiqué de socio preferente y él no tuvo más remedio que incorporarse». Las cosas fueron más complicadas, a lo largo de 2019, pero al final mandaron los números de forma abrupta. «¡No hubo más remedio!», fue el epílogo de mi conversación con el ministro.

Tal y como advirtió Pablo Iglesias poco después de ser nombrado vicepresidente, su ambición no se agotaba ahí, era ser presidente; colaborar no encajaba en una psicología orientada entonces y ahora al caudillismo. Había que frenarle para aprovechar el impulso de Unidas Podemos (UP) hacia el cambio, de modo que la relación con el poder limase su espíritu antisistema. Su presencia en el Gobierno como fuerza inmadura y radical, potenciaba en cambio la inclinación egolátrica del líder, y la tendencia a desestabilizar todo aquello que no estuviera bajo su control.

La cascada de valoraciones sobre el funcionamiento en general del Gobierno de hermanos enemigos, y de cada uno de sus componentes, suele olvidar un aspecto relevante: hasta qué punto la presencia destacada de Pablo Iglesias no solo incidió sobre puntos destacados de la gestión de Sánchez, sino que ha potenciado los rasgos más negativos de la personalidad política del presidente. No hay que juzgar a Iglesias por sus propuestas concretas o sus apreciaciones sobre la realidad política, sino por la presión constante que se deriva de su ambición de poder.

El resultado, tanto antes dentro del Gobierno como luego fuera, es que el juego político resultó bloqueado por sus reiteradas interferencias y maniobras. En contra de su apariencia y de su pretensión, Pablo Iglesias no ofrece ideas y análisis originales, ni sobre política exterior ni sobre la economía, ni sobre casi nada; solo consignas de añeja procedencia, envueltas en una cascada de falsas evidencias. Ni siquiera es original en el vocabulario que presenta como si fuera novedoso: su invento de la ciberdemocracia y la denuncia de «la casta» son importaciones del Movimiento 5 Estrellas italiano, la denuncia de la prensa adversa y de las instituciones judiciales como «las cloacas del poder» forman parte del repertorio al uso de la difamación política. «Casta» procedía del fascismo.

Ninguna muestra mejor del vacío de UP como partido transformador que la exaltación del feminismo que tan buenos resultados le diera. Su gran ley, la del «solo sí es sí», terminó en un fracaso del que fue incapaz de rectificar, acompañado en esto por Yolanda Díaz, y sobre todo su sectarismo le ha llevado a permanecer ciego —y a veces peor, a practicar el cinismo, respecto de Irán— ante las más brutales violaciones de los derechos de la mujer a escala internacional.

Tal vez por seguir atrapado por la idea de que nunca hay que criticar a la izquierda, o a lo que les parece la izquierda: el alineamiento con Rusia hasta el mismo momento de la invasión de Ucrania —lo celebró Russia Today— y la ulterior desviación de la mirada, acudiendo a la crítica a la OTAN y al armamentismo responden a esa fidelidad a la añeja cultura del pacifismo *made in* URSS. Esto no significa que carezca de importancia, lo mismo que otras ocurrencias o imposiciones de Podemos —tal vez la primera fue el 8-M en 2020— que sirven de coartada a Pedro Sánchez para instalarse en el eclecticismo pacifista, rehuyendo sus responsabilidades, en este caso europeas.

Ante los embajadores españoles reunidos en Madrid, en enero de 2025, Pedro Sánchez rechazó explícitamente cumplir con la exigencia de la OTAN de subir el gasto en defensa al 3 por ciento cuando España está en el 1,28 por ciento. Pequeño problema: recién llegado, Trump toma nota de que España realmente está con los BRICS y nos premiará con un ciento por ciento de aranceles. Margarita Robles clama que España cumple «absolutamente» sus compromisos. Fiel a su modo de actuar, Sánchez afirma que en 2029 llegará al 2 por ciento. Por lo menos, el 24 de febrero de 2025 acude a Kiev.

Podemos es fiel siempre al espíritu de su fundador. A modo de Mefistófeles en el *Fausto* de Goethe, Pablo Iglesias «es el espíritu que siempre niega», fórmula adecuada para satisfacer la demanda de un movimiento social y político, expresión de malestar y dispuesto a aprovecharlo hasta el fondo para «asaltar el cielo».

Para la izquierda española, Pablo Iglesias ha sido y sigue siendo un político contaminante (lo cual no excluye su calidad como profesor). Conviene tener en cuenta su oposición radical a la Transición, a la democracia representativa y aun a la democracia en sentido estricto. Entiende básicamente la «democracia como disputa», una especie de boxeo tailandés dirigido a aplastar al enemigo mediante el uso inteligente de la violencia. Tal vez la circunstancia excepcional de la COVID propició que esta lección de Iglesias fuera en lo sucesivo aprendida y practicada por Pedro Sánchez.

Además, no hacía falta que a Pedro Sánchez le animaran a reforzar su gusto por el poder personal y la tentación de adoptar simplificaciones maniqueas al abordar los conflictos políticos. En lo primero, los ejercicios reiterados de autoafirmación por parte de Iglesias suponían un reto y una invitación para superarlos. Gracias primero a Iván Redondo, a su ejército de asesores después o a sus condiciones de autodidacta, Pedro Sánchez se ha convertido en un virtuoso del liderazgo autoritario, tanto sobre su partido como hacia el resto del país, comprendida su clase política.

Con Pablo Casado al frente del PP, el maniqueísmo resultante llegó a los máximos niveles de eficacia. Con Alberto Núñez Feijóo, las cosas fueron algo más difíciles, pero para eso está listo su aparato de poder dispuesto a machacar todos y cada uno de los movimientos de la oposición. La relativa proximidad de las elecciones de 2023 sirvió de aliciente muy pronto para forzar la máquina en ese sentido, sin que importase el deterioro que experimenta desde entonces el clima político. De ello vive desde entonces.

Conviene tener en cuenta, de todos modos, que responde a la iniciativa de Pablo Iglesias la mutación de una actitud adversa al PP en una estrategia que primero hace posible la alianza de fuerzas heterogéneas para derribar a Rajoy, y luego se convierte en la única garantía de seguridad para el Gobierno de Pedro Sánchez. La construcción de una muralla frente a la derecha, anticipo del Muro de Pedro Sánchez después del 23-J, destruye la visión de la política como escenario de relaciones, incluso enfrentadas, para instaurar la exigencia de una permanente confrontación que debe llevar al aplastamiento del enemigo.

Sucedió, sin embargo, que en su aspiración de desbordar al PSOE entre 2014 y 2016, y de imponerse a Pedro Sánchez en el Gobierno, Iglesias contaba con la baza del poder para desactivar a su enemigo, que ya no monopolizaba la consigna de luchar a muerte contra la derecha. Gritaba más fuerte que Sánchez, pero mientras estuviera en el Gobierno, estaba obligado a remar en la misma dirección. Y para atacar a la derecha, venía bien la violencia verbal de Iglesias. El tigre ya no devoraría a la dama, y se revelaría como útil a su servicio. Hasta que una vez cubierto ese servicio en el tiempo de la COVID, por una parte, dejaba de rendir servicio a Sánchez, y por otra, veía desaparecer a medio plazo sus expectativas. Había cumplido su misión y le era aconsejable retirarse a invernar, dejando a sus dos herederos, Sumar y Unidas Podemos, la función de captar votos a la izquierda del PSOE, en un juego permanente de desbordamiento ideológico nunca consumado.

6. Aprendiendo de Fidel...

La influencia de un consejero

La pasión de Miguel Barroso por Cuba era un componente fundamental de su personalidad; hasta vísperas de la muerte, distribuye su vida entre la isla y España. El consejero de Pedro Sánchez se encuentra en Cuba cuando recibe la gran noticia de los buenos resultados del 23-J: «Se ha notado tu mano en el final de la campaña», le elogia su amiga Joana Bonet, y él responde: «Estoy llorando», se supone que de emoción. Para Miguel Barroso, según nos informa también la necrología de *La Vanguardia*, no importaban Feijóo ni Carles Puigdemont, «el tema es progresismo o reacción, desde Washington a Buenos Aires o a Zaragoza». «Se trata de presentar la disputa catalana como una anécdota del pasado», habría explicado a su interlocutora. Más claro, imposible.

Conviene añadir que es lo contrario de lo que pensaba en su día la que fuera su esposa y correligionaria Carme Chacón, quien en 2014 me escribió una vez, mostrando una extrema sensibilidad frente al secesionismo catalán: «He comenzado a temer como nunca por el futuro que los espera a niños como el mío en Catalunya», advertía. De anécdota del pasado, nada. La exministra catalana me envió entonces un artículo suyo publicado en el *Miami Herald*, respuesta a otro escrito por un portavoz de la Generalitat, del que hablo en otro lugar de este libro. Era posible ver las cosas más allá del maniqueísmo político, mirando de frente a lo que ocurría en Cataluña.

Esta actitud, aplicada al castrismo, condiciona la protesta de neutralidad por parte de Miguel Barroso, quien, al hablar de su libro, lo presenta como animado por el propósito de «reconciliación de los cubanos, de dentro y de fuera». En anotaciones marginales aprueba la Revolución —«los barbudos trajeron la decencia», Hemingway *dixit*—, sin añadido alguno sobre su desarrollo ulterior de esta historia, mientras califica a Miami de «sede mundial de la paranoia política».

De ahí que la lectura de la novela documental de Miguel Barroso, *Un asunto sensible*, publicada en 2009, tenga dos dimensiones: una como investigación policial a mitad de camino entre una parte de *thriller*, otra como microscopio aplicado al estilo del Gobierno de Fidel Castro. En la primera dirección, a mitad de camino entre *road movie* y *Ciudadano Kane*, Barroso reconstruye las piezas del espinoso caso de un comunista habanero como posible delator de opositores masacrados por Batista, con una espléndida galería de personajes. Bajo esa superficie subyace el análisis de la estrategia del poder político, de la justicia y de la comunicación que pone en práctica Fidel Castro para bloquear el intento del Directorio, grupo político de los asesinados, para profundizar implicando al Partido Comunista, exonerando de forma torticera a este y saliendo del embrollo como gran sacerdote de la justicia y de la concordia en Cuba.

Fidel habría decidido conjurar los riesgos de un caso susceptible de arruinar sus relaciones imprescindibles con el Partido Comunista y la URSS, en aquellos primeros años de la Revolución. Puesto a jugar a fondo, no paró y de inmediato tras el primer desenlace favorable, hasta dar la vuelta a la situación, consolidando su monopolio de poder, e incluso ajustando las cuentas con ese aliado peligroso, por invasivo, que era el dúo PC-URSS. Obviamente es este segundo aspecto el que nos interesa.

Con su gestión de ese laberinto que fue el llamado caso Marquitos, el comunista o confidente que vendió a los jóvenes opositores asesinados en 1957, Fidel nos ofrece una versión imaginativa y sofisticada del maquiavelismo. Sobre el telón de fondo inevitable del enfrentamiento de la Revolución con sus enemigos, dejó claro que para él resultaba esencial el monolitismo, alejar el riesgo de una pluralidad de grupos actuantes en torno al crimen: «Que las facciones no asomen por ninguna parte».

Para evitarlo, hubo que someter la exigencia de justicia a su máscara, el castigo del supuesto culpable convertido en chivo expiatorio, tapando las responsabilidades que podían corresponder al Partido Comunista, al cual pertenecía el delator. Para ese fin había que manipular en profundidad el procedimiento judicial y utilizar a fondo una segunda máscara, la información televisiva, también sistemáticamente manipulada. Desde su uso para ampliar el impacto popular de la represión practicada tras derrocar a Batista, y en el magistral golpe de Estado contra el presidente Urrutia en 1959, Fidel confirmó una vez más su calidad como guionista, director de escena y protagonista principal de la televisión en Cuba.

La bien orquestada farsa tuvo un sorprendente epílogo con el aprovechamiento del caso por Fidel, a costa de los dirigentes comunistas que habían acogido a Marquitos durante un transitorio exilio en México, acusándoles de colaboración con la CIA. Era así exhibido el omnipresente peligro exterior, la siempre utilizada figura —*made in Stalin*— del traidor interno a la Revolución, y eliminaba a un dirigente del Partido rigurosamente fiel a Moscú. Perfecta jugada de billar a tres bandas. El arresto domiciliario de por vida impuesto al falso culpable —la misma suerte del máximo dirigente chino enfrentado a Deng Xiaoping sobre Tiananmén, sirvió para evitar el enfado de la URSS ante la ejecución de un hombre suyo en La Habana—. «La revolución no necesita dos cerebros», advirtió Fidel, apuntando a la motivación principal de su cambio de juego.

El análisis por Miguel Barroso de la estrategia del poder exhibida por Fidel en el caso Marquitos, reproducida a finales de los ochenta con el proceso y ejecución del general Arnaldo Ochoa, el héroe de Angola, permite contemplarlo como un modelo exportable. En su base, la visión dualista, maniquea, del enfrentamiento de la Revolución con los contrarrevolucionarios, gracias a la cual todo conflicto, todo tema por importante que sea, ve desaparecer su contenido, asumiendo la subordinación al objetivo fundamental, que se consolide la Revolución —léase el monopolio de poder del dictador—, y sea eliminado el riesgo de un triunfo de sus enemigos. Revolución contra *gusanos* en la Cuba de 1960, ¿por qué no progresistas frente a reaccionarios, aquí y ahora? Así veía las cosas Miguel Barroso en el 23-J.

Por eso Saturno, en palabras de Fidel, esto es la Revolución, esto es Él, no debía devorar a sus propios hijos, pero sí podía hacer de ellos marionetas según su interés y voluntad. La cuestión central en apariencia, la aplicación de la justicia en el caso Marquitos, capital para entender la complejidad del conflicto, se convertía en obstáculo que había que apartar, y esa exigencia concernía a todo otro tema de gobierno. La actitud que preside el quehacer político de Pedro Sánchez. A Fidel Castro no le importaba que la eliminación del comercio privado fuese un desastre, que una intervención militar en el exterior acarreara grandes costes humanos o que el armamento nuclear de la URSS en Cuba supusiese un enorme riesgo.

Una vez aplicado por Fidel el único baremo, de conveniencia o perjuicio para la Revolución, que manejaba en solitario, cualquier examen de la realidad era excluido y anatematizado. Faltaba solo algo fácil de conseguir en un régimen totalitario: la puesta en marcha de una propaganda que machacara a la opinión pública, propiciando la exaltación del régimen y el aplastamiento de la disidencia.

En una democracia, esto es más difícil de lograr para el conjunto de la opinión pública. Habrá que conformarse con blindar la franja de opinión orientada desde arriba por el «progresismo» y forjar, a pesar de las lecciones de la Transición y de la democracia, una dualidad irreconciliable entre las dos Españas, del mismo modo que 1959 creó dos Cubas. Para ese fin ha servido la estrategia de comunicación que siguió a la instalación de un brillante escritor, consejero de estrategia política con Pedro Sánchez, en posiciones clave de los dos medios, de prensa y radio, con mayor influencia en España.

Las enseñanzas de Fidel aplicadas a la vocación dictatorial de Pedro Sánchez, de acuerdo con *Un asunto sensible*, consisten en la práctica de un dinamismo constante como resorte que asegura la eficacia del sistema de poder, sin abandonar ni un momento la confrontación con los adversarios. No debe ser este una losa, sino una araña en constante movimiento. Su objeto es buscar la imposición sobre tal adversario, o la víctima si se quiere, adelantándose de ser posible a los movimientos de este. Atendiendo eso sí a una rigurosa voluntad de aniquilamiento. Hay algo en Marx y en Lenin que gusta especialmente a Fidel Castro: lo bien que aplastaban a sus enemigos. Los contenidos concretos de la política y las propias ideologías han de desvanecerse ante esa prioridad otorgada al juego permanente en este wéstern, de afirmación de la política del Bueno, el presidente, contra el Malo, la oposición que se enfrenta a él.

Saturno/Fidel se concibe a sí mismo como una *piovra*, en el sentido de la literatura negra italiana, un pulpo en constante movimiento cuyos tentáculos están ahí para capturar y aniquilar a las presas, sus adversarios. De cara a ver realizado ese fin, el papel de sus medios de comunicación resulta capital, a efectos de fijar en los ciudadanos la idea de que la política es un duelo interminable entre el Bien y el Mal, el Progreso y la Reacción, debiendo los defensores de lo primero practicar una adhesión ciega y activa, del tipo que ofrecen las hinchadas de los equipos de fútbol, y con su intransigencia y agresividad. La visión oficial del conflicto político transfiere a nuestro país en sus fundamentos un esquema dualista tan lejano en principio como el que presidió, y preside aún hoy, la acción de la dictadura cubana.

El fracaso de tal operación requiere un compromiso político diametralmente opuesto, apoyado en el Muro que está edificado sobre los valores de la democracia, recogidos en nuestra Constitución. Pero la lección de Fidel Castro no está dirigida solo a quien trata de ejercer un poder personal, sin límites, sino que también concierne a aquellos que tratan de combatir ese propósito. Y con mayor razón cuanto que nuestro discípulo se mueve como un maestro, o le enseñaron a moverse como un maestro, contraviniendo sin descanso para sus intereses la normativa constitucional que debiera cumplir, y acompañándolo de la política correspondiente de intoxicación informativa, punto por punto y día a día.

Para servir de algo, la oposición ha de ser también dinámica. Es un juego de piezas móviles, según enseñó a Sánchez su consejero Miguel Barroso, siempre asociado a su inseparable José Miguel Contreras (eran «los Migueles»).

Como decían los cubanos al comentar la carrera de obstáculos que les ponía delante el Gobierno para sobrevivir: «¡No es fácil!».

Del victimismo a la agresividad

Tal vez el periodo de reflexión puesto en escena por Pedro Sánchez del 24 al 29 de abril de 2024 sea la mejor muestra de la perfecta adecuación de Sánchez al patrón fidelista de afrontar la lucha política desde un dinamismo incesante, cambiando constantemente de posición, no dejando nunca la iniciativa al adversario y haciendo todo lo posible para conjurar un estado de opinión contrario.

El retiro de los cinco días parece contradecirlo, pero es que un parón momentáneo le resultaba imprescindible para invertir la dirección negativa de una opinión pública, sorprendida por los inicios de un procedimiento judicial contra Begoña Gómez, la esposa de Sánchez. El sorprendente anuncio de esa retirada temporal, bien breve, por cierto, supone una respuesta política a lo que es un problema estrictamente judicial, que presenta como un ataque a su persona. Con la opinión pública centrada en sus inesperados problemas por las actividades de su mujer, necesitaba imponer un cambio de escenario que le devolviera la iniciativa. Su última jugada pertenecía al género de las absolutamente previsibles y, sin embargo, cumplió a la perfección el papel que nuestro astuto presidente le había asignado.

Gracias a este recurso, aunque se atrajo las críticas, y aun las burlas de los escépticos («¡No te vayas, mamá!», escribí), Pedro Sánchez logró crear un sentimiento muy difundido de inseguridad entre sus fieles, una movilización en el sentido deseado de anatematizar a todo aquel que se atreviera a discrepar —triste figura la de Emiliano García-Page— y por fin asumió un protagonismo indiscutible en el sistema político, con el rey reducido al papel de confesor de las cuitas que atribulaban al nuevo monarca de los españoles y de los que no quieren serlo. Además, después de ese inmerecido sufrimiento, tenía todo el derecho de pasar al ataque contra quienes lo habían causado. Y no es que estuviese muy bien confeccionada la máscara de la honda preocupación de Sánchez, ya que por todos lados se transparentaba su fundamento, el odio, es decir, la intención de utilizar su falsa amargura para dar un vuelco a una situación difícil, desencadenando una ofensiva general de impredecibles consecuencias políticas.

La jugada responde al efecto de la influencia fidelista de Miguel Barroso. Si la marcha de los acontecimientos es desfavorable, debes cambiar el ritmo o alterarla, desconcertando al enemigo y recabando apoyos. Mediante un cambio de escenario donde la amenaza pasa al olvido, o cuando menos a segundo plano, y él se encuentra en condiciones de tomar la ofensiva. Obviamente hay diferencias: Fidel es un artista y tanto en Pedro como en sus corifeos se detecta demasiado la chapuza, en la forma de actuar, en la torpeza al esconder las verdaderas intenciones, pero la dinámica del juego es clónica.

Pedro Sánchez nunca afrontará un reto de modo directo, dicho en plata, nunca jugará limpio. A veces podrá simplemente salir del paso con una larga cambiada, como sucedió una y otra vez en los temas de Venezuela o encontrará una cortina de humo (la condena injusta que recaería sobre José Antonio Griñán, tapadera de los ERE). Pero si el asunto es muy grave e ineludible, no dudará en utilizar los recursos del Estado para buscar la destrucción del adversario o del crítico. Si sale a la luz la basura que rodea al caso Koldo, nos lanzamos sobre el novio de Ayuso, y asunto resuelto (con esto no estoy emitiendo juicio alguno sobre ambos contenciosos). Como hiciera Fidel cuando los correligionarios de las víctimas de la calle de Humboldt pusieron en peligro la alianza con la URSS, la mejor salida era un inmediato contraataque.

Solo que ahora el fuego real le apuntaba demasiado de cerca y había que dar una vuelta de tuerca, en sentido de un cierre de la democracia, tanto para evitar que prosiguiera como para mostrar de cara al futuro que, en el régimen político que está en curso de forjar, la única justicia es la suya y cualquier pretensión de autonomía crítica o judicial ha de ser eliminada. Había que cortar el desarrollo normal de los acontecimientos y centrar los focos de la opinión sobre sí, ganando además tiempo. El resultado fue una burla a la democracia, a todos los ciudadanos a quienes supuestamente comunicó su angustia, pero un éxito total de cara a los fines buscados, ya que nada de lo que se le diga va a afectar a su decisión previamente adoptada.

Llegados aquí, sí que existe una coincidencia general en las opiniones: Sánchez se ha autolegitimado para desencadenar la guerra a jueces y prensa adversa. Ni siquiera es preciso recordar que las medidas que adopte no van a ser objeto de discusión democrática previa en el Parlamento o en los medios. Importará solo que respondan a sus intereses y cuenten con el respaldo de votos suficientes. Si la Ley de Amnistía fue jibarizada en cuanto al formato de adopción, no existe razón alguna para que ese coladero en que se ha convertido el Congreso para ese menester avale las dos líneas de reducción de la democracia previstas por nuestro presidente.

Primero, evitar que puedan seguir adelante los procedimientos judiciales que puedan resultarle gravemente adversos, bien aumentando la competencia del fiscal general del Estado para suspender o reconducir procedimientos en curso, bien creando las condiciones para que los jueces se vean obligados a pagar un precio insoportable por el ejercicio autónomo de su profesión. Segundo, invirtiendo la situación actual en que la responsabilidad de los informadores existe, con el consiguiente riesgo de comisión de delito, pero no es posible proceder contra tal información previamente, calificándola de «bulo» como ahora va a pretenderse, con la consiguiente anticipación al procedimiento judicial sobre el hecho objeto de la información. Y subvenciones a los fieles.

So pretexto de conjurar los bulos, se tratará de cortar de cuajo las alas a la libertad de expresión. Seguirán las denuncias y las condenas a los políticos que incurran en tal desacato a nuestro poder, en lo sucesivo, siempre absoluto y siempre invulnerable.

La estrategia de la araña

Un teórico de la revolución no violenta y de la lucha antidictatorial, Gene Sharp, advirtió sobre la necesidad de mantener a toda costa los bastiones institucionales que pueden frenar la plena conquista del poder por el dictador. El Consejo General del Poder Judicial (CGPJ) era uno de ellos, de capital importancia.

Ahora Sánchez tiene también en su mano el Banco de España, ha conquistado una gran sociedad privada, Telefónica, y en el Congreso del PSOE ha impuesto una uniformidad de palabra y acción más propia de la tradición soviética que de la occidental. Un adelanto vinculado a la necesidad de acallar cualquier oposición al pacto con ERC y a la consiguiente concesión de «soberanía financiera» (concierto económico incluido), disfrazada antes de «singularidad» y luego de «profundización en el federalismo» (María Jesús Montero) o de simple cambio de método (Pedro Sánchez). Y como epílogo, el éxito relativo en el intento de romper el frente antipacto de las comunidades del Partido Popular mediante encuentros bilaterales en Presidencia, con el señuelo de las ofertas individuales y la coartada de que se trata de un nuevo sistema de más pan para todos, pagado por la generosidad del Estado. Una gota de gansterismo político, apropiada para el caso, con la oferta de un soborno a quien traicione la cohesión del PP. En resumen, todo un despliegue del modo de hacer política de Pedro Sánchez, cocinado según las recetas de su ejército de asesores.

Es lo que bien puede llamarse la estrategia de la araña, donde el artrópodo va ampliando su tela y va al tiempo aumentando la captura de otros insectos atraídos por el engaño. Si resulta adecuado calificar de dictadura a un Gobierno personal como el de Pedro Sánchez por ejercer un decisionismo sobreimpuesto a la separación de poderes, conviene destacar la actualización de su forma de puesta en práctica. No es solo una estructura inmóvil que se impone y opone a la actuación legítima de otros agentes políticos, sino un mecanismo, dirigido personalmente por un líder indiscutible, que se mueve de continuo para controlar cualquier iniciativa opositora, ir aplastando uno a uno los movimientos del Partido Popular. Al mismo tiempo que respalda tal actitud mediante un ejercicio constante de manipulación y propaganda.

De nuevo, cabe atribuir al desaparecido asesor Miguel Barroso el precepto de la iniciativa permanente, con inspiración en su bien estudiado Fidel Castro. El aplastamiento de la oposición democrática es de marchamo chavista. Nuestra araña se mueve y ataca.

La clave del buen funcionamiento del sistema reside en una asimismo constante, pero también ágil, labor de intoxicación de la opinión pública, y sobre todo evitando facilitar datos que supongan una verdadera información. En *El País* el *acord* PSC-ERC, bautizado como preacuerdo, se incluyó en *link* y en catalán, y todavía sigue García-Page reclamando su publicación para que los socialistas se enteren. Pero antes le da a Pedro Sánchez un ataque de ictericia que informar con veracidad. Con la Ley de Amnistía fue utilizado el disfraz de los buenos propósitos, ahora son el Engaño y la Mentira, con mayúscula, con la marcha atrás de María Jesús Montero como muestra, los que justifican la ofensiva para hacer tragar el pacto con ERC. Y en principio, la intoxicación sistemática de un Gobierno es signo solo de modos dictatoriales.

Todavía le quedaban a Sánchez por ajustar cuentas con las escasas voces disidentes del PSOE —Emiliano García-Page, Javier Lambán— y el presumible malestar en la militancia de las comunidades afectadas por el pacto con ERC. La solución ha consistido en la anticipación del 41.º Congreso del partido, que supuso ratificación unánime de la política catalana de Pedro Sánchez, con el daño colateral de borrar toda disidencia y eliminar a sus cabezas. El Apoteosis y exterminio. A García-Page le segarán por completo la hierba bajo sus pies de presidente de Castilla-La Mancha. Es ya un antipartido, aun cuando todavía sirve de prueba de pluralismo.

El anterior Congreso ratificó en 2021 la imagen de un partido de militantes orgullosos por llevar a hombros a su líder. Ahora este les transforma en un bloque monolítico. A una dictadura corresponde para su buena salud un partido de cuño totalitario. ¿Aceptación solo por disciplina? Hay que contar con el grado de movilización logrado por la propaganda interna frente a la «derecha reaccionaria», y también con los beneficios materiales. Sánchez es generoso hacia sus gentes, como puede comprobarse por el nombramiento de cargos altos e intermedios, con el carnet o la lealtad al cuello. Ahora el que se mueve no solo deja de estar, sino que la paga. Otra cosa es lo que va a quedar de la socialdemocracia en España, como de la propia democracia, al responder el PSOE responde en su congreso a la exigencia de su caudillo.

Este último aspecto: la preferencia absoluta para sus fieles en nombramientos y distinciones va a parar de modo inevitable al nepotismo, y de aquí a la corrupción. El caso Koldo y las indagaciones que afectan al entorno de Sánchez son sus signos inequívocos. Cobra forma así el círculo del régimen político de uso personal que Pedro Sánchez sueña y cuyos cimientos va poniendo con afán y rigor. Lejos de la entrañable *balanguera* de María del Mar Bonet, la araña de nuestro presidente está siempre ávida de poder. (TO, enero a septiembre de 2024).

7. ... y anticipándose a Trump

Las elecciones del 23 de julio de 2023 eran diáfanas en cuanto a la sola existencia de dos posibilidades: bien la victoria del centro-derecha, en apariencia consolidada hacía una semana, aunque siempre dentro de estrechos márgenes; bien la de Pedro Sánchez, si la suma de PP y Vox no alcanzaba la cima de los 176 escaños, gracias a la convergencia de una campaña a tumba abierta del presidente que coincidió con el parón y las tensiones internas entre el centro-derecha (PP) y la derecha (Vox).

La insistencia de Sánchez en dar la batalla por los escaños-restos en varias circunscripciones abonaba esa interpretación de que estábamos, en principio, en vísperas de una ruleta rusa. De ser esto así, y a mi juicio con mayores posibilidades para la segunda opción, el éxito del presidente sería clamoroso. Éxito para una estrategia política bien definida, y no solo para una reacción ocasional.

De ahí su significación, y no solo porque la coalición de izquierda, personal antes que orgánica, con Yolanda como ayudante de Pedro, ofrezca políticas concretas más o menos ventajosas, respecto de las que pueda ofrecer Núñez Feijóo. Este aspecto, crucial en todas las elecciones democráticas, ha pasado aquí a ser secundario. Pedro Sánchez lo ha eliminado, vaciando la campaña de todo contenido sustancial: respuesta al reto del independentismo catalán, medidas económicas concretas, política exterior (Marruecos/Sáhara, Ucrania).

Ninguna muestra mejor de esa voluntad de ocultación que la ausencia de Cataluña en el extenso programa electoral del PSOE o que Sánchez se niegue en rotundo a contestar cuando los periodistas le piden su opinión sobre la advertencia de cara a futuras alianzas, formulada por Gabriel Rufián. Lejos de los ciudadanos el funesto deseo de conocer qué políticas piensa aplicar en cuestiones de primera importancia. Las elecciones del 23-J se convierten en algo bien diferente, en un plebiscito sobre el poder absoluto que Pedro Sánchez ejerce y aspira a seguir ejerciendo, y aun a reforzar, sobre nuestro Estado.

El marco constitucional se mantiene vigente, y es inequívocamente democrático, pero Pedro Sánchez subvierte su funcionamiento al pretender que la democracia no sea un procedimiento para establecer las decisiones políticas, sino exclusivamente la plataforma en que se impongan las suyas por encima de todo. Estamos ante una degradación del sistema que ha ido cobrando forma desde la formación del Gobierno de coalición con Podemos, al calor de la crisis de la COVID, y que se tradujo en la progresiva eliminación de la división de poderes, bajo su mando, partiendo del predominio total de los decretos leyes en el procedimiento legislativo para rematar en la ofensiva para el control no menos absoluto del poder judicial (contrarrestado aquí por el PP, a costa de vulnerar las exigencias constitucionales).

La propaganda gubernamental agitó desde tiempo atrás, y ahora en la campaña con mayor intensidad, el espectro del trumpismo, a fin de presentar toda crítica como bulos y mentiras lanzados desde la derecha contra Sánchez. Solo que el trumpismo es otra cosa, por encima de una adscripción ideológica concreta. Sus rasgos, puestos de relieve en la ejecutoria política de Donald Trump, son identificables con precisión. Supone un proyecto de subversión radical del sistema democrático, consistente en su transformación en un poder personal que en su pretensión absolutista desborda necesariamente los límites, tanto de la legalidad como del pluralismo en la vida política. Para ello toma por fundamento una visión maniquea de las relaciones políticas, impuesta —y esto es un factor clave— desde la narrativa excluyente del líder, único definidor de la verdad (y por ello emisor permanente de la ocultación y, si hace falta, de la mentira).

A partir de estas características, la larga campaña electoral de Pedro Sánchez, iniciada mucho tiempo atrás, sería un caso perfecto de trumpismo, en cuanto a su vocación fundamental: sustituir en todo momento la realidad por su propia visión, por su propio relato de esa realidad, elaborado en acuerdo estricto con sus intereses. Lo ha explicado muy bien el casi centenario Robert Jay Lifton, psiquiatra e historiador, que en su día aportó el concepto analítico de «totalismo». El trumpismo puede ser entendido como el intento por un líder de adueñarse de la realidad, de suprimir su presencia, sometiéndola a su interesado relato, como es lógico no para proceder a un intercambio socrático, sino como legitimación y fundamento de su poder personal.

El relato es suyo, el poder debe serlo también. Por eso la trayectoria política de Trump culmina una carrera de empresario depredador, un poco al modo de *El lobo de Wall Street*, de Scorsese. El itinerario de Pedro Sánchez es bien diferente, arrancando de su campaña de recuperación del liderazgo en el PSOE, pero desde la COVID, con el respaldo y la competencia de Pablo Iglesias, la egolatría impuso su ley, hasta llegar al punto en que no existe otra verdad que la propia, léase de sus intereses personales.

Líder con mayúscula, ejercido por Trump en los términos del dominio del macho alfa sobre la manada. En este aspecto, Pedro Sánchez tiene una evidente ventaja. Su físico y su palabra son atractivos, es un excelente actor y no necesita acudir a las desmesuras de su predecesor, aunque ello no le impide asumir con gusto ese papel. Desde que recuperó la dirección del PSOE, dejó claro que sus competidores quedaban eliminados de la vida política y que en el partido no cabía el menor atisbo de iniciativa no tolerada. El PSOE se convirtió en una masa de leales disciplinados a Él: «Unidad, unidad».

Los comentaristas han olvidado pronto cómo quiso ejercer su predominio físico en el debate con Feijóo, impidiéndole argumentar, como si fuera una insolencia intolerable su voluntad de oposición; solo que la cachaza del político gallego frustró aquí la exhibición y de paso le retrató psicológicamente. En el debate a cuatro, esto no hubiera ocurrido al conferir el papel de atacante a la servicial Yolanda Díaz (servicial, a la vista del debate a tres).

La dimensión personal se detiene aquí. Sigue la adopción de una estrategia sometida en su aplicación a criterios rigurosamente técnicos. Las lecciones de marketing político de Iván Redondo fueron la premisa de una organización sistemática de control y elaboración unificada de respuestas para la opinión durante la campaña electoral. La impresión es que funciona a la perfección un mecanismo similar al que estableciera Matteo Salvini en Italia y que fue calificado de «la Bestia». Salvo contadas excepciones, Sánchez emite la consigna, la descalificación o el argumentario. Todo el aparato lo reproduce hasta la base y ningún signo más evidente de esa uniformidad que ver a sus ministros repitiendo como papagayos sus palabras, recogidas casi con humor por Antena 3 («Feijóo miente, Feijóo miente», «PP-Vox, extrema derecha», «derecha extrema», etc.).

El maniqueísmo destruye la información al servicio de una propaganda tan obsesiva como rigurosa, emitida desde la pirámide de medios controlados, que funcionan como transmisores de modo mecánico: TVE, periódicos gubernamentales. La prensa nunca es neutral, pero de *Le Monde* o *La Repubblica* al perro de presa contra la oposición del tipo *Völkischer Beobachter* hay un gran trecho que la militancia (de periódicos como *El País* y *elDiario.es*), al servicio de la permanencia de Sánchez, ha acortado de modo lamentable, por lo que representa ese mismo medio en la historia de la libertad.

En suma, el maniqueísmo sirve de clave de bóveda del trumpismo. En su versión autóctona, se presenta también como expresión de los intereses generales, frente al enemigo a destruir de los mismos. Solo que Sánchez no puede hablar de intereses de España, pues se lo prohíbe su juego de alianzas con independentistas vascos y catalanes, aun cuando encuentra fácil refugio en sucedáneos como «la gente» o «la mayoría».

La llave maestra de su presentación de las dos Españas, la buena que es la suya, y la perversa y reaccionaria de la oposición, anti-España cambiada de orilla, es «el progresismo». Todo resulta bien simple: él y sus aliados son los paladines del progresismo, de la voluntad de «avanzar» frente a la conjura de PP y Vox, al final personificada en Feijóo, que nos quiere llevar al «retroceso», a «un túnel tenebroso». Y como hace falta un referente de apariencia histórica para acabar con la anti-España de hoy, volvamos a un 1936 idealizado, sin que importen los riesgos de reabrir esa caja de Pandora y la monstruosidad oportunista de saltarse el terror de ETA al elaborar esa supuesta «memoria democrática».

La construcción del mito, sin embargo, funciona, y en torno a su «progresismo» Pedro Sánchez ha generado un narcisismo agresivo, sólidamente implantado en una amplia masa de opinión satisfecha con pertenecer a lo mejor de la sociedad española frente a quienes son pura reacción. También aquí la estrategia se ha aplicado con todo rigor. El PP tiene que ser reaccionario, incluso cuando presta sus votos gratuitamente a Sánchez para enmendar el engendro del «solo sí es sí». Desde el horario de la votación nocturno en el Congreso, sin información directa de TVE, a la ausencia del propio presidente en la sesión, todo recurso fue utilizado para borrar esa infracción a la verdad establecida desde la Moncloa.

Con la alcaldía de Barcelona, la de Vitoria o la Diputación de Guipúzcoa, más de lo mismo. La derecha solo puede ser el mal. Y si todo esto genera un clima absurdo de enfrentamiento civil, no importa, porque de ello vive la aspiración de nuestro hombre a la eternidad política. Claro que también la inseguridad de Feijóo y la voluntad de protagonismo de Vox a toda costa en las alianzas con el PP le han favorecido en sus designios, pero el mérito fundamental es suyo.

La ventaja de Sánchez sobre Trump reside, como hemos indicado, en un atractivo muy superior a título personal. Pero sobre todo en el rigor con que se ha preocupado por no colocarse formalmente en la infracción de las leyes, a pesar de espectaculares medidas tales como los cambios normativos sobre Cataluña. Por no hablar de chapuzas, como su viraje sobre el Sáhara frente a los acuerdos internacionales, sin obtener ganancia alguna para España. Y cuando hizo falta, con la jueza que trataba de indagar sobre el 8-M de 2020, no paró hasta sofocar el intento. Ha sido un maestro a la hora de saltarse el espíritu de la ley desde lo que Feijóo ha calificado con acierto de «alegalidad». Sin duda, está en condiciones de recomendarle a Trump aquello de *suaviter in modo, fortiter in re*, aunque sería del todo inútil. El resultado está ahí: la democracia, desfigurada; Pedro Sánchez triunfa. (TO, 25-VII-2023. Remitido al diario dos días antes de la jornada electoral del 23-J de 2023).

8. Él

Desde hace un siglo, las crisis de las democracias tienen por rasgo común una personalización de la política, siendo la observación válida tanto para los fascismos como para los regímenes autoritarios y los populismos. El vacío en la participación de los ciudadanos es cubierto por el liderazgo de un personaje que se cuida de construir la imagen de su propia superioridad y de imponer los cambios institucionales destinados a consolidar su dominio. En el primer aspecto, siempre la excepcionalidad de esa forma de poder se traduce en una designación diferencial, refrendada por ley o simplemente asumida por todos. Es así como Franco fue reconocido como Caudillo, Hitler como Führer, Fidel Castro como Comandante o Stalin simplemente como Jefe *(vozhd)*.

En este carrusel de títulos de honor, Mussolini ocupa una posición singular, estrechamente ligada al énfasis que él mismo pone en la presentación de su liderazgo. Siendo el primer personaje de hecho en el Estado, asume el título sobradamente conocido de Duce. Pero va más allá. No solo manda en el Estado, sino que ejerce su protagonismo en todos los aspectos de la vida nacional. Es por supuesto el supermacho itálico, según acepta admirada su amante Clara Petacci, también el gran deportista, el tractorista ejemplar, el mediador con la divinidad («Dios nos da el pan, y el Duce nos lo reparte»), el director de orquesta capaz de tocar todos los instrumentos, según una canción satírica que burló la censura. Es «*Lui*» —«*lui, proprio lui*»—, Él, no solo «*egli*», «él». Con el paso del tiempo, tal identidad se ha desvanecido, pero mientras duró el fascismo, era el rasgo distintivo, asumido por todos, de la superioridad y de la omnipresencia exhibidas por el dictador italiano.

Con las actualizaciones imprescindibles, no hay otro remedio que acudir a ese modelo para explicar la personalidad de nuestro actual presidente. En los términos del análisis político, hemos asistido a la deriva de un gobernante democrático hacia la dictadura, al imponer su decisionismo a la división de poderes y a la democracia representativa, abriendo además con la Ley de Amnistía y el acuerdo de «soberanía fiscal» para Cataluña una brecha irreparable en el orden constitucional. No es poco, pero Pedro Sánchez ha dado un paso más en la línea del fundador del fascismo: afirmarse como protagonista único de la vida política española, dispuesto en todo momento a ocupar con exclusividad la escena. Trátese de la amnistía, de la inmigración, de Venezuela, de su maldito embrollo familiar, nuestro hombre siempre está ahí, dictando la ley, la interpretación justa, la mentira que debe ser tomada por verdad, la inevitable condena de la oposición.

Paradójicamente, en muchas ocasiones, interviene por medio de una deliberada ausencia, en las votaciones ya resueltas, como la rectificación del «solo sí es sí», rehuyendo el pacto con el PP o su pasado error. Cuando la decisión se ha asentado, cede el espacio al coro de papagayos. Sus palabras son repetidas mecánicamente como una jaculatoria por Félix Bolaños, María Jesús Montero, Pilar Alegría, Óscar Puente, ahora el recién llegado Óscar López, antiguo colaborador, pero sin borrar nunca el protagonismo asignado a su imagen de líder omnipresente. Un vacío deliberado vendrá a subrayar esa unicidad del personaje, sometiendo a los españoles a una ausencia de cinco días, del 24 al 29 de abril de 2024, dejándoles huérfanos por un tiempo y leyéndoles de paso la lección por no amarle suficientemente. Por eso explicará que abandonó su retiro cuanto tuvo noticia del masivo llamamiento a su regreso por los militantes socialistas delante de la sede del partido. La presidencia de Pedro Sánchez no se explica sin ese show permanente.

Otros gobernantes autoritarios han tenido y tienen esa vocación de monopolizar el espacio público, desde los dictadores clásicos a Hugo Chávez, Andrés Manuel López Obrador, etc. En la Rumanía comunista, bajo Nicolae Ceauşescu, los telediarios eran llamados popularmente «las aventuras de Nicu». Pero el personaje era él mismo, actuando en diferentes lugares. En el caso de Pedro Sánchez, como en el de su precursor italiano, tenemos en cambio una representación permanente, con constantes adaptaciones en los gestos, el encuadre, el decorado, el color de la corbata, siempre perfectamente estudiados con el propósito de imponer su primacía en cada situación, lo cual requiere un fondo de continuidad en el color, sobre un intenso azul. Signo de determinación y esperanza inducida.

El éxito de Pedro Sánchez como actor político se ve además favorecido por esa apostura que Almodóvar ha puesto de relieve al calificarle de *Mister Handsome* y cuya eficacia se aprecia en los juegos de miradas con figuras de la política internacional como Ursula von der Leyen. Ahora bien, eso no excluye que casi siempre el espectador tenga la sensación de encontrarse ante una máscara, ante un figurín humano multiuso, un actor de carácter estereotipado, con frecuencia incapaz de encubrir los sentimientos de odio frente a un contradictor, y no ante un político cuya expresión y cuyo atractivo reflejan la hondura de su pensamiento. La antítesis de Sánchez sería en este sentido Jorge Semprún.

A pesar de todo, hay episodios en que su representación bordea la obra maestra. Tal ha sido el caso de su difícil respuesta al fraude electoral del dictador Maduro, teniendo que aparentar lealtad a la actitud condenatoria de la UE, cuya inclinación a sanciones por el fraude se propuso parar (con éxito), dados los vínculos existentes con el tirano de Caracas, vía Zapatero. Lo esencial de su actuación fue secreto, pero tuvo que dar la cara al quitarle a Maduro de en medio al candidato vencedor. Y es aquí donde su relato alcanzó el virtuo-sismo, con el paseo por el jardín de la Moncloa, sin entrar en el palacio y la foto en que Sánchez miraba condescendiente desde arriba a González Urrutia, imagen viva de la derrota, contrastando con la recepción de jefe de Estado verdadero, otorgada en Moncloa a Mahmud Abbas por las mismas fe-chas. Los dos destinatarios de la exhibición de Sánchez, la opinión progresista y Maduro, se veían satisfechos. Lástima que quedase el cabo suelto de las imágenes de los esbirros del tirano coaccionando a Urrutia en el recinto diplomático es-pañol, sugeridoras de que entre Pedro Sánchez y aquella dic-tadura había algo más que pragmatismo y generosidad.

La fuerza del personaje reside precisamente en su vacío político, más allá de su ansia de poder y de la consiguiente pretensión de ver reconocida una permanente apoteosis. Tampoco es que Mussolini estuviese sobrado de ideas: el pa-trón de su Estado totalitario es el soviético de su enemigo Lenin y el cineasta Marco Bellocchio supo resumir el conte-nido de su personalidad política en el objetivo supremo de autoafirmación: *Vincere*, vencer. En cuanto a Sánchez, no se trata de que tenga simpatía hacia ETA ni a Bildu, para favore-cer a los *killers* de la banda, y, en otro sentido, como es bien visible, y lo que le pase a Venezuela o a Ucrania no le interesa lo más mínimo. Menos aún el funcionamiento de esa justicia que puede tirarle de su pedestal. Este punto es muy ilustrati-vo, porque sus ataques a este o a aquel juez, o a los que a su juicio se extralimitan por el solo hecho de rozarle con sus actuaciones, nunca porque exista un problema objetivo, que probablemente sería incapaz de entender.

Los contenidos morales y políticos le son indiferentes. Solo cuenta si la actitud adoptada le es rentable o perjudi-cial, y sobre todo que no exista duda alguna acerca de su condición excepcional, sacralizada, de presidente, a quien es preciso reconocer. Hasta el ridículo de cometer un error manifiesto al atacar al juez Juan Carlos Peinado, por no reconocer que en él son «inescindibles» la condición de ciudadano y la de presidente. Se cree por encima de la ley y en esta ocasión se estrella. Y no duda tampoco de poseer una capacidad ilimitada de acierto en sus decisiones, siempre guiadas por el ideal de progreso y por su voluntad incansable de vencer a la ultraderecha. Por ser Él el que es.

Todo resulta bien sencillo de cara a la opinión pública, convocada siempre mediante un lenguaje de palo fabricado exclusivamente al servicio de Pedro Sánchez, a efectos de asentir, movilizarse, y nunca reflexionar. Su clientela política, el PSOE en especial, se convierte así en la hinchada de un equipo de fútbol, el suyo personal, cerrado a todo mensaje exterior. No solo decide, sino que de Él emana una realidad propia, un relato específico suyo que la sociedad debe asumir, por encima de cuanto efectivamente sucede o ha sucedido. La Ley de Amnistía es el mejor ejemplo. Aunque cuenta con un ejército de asesores, se presenta siempre solo, nunca en diálogo con un ministro o colaborador. Los cientos de asesores, a cuenta nuestra, permanecen ocultos detrás de una cortina invisible. Todo cuanto sucede le es debido. El escenario político tiene un único ocupante: Él. Y lo cierto es que, a la hora de decidir, es Él.

Dado que Sánchez es un seguidor de Pablo Iglesias al concebir la política como disputa, a modo de enfrentamiento interminable con el enemigo, esa exaltación de sí mismo como presidente le proporciona una gran ventaja. Toda crítica resulta de antemano desautorizada en cuanto ofensa a su sagrada presidencia, siendo entonces destructiva del progreso, instrumento del mal, bulo al servicio de la ultraderecha. Está protegido por un blindaje en apariencia invulnerable.

Existen, sin embargo, dos puntos débiles, enlazados entre sí. El primero es la concepción patrimonial de su poder, especie de señorío adscrito a la figura de presidente: lo refleja la torpe y brutal reacción a la amenaza de encausamiento de su mujer. Si un jefe de Gobierno pone el aparato jurídico del Estado en guerra contra un juez por un asunto privado, este acaba volviéndose como un bumerán contra su abuso de la prerrogativa presidencial.

El segundo es que ese poder excepcional, autodefinido como inviolable, proyecta necesariamente una expectativa de impunidad sobre sus propias acciones y las de su entorno inmediato. Si en la terrible crisis de la COVID, resuelta al fin por las vacunas y la mutación vírica, el tándem Sánchez-Iglesias jugó desde el primer momento a ocultar la realidad con su propio relato, borrando intervenciones optimistas de Simón en los primeros días, silenciando el 8-M e inventándose expertos que no existieron, resultó lógico que bribones próximos al Gobierno, o mejor, del mismo Gobierno, pusieran en marcha el rentable y criminal fraude de las mascarillas.

De ahí nace la trama Koldo (trama Ábalos) que verosímilmente desembocó en negocios mucho más consistentes, portadores aún de mayores beneficios económicos, y de todavía mayor miseria política, en torno a Venezuela y al «Delcygate». Es un destino habitual en las autocracias, las cuales, por el sentimiento de impunidad reinante en el primer círculo del poder, acaban convirtiéndose en organizaciones gansteriles de Estado. Todavía hoy, de mantenerse la autonomía judicial, pueden ser descubiertas en nuestro país, atendiendo a la máxima de que por la boca muere el pez.

Si las cosas siguen este curso y es repuesta la normalidad democrática, resulta irrelevante la suerte de Él. No importa que vuelva a la nada política, de donde salió, o que pague por eventuales delitos. El problema es otro. «Hay que cambiar», como al abrirse la Transición. Y al PP toca la iniciativa política, algo difícil dada su ausencia total de imaginación. También, a la vista de lo ocurrido en su reciente congreso, parece que en el PSOE a nadie le interesa, ni le puede interesar, qué puede quedar de la socialdemocracia, de la izquierda y de la propia vida política del país, si todo sigue como ahora.

Antes de que resulte demasiado tarde, bien por un cambio traumático o por la consolidación de una dictadura corrupta, sería la hora de un relevo que, sin duda, Él impedirá, si hubiese alguna alternativa en su mundo, que no la hay. Solo cabe esperar a las elecciones, todavía lejanas, y hasta entonces pueden pasar muchas cosas, la mayoría de las posibles para acentuar el tránsito de la democracia al totalitarismo. Todo por el endiosamiento de un hombre vulgar. No es nada nuevo.

El diario oficial buscó la escapatoria, definiendo a Ábalos como «el agujero negro del sanchismo», con protestas del presidente advirtiendo que la hora de la justicia ha llegado. Luego de eso, nada. Lo esencial es que Pedro Sánchez ha tenido la ocasión y los medios para liberarnos de esta pesadilla, y no lo ha intentado hasta ahora ni lo intentará. Con los datos disponibles, como en los tiempos de Rajoy y el caso Gürtel, solo cabe pensar que la corrupción es Él. (TO, 15-X-2024).

III

LA FORJA DE UNA DICTADURA

La toma de posesión como presidente de Pedro Sánchez, el 17 de noviembre de 2023, marca el inicio de una radicalización de su agresividad al plantear las relaciones políticas, ateniéndose a su visión de las dos Españas, la progresista y la reaccionaria. Una simplificación que ha tenido éxito en las elecciones del 23-J y que ahora no se convierte solo en una guía para su Gobierno, sino en una forma de ejercer el poder del Estado, basada en la exclusión del otro. Es la teoría del Muro, que busca su apoyo en la Ley de Memoria Democrática del año anterior.

El giro copernicano de Sánchez, al declarar la urgencia de la Ley de Amnistía, unos días antes, el 28 de octubre, ante el Comité Federal del PSOE, renegando de todas sus declaraciones precedentes, servirá de base a una beligerancia creciente contra la oposición, inevitablemente movilizada en contra suya.

Pero el límite de la voluntad de aplastamiento, rompiendo los usos de respeto habituales en las democracias, es superado en abril de 2024, cuando el juez Juan Carlos Peinado emprende una indagación sobre eventuales corrupción y tráfico de influencias de la esposa del presidente. Empieza entonces una larga batalla contra jueces y medios de comunica-

ción aún en curso. Se hace necesario hablar ya de dictadura en sentido estricto. Y esta dictadura asume un rasgo propio que no es el de los regímenes de excepción transitorios, sino característico del nacionalsocialismo, en lo que concierne a la descalificación del adversario y a la implantación de un lenguaje propio, rigurosamente codificado. El poder absoluto requiere el establecimiento de un discurso monolítico que lo respalde y difunda: LPS, el lenguaje de Pedro Sánchez. Será impuesto por el Gobierno y retransmitido por todo órgano de opinión que de él dependa.

La cadena de episodios viene a probar que la reacción de Pedro Sánchez frente a la agudización de las dificultades y a los obstáculos legales, susceptibles de cuestionarle, es siempre una ofensiva política que desborda voluntariamente en sus medios el marco normativo del Estado de derecho. Solo que esto no nace en 2024. Su lógica de comportamiento se encuentra ya esbozada al afrontar la crisis de la COVID: de ahí que su estudio encabece necesariamente el de la mutación de la democracia en dictadura.

Una vez redactadas las páginas anteriores, tuve conocimiento del estudio de Gérard Davet y Fabrice Lhomme, Los jueces y el asesino, *en el que analizan la gestión del Gobierno francés durante la pandemia, y especialmente en su primera fase. Han podido manejar documentos internos de la Administración y los recogidos por los jueces que han investigado la responsabilidad gubernamental. El subtítulo es elocuente: «Detrás de vuestras decisiones, la gente va a morir». En España un trabajo así sería imposible, porque el Gobierno no lo permitiría, primero impidiendo el acceso a su documentación, y luego, como sucedió cuando una jueza quiso investigar sobre las responsabilidades del 8-M, descalificándola desde la prensa estatal y presionándola hasta que archivó el caso.*

Pocos días después, el 16 de febrero, en La Sexta, fueron entrevistados a lo largo de una hora los dos principales res-

ponsables de la gestión en España de la COVID: el médico Fernando Simón y el ministro de Sanidad, Salvador Illa. Fue una evocación sentimental de lo ocurrido, salvo para subrayar la tragedia en las residencias de la Comunidad de Madrid. Estaban satisfechos por la labor realizada, pusieron fecha al unísono en el 9 de marzo de 2020 para la repentina toma de conciencia de la gravísima situación y sobre la corrupción millonaria en el tema de las mascarillas, el exministro confesó su «decepción». Información significativa, cero.

Es la distancia que existe entre un Gobierno democrático y otro que opta por la manipulación y por el bloqueo de las informaciones y de la actuación judicial que pudiera revelar sus irregularidades.

9. Mirando hacia atrás sin ira: la COVID

La pandemia fue el banco de prueba para Pedro Sánchez, pero no por sufrir el impacto de la pandemia como los demás jefes de Gobierno a escala universal, sino porque el azar hizo coincidir su momento de disparo con una efeméride feminista que exigía, y obtuvo prioridad sobre el riesgo sanitario: la celebración del 8-M de 2020. A partir de ese trágico punto de partida, se puso de manifiesto otra prioridad, la asignada a obtener una reacción favorable de la opinión pública, por encima de lo que estuviese sucediendo. Y entre tanto hubo de afrontar indirectamente una investigación judicial, apoyada en la Guardia Civil, sobre la posible responsabilidad por prevaricación al haber sido autorizada una manifestación de masas en tales circunstancias.

En su respuesta, Sánchez disipó cualquier duda acerca de cuál sería su actitud en casos similares. De existir, la realidad debía ser negada y, previa descalificación desde sus medios (Ministerio del Interior y prensa), anular la pretensión del juez, quedando indemne. El jefe de la Guardia Civil que no atendió a la exigencia (indebida) del ministro del Interior fue sancionado y discriminado para siempre: aviso a los navegantes. Y final feliz, la COVID se diluyó, y lección para todos de cara al futuro.

El 9 de diciembre de 2020, el diario *Le Monde* se hace eco de un informe elaborado por el Instituto Pasteur de París, pensando en la necesidad de afrontar una nueva pandemia con los datos en la mano. Se trata de un estudio comparativo sobre trece países de Europa occidental, midiendo la sobremortalidad ocasionada por la COVID-19 en los mismos de enero de 2020 a junio de 2022. Un particular interés se centra en la respuesta durante la primera ola, cuando no había mascarillas ni seguridad sobre el modo de transmisión.

No hubo sorpresa alguna al constatar que los ancianos fueron los más afectados y que Italia, primer país europeo en experimentar la invasión del virus, tuvo la mayor sobremortalidad, con un 2,7 por ciento. A partir de ahí, sobre el 2 por mil se encuentran Bélgica, el Reino Unido, Países Bajos, Portugal y España, mientras en cola, por debajo del 1 por ciento, tenemos a los países escandinavos e Irlanda.

Los datos comparativos de la primera fase demuestran la eficacia del confinamiento, con el Reino Unido en la peor situación. El caso español lo confirma, con un freno desde el 20 de marzo de 2020 a la subida en flecha de días anteriores, habiendo partido de cifras similares a otros países. Un estudio español muy cauteloso, publicado en 2021 en la revista *Nature Genetics,* menciona a la movilidad y a «acontecimientos sobredifusores» como causas de esa fase de subida en flecha de los contagios.

Es un primer paso para un necesario análisis retrospectivo emprendido también en otros lugares del planeta. Uno de singular amplitud ha sido publicado por el Congreso de Estados Unidos el 4 de diciembre, con cientos de entrevistas, más de quinientas páginas y una combinación de observaciones muy valiosas de tipo sanitario con otras inspiradas en la mentalidad liberal de los redactores. En todo caso, una buena hoja de ruta para otros estudios a escala nacional realizables desde órganos del Estado.

No parece que en España vaya a repetirse un ensayo semejante. La COVID-19 pertenece a ese pasado al que Pedro Sánchez no quiere mirar. En todo caso habrá, desde medios oficiales y oficiosos, comentarios presididos por generalizaciones, ausencia de datos y balance final optimista. Puede servir de ejemplo el editorial de *El País*, del 30 de diciembre de 2024, «Cinco años con COVID», que sitúa la pandemia en el pasado, centrándose únicamente en la enfermedad. Por lo demás, ni el más mínimo intento de volver la vista atrás, salvo para constatar el final feliz. Todo se hizo bien y lo que importa, al estar vivo el problema de Muface, es tirar una punta contra la atención sanitaria privada: «La eficacia de la sanidad pública demostró una vez más la necesidad de un Estado social robusto que ponga el bien común por encima de la rentabilidad económica inmediata».

La verdad, como muestran los análisis comparativos en Europa, es que no todo salió bien, ni se hizo bien. Aún hace pocos días, comentando un tema de actualidad, el programa anual anti-Franco de Pedro Sánchez, para el cual anunciaba la presencia de expertos, Fernando Savater recordaba que eso mismo dijo el presidente durante la crisis de la COVID para conferir un aval científico a su política contra la pandemia, y tales expertos, simplemente, no existían.

La repetición del mismo truco prueba, ante todo, que Pedro Sánchez no ha modificado desde entonces su hábito de pronunciar declaraciones solemnes, orientadas a realzar la propia figura, sin el respeto a la verdad. Pero al constatar esta persistencia, encontramos también una guía para responder a una pregunta: ¿cuándo se definen el estilo de gobierno, y el recurso sistemático a la mentira que hoy observamos en Pedro Sánchez? En política rige el mismo principio que demostró Louis Pasteur para el mundo natural: no existe la generación espontánea. Las ideas y las actitudes políticas solo cobran forma como resultado de un proceso de gestación reconocible. Luego lo de hoy, viene de algún sitio.

La ambición, el decisionismo, la agresividad de Pedro Sánchez estaban ahí en el curso de su ascenso político hasta la cima presidencial. No obstante, faltaban todavía la constante imposición de esas decisiones sobre la realidad, en detrimento de la elección racional, y también la máscara con que cubre las contradicciones nacidas de tal disociación: el recurso sistemático a la mentira, imprescindible para tapar los errores y las eventuales consecuencias negativas de los mismos.

Da una pista la presencia declarada de expertos imaginarios, en una situación tan grave como la provocada por la pandemia. Lleva a pensar que es entonces cuando Pedro Sánchez, siempre seguro de sí mismo, y especialmente obsesionado con exhibir esa seguridad, se vio forzado a una huida hacia delante para no asumir los costes derivados de la tardía respuesta a la pandemia, y sobre todo de la primacía otorgada a su política sobre la sanidad en un momento crítico.

Para ello contó no con un consejo de expertos, pero sí con un asesoramiento unipersonal, el de un personaje de extraordinaria eficacia para el papel asignado, Fernando Simón, *de facto*, ministro de Sanidad y buen comunicador. Un experto epidemiólogo que, consciente o inconscientemente, le proporcionó un respaldo decisivo, desde el ángulo científico, con la contrapartida de un apoyo asimismo indefectible ante los medios. Estaba al frente, y sigue estándolo ahora, del Centro de Coordinación de Alertas y Emergencias Sanitarias (CCAES).

Llegados a este punto, conviene advertir que buena parte del material que permitiría un examen más riguroso ha sido eliminada desde el mismo mes de marzo de 2020, caso de informes y declaraciones por RTVE, o relegado a un punto inencontrable para el buscador. Es la ventaja documental de lo impreso sobre lo online, susceptible de supresión o manipulación. Un ejemplo: la serie de noticias «Fernando Simón» en la web de *El País* solo se abre en enero el 14 de marzo, en febrero pasa al 8 de marzo de 2020.

A pesar de ello, aun a falta de importantes pruebas, las cosas están claras en lo esencial. Fernando Simón, sobradamente cualificado tras su actuación en la crisis africana del ébola, sufre como otros científicos la dificultad para entender lo que se viene encima con la COVID y opta por mantener desde un principio una valoración optimista. Apuesta por la moderación de la enfermedad y por su lenta transmisión. Visto desde hoy, el problema no reside en los errores de partida, sino en su persistencia, incluso más allá del momento de disparo de la COVID, en la primera quincena de marzo, al pronosticar que todo acabará en cuatro o cinco meses, o anunciar el fin de la mortífera primera fase el 13 de mayo de 2020, mientras España sigue a la cabeza de contagios y muertes tras la explosión de marzo.

La doble y elusiva luz verde para la manifestación del 8-M, dirigida explícitamente el día anterior a su propio hijo («Si mi hijo me pregunta si puede ir le diré que haga lo que quiera») y a las feministas, ha quedado como emblema de esa fatal equivocación. Solo que aquí no nos interesa juzgarla, sino subrayar hasta qué punto el dictamen «desde la ciencia» encajaba a la perfección con la necesidad, para Pedro Sánchez y sus socios de Podemos, de que fuera una esplendorosa realidad la celebración del día de la Mujer, el primero con el Gobierno de coalición PSOE.

SOBREMORTALIDAD DERIVADA DE LA COVID
Primera ola
Exceso de muertes acumuladas
por 1.000 habitantes con corrección por edad

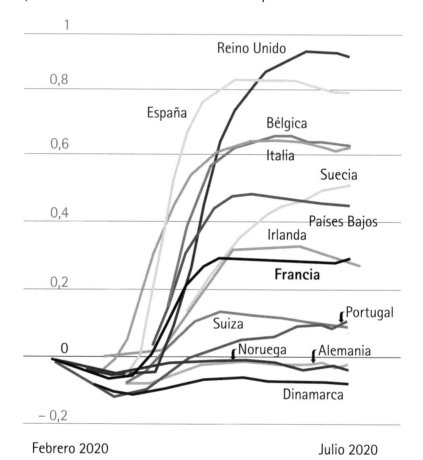

Fuente: Simon Galmiche *et al.*, *BMC Global and Public Health*, 9 de diciembre de 2024. Gráfico: *Le Monde*.

Dada la reacción posterior del Gobierno frente a cualquier alusión al tema, no hablemos de crítica, las valoraciones científicas sobre el proceso han sido más que prudentes. En la de mayor repercusión internacional sobre la primera ola, publicada en *Nature Genetics*, en 2021 (n.º 53, pp. 1405-1414), era subrayada la importancia para el caso español de los acontecimientos superdifusores (*superspreading*). Prudentemente no se citaba el evento escondido, el 8-M, pero se exhibían datos bien significativos del impacto de las reuniones multitudinarias, como el del funeral masivo de Haro, el 23 de febrero, donde una muestra de veinticinco asistentes arroja treinta y seis contagios. También el efecto multiplicador de quienes volvieron contagiados del partido Atalanta de Bérgamo-Valencia.

Tampoco esa constatación, hoy científica, resulta novedosa. Lo apuntaba Laura Spinney el 29 de febrero desde *El País*, sobre la base de sus propios estudios acerca de la peste española en 1918 y lo conoce cualquier lector del clásico *Los novios*, de Alessandro Manzoni, con su minuciosa crónica de la peste de Milán en 1630. La asistencia obligada a ceremonias religiosas en el primer caso, o la celebración popular por el nacimiento de un hijo de Felipe IV en el segundo, arrojan un mismo resultado: difusión inmediata y masiva de la epidemia. Lo mencioné en un artículo en el diario bilbaíno *El Correo*, de 16 de marzo de 2020, «La peste de Milán». Nada tengo que añadir a lo entonces escrito:

> Hasta el 8-M todo iba relativamente mejor en el mejor de los mundos. El drama de Italia servía de paraguas. Inútil guardar distancias o usar guantes en instituciones culturales (Biblioteca y Archivo Histórico nacionales: experiencia personal). Sobre todo, la celebración de las grandes manifestaciones del 8-M fue abordada como si reunir a cien mil personas intercambiando besos y abrazos fuera la cosa más inocua del

mundo. Ni Gobierno ni organizadoras hicieron caso a la advertencia de la Agencia Europea de la Salud. A ver quién se atrevía a incomodar a las líderes políticas del evento. Apenas fue indicado que quienes sintieran los síntomas de la enfermedad se abstuvieran de manifestarse. Del nivel de falta de preparación dio noticia esa misma noche la llegada a Barajas de viajeros procedentes de Malpensa (Milán), abrazados por sus familiares y sin control tras el desembarco. Una vez pasado el festejo del 8-M, el Gobierno tuvo que girar ciento ochenta grados y anunciar la gravedad de la situación, como si esta viniera de la noche anterior.

Con el estado de alarma, según Pedro Sánchez, se habían salvado cuatrocientas cincuenta mil vidas. A la vista de los datos y las curvas de contagios y muertes en marzo de 2020, cabe pensar que el retraso en la respuesta y los errores en la prevención sanitaria tuvieron también algún coste humano.

Fernando Simón dirá más tarde, el 25 de mayo, ante una posible indagación judicial, que la importancia del 8-M fue «marginal». Fechará también el punto de disparo de la expansión el 9 de marzo, pero los contagios suben en flecha desde el día 8, con Madrid como epicentro, pasando de un 20 por ciento sobre el total nacional, el día 8, a casi el 70 por ciento para el 14. A partir del 20 comienza el reflujo por efecto de la clausura del país el 14 de marzo. Las cifras son espantosas, de unos 400 contagios registrados el 8 a más de 17.000 el 14 y más de 85.000 a fin de mes. España pasa a encabezar la lista de muertes en una Europa donde la pandemia crece, pero a un ritmo menor.

En un momento de popularidad suya espectacular ese verano, Fernando Simón aludirá a su audacia al proponer un endurecimiento de las restricciones a finales de marzo, elogiando el valor de Sánchez por aceptarlo. Lo cierto es que, de acuerdo con sus previsiones, siempre optimistas, el presidente apuntó ya «la desescalada», a finales de abril, todavía con España como campeona de contagios y muertes, y que entre mayo y junio Sánchez podrá proclamar, gracias otra vez a sus estimaciones, que hemos vencido a la COVID. Era la «nueva normalidad». Lástima que los contagios se quintuplicasen de julio a agosto, con España de nuevo al frente de las cifras macabras. «El balance que ha hecho esta semana el presidente del Gobierno, Pedro Sánchez, en un discurso carente de autocrítica no se entiende muy bien», comentaba *El País*, el 6 de agosto. Desde La Sexta, el exministro Miguel Sebastián recomienda al epidemiólogo «que pida perdón».

Berna González Harbour pronunció un veredicto inequívoco, siempre desde *El País*, el 13 de enero de 2021: «Fernando Simón se atrevió al inicio de la pandemia a infravalorar el peligro, a asegurar que habría escasos casos, que no hacía falta cerrar colegios, ni tampoco mascarillas. Algunos de sus atrevimientos, impropios de quien debe coordinar las emergencias y no jugar a adivino, a comentarista o a *coacher* de la población, fueron infaustamente corregidos por los hechos y por su particular forma de desdecirse como, por ejemplo, cuando reconoció que el problema había sido que no había mascarillas para todos. Se ve que no podíamos asumir esa verdad».

Efectivamente, no podíamos asumir ni esa ni otras verdades, porque los errores son humanos y la circunstancia, angustiosa, pero resulta mucho menos explicable que un presidente del Gobierno los suscriba, mientras apuntalan su triunfalismo y le eximen de las responsabilidades contraídas. En este punto, los «expertos» fantasmas de nada sirven. Por eso mismo el Ejecutivo se volcó con todos los recursos, y acudiendo a las presiones y a la difamación, cuando a finales de mayo de 2020 se anuncia el desenlace de la instrucción desarrollada por la juez Carmen Rodríguez-Medel sobre las consecuencias del 8-M, con la posible comisión de un delito por incumplimiento de las recomendaciones sanitarias.

El suceso es ilustrativo, porque Sánchez inaugura una forma de proceder que sigue practicando hoy. Emplea ya toda su artillería jurídica institucional, con la Abogacía del Estado al frente, para desautorizar la investigación, definida como una intolerable «causa general contra las autoridades», mientras los medios afines se centran en los errores y «medias verdades» del informe redactado por un coronel, Diego Pérez de los Cobos, jefe de la Comandancia madrileña de la Guardia Civil. Lo mismo que a la juez, su ejecutoria le situaba por encima de toda sospecha tras la relevante y sufrida actuación en Cataluña el 1-O de 2017. De nada sirvió. A pesar de que la juez le había ordenado no comunicar a nadie su investigación, al omitir su entrega al Gobierno, fue destituido por el ministro Fernando Grande-Marlaska. Sentencias sucesivas darán la razón a Pérez de los Cobos, sin que la persecución cese hasta hoy. Pedro Sánchez no perdona. La juez acabó desistiendo, contra pronóstico, y archivó la causa.

Consecuencia: el error del 8-M —haber omitido la prohibición de manifestaciones— no recibió sanción alguna y la responsabilidad de Pedro Sánchez pasó al olvido, a pesar de que en el informe de la Guardia Civil constasen las palabras de Fernando Simón al prohibir, el 6 de marzo de 2020, la celebración de un congreso evangélico, «considerado de alto riesgo para la propagación de contagios». La conciencia del peligro existía; la urgencia política, también. Esta se impuso. Y de cara al futuro, Sánchez estrenó su táctica, mantenida hasta hoy, de descalificar e ir contra quien trate de atentar contra sus intereses por vía judicial.

Los ulteriores deslices de Sánchez, anticipándose, de mayo a agosto, a un fin de la pandemia aún prematuro, son ya otro anticipo, el de su capacidad para forjar un relato, con el cual cree equivocadamente domeñar a la realidad. (Atenuante: en ese caso, era oportuno inyectar moral a una sociedad en el límite del miedo y del sufrimiento). Así que, frente al malestar lógico de una opinión pública angustiada, a la cual se le habla más del fin de la tragedia que de la propia tragedia, con cuyas imágenes Sánchez se cuida muy bien de no contaminarse, aparece un término destinado a arraigar en el vocabulario del Gobierno: el bulo. Otro jefe de la Guardia Civil, el general José Manuel Santiago, entra ahora en escena, mediado abril, para combatir los bulos, esto es, las críticas al Gobierno por su gestión. Fernando Simón le respalda públicamente. El general será ascendido en junio.

En cualquier caso, nada parecido en el discurso oficial a las informaciones puntuales y confesiones de impotencia de otros presidentes, como el italiano Giuseppe Conte o el francés Emmanuel Macron. Sin detenerse en los datos, poco favorables, Sánchez afirma en diciembre de 2020 que ha gestionado la crisis «con la máxima humildad y el mayor rigor científico». A partir de ese momento, la vacunación le permite situarse en la realidad, siempre con su estilo: «Ha sido un éxito de país». Prohibido mirar hacia atrás. Y como la pandemia se retiró, tanto de España como de Europa, ¿para qué revivir tal pesadilla?

Entre tanto, una vez olvidado el mal trago de la instrucción de Rodríguez-Medel, es una y otra vez Pablo Iglesias, vicepresidente, quien exhibe en 2020, sin que nadie le coarte, su denuncia de la actuación autónoma de la judicatura, vista ya como prevaricadora y reaccionaria. Y, en fin, bajo cuerda, a partir de los retrasos y pésima gestión del abastecimiento en mascarillas, despunta algo más grave: una vía de corrupción, inesperada pero lógica, desde el entorno del propio Pedro Sánchez, que conduce también al presente.

Menos mal que ahí estuvieron también las actuaciones de Nadia Calviño y, entonces, de Yolanda Díaz, en el campo económico-laboral, aun con un permanente conflicto entre ambas, pero salvando los cimientos del edificio. Por lo demás, el cuadro del malgobierno posterior se encuentra ya diseñado.

Los elementos de la ecuación son los mismos: datos falsos, opinión manipulada, ataque a la autonomía judicial, corrupción. Solo se han incrementado la intensidad y la degradación. (TO, diciembre de 2024-enero de 2025).

10. El Muro

El 15 de noviembre de 2023, Pedro Sánchez pronuncia en el Congreso su discurso de investidura, en el cual define la clave de lo que será su política: una visión apocalíptica donde el mundo se encuentra dividido en dos, las fuerzas del bien y del progreso, y las del mal y de la reacción, que de modo natural encarnan Él y sus aliados (sin preguntarse por la calidad de su progresismo), las primeras, y el tándem PP-Vox, las segundas. El espacio político resulta necesariamente partido, sin que exista ningún punto de encuentro posible.

Es la estrategia de «la muralla» de Pablo Iglesias, a la que los Quilapayún pusieron música en los años setenta. Pedro Sánchez levantará el Muro y España se salvará: «O España continúa avanzando, señorías, o España retrocede». No hay argumentos, ni datos para una discusión. Izquierda y derecha se enfrentan en el mundo, la primera armada con sus aciertos; la segunda, con sus perversas intenciones y sus «ideas trasnochadas». Es preciso «erigir un muro de democracia, de convivencia, de tolerancia», «un muro ante estos ataques recurrentes a los valores de la España democrática y también constitucional» (*sic*). ¿Qué ataques? Desconocidos. ¿Cómo se construye un muro con convivencia y tolerancia? Misterio.

Lo que cuenta es que, en vez de una coalición de fuerzas políticas heterogéneas y contradictorias, Pedro Sánchez asienta su poder sobre el espectro de una guerra imaginaria.

De nuevo la España y la anti-España, ahora con los papeles cambiados. (TO, diciembre de 2024-enero de 2025).

«La intolerancia es una ley fundamental de la nación española, no la estableció la plebe y no es ella quien debe abolirla». La terminante declaración del inquisidor sevillano, pronunciada hacia 1789, repiquetea con eco metálico a lo largo de nuestra historia contemporánea para servir de base a la voluntad de castigo, primero, y de aniquilamiento, a continuación, activada contra aquellos que no comparten nuestras ideas. Fue en la mayoría de los casos patrimonio del pensamiento reaccionario y legitimó la puesta en práctica del genocidio franquista del 36. En la visión de los militares sublevados, y en particular de Francisco Franco, se hizo realidad la exigencia de acabar con todas las fuerzas políticas, sociales y culturales que encarnaban la negación del orden tradicional. El país se les presentaba partido en dos de acuerdo con la visión apocalíptica plasmada en los versos de José María Pemán y en los dibujos de Carlos Sáenz de Tejada. La victoria del bien sobre el mal no podía ceñirse al campo militar. Era preciso borrar para siempre la anti-España. (EC, 8-XII-2023).

En la vertiente opuesta, no siempre los antiespañoles supieron escapar al contagio del maniqueísmo y de su consecuencia, la inclinación al aniquilamiento del otro. En 1821, el asesinato a martillazos del cura de Tamajón, conspirador antiliberal, fue el primer hito de una trayectoria que culmina con los actos de barbarie cometidos durante la Guerra Civil a la sombra de la identificación ideológica entre revolución social y represión.

Años más tarde, en 1956, correspondió al PCE dar el paso decisivo de superar la dualidad heredada de la Guerra

Civil con la idea de «reconciliación nacional», clave de bóveda de la amnistía de 1977 y de la Transición a la democracia.

Es lo que se ha roto en el discurso de investidura de Pedro Sánchez, dirigido a trazar una barrera insalvable entre el reino del bien sobre la Tierra, por él personificado, y la amenaza del mal que representa la derecha/ultraderecha del PP, entregado al diabólico Vox. No existen términos medios, ni siquiera para la crisis catalana de 2017, siendo su único responsable el PP, causante de que «se incendiaron las calles de Cataluña». Tropezamos con un auténtico tsunami de horrores —«el insulto, el odio, la crispación»—, frenado solo por «el Muro eficaz» de la coalición gubernamental progresista.

Pedro Sánchez causa miedo, porque presenta su futura acción de Gobierno en un sentido quiliástico, con una vocación de permanencia por encima del tiempo, sobre la base de la lucha agustiniana de las dos ciudades —«opciones»— siempre frente a frente, del bien contra el mal, del progreso contra la reacción «como ya sucedió hace cien años» (sic). La referencia a la Segunda República idealizada es ilustrativa. Sánchez se ve a sí mismo como el predestinado a vencer definitivamente a Franco. Esperemos que los españoles tengan escasas ganas de volver a 1936.

Él no lo tiene en cuenta y hay signos visibles de que, con el nuevo Gobierno, ha impulsado una auténtica guerra cultural para llenar de algo su progreso y también descalificar a socialistas críticos y a los intelectuales que se atreven a desafiarle. El problema es que su propaganda responde a un dualismo primario, y esto excluye tanto argumentar como debatir. Al mal se le condena, y basta.

Es así como en la revista doctrinal fundada para cubrir el vacío de *Claves*, de Savater, se ofrece como gancho una entrevista entre el exministro José María Maravall y el que fue promesa teórica de Podemos, Íñigo Errejón. Puede leerse en *El País*. Por su resumen se saca en limpio que el Gobierno se encuentra cargado de buenas intenciones y el PP se le opone. Problema nacional, amnistía: nada sustancial. Conformismo progresista. En su segundo número, en nombre de las auto-designadas «izquierdas del siglo XXI», la carga se dirige contra los intelectuales disidentes, que al parecer reaccionan contra su propia pérdida de poder y se derechizan. Nuevos «Ortegas». ¿Contra qué? No sabe, no contesta. De acuerdo con las reglas del juego establecidas, está vedado tomar en consideración las críticas de Felipe González, Alfonso Guerra y tantos otros socialistas. La tarea restauradora de estos no será fácil.

«Soy lo que soy» es el lema de Pedro Sánchez, y no le importa adónde lleve su guerra civil larvada. De momento, la encuesta de Sigma Dos señala la dirección que cabía esperar, con los militantes del PSOE y sobre todo de Sumar distanciándose de la Constitución, defendida por el PP y con ardor por Vox. Es el mundo al revés, teniendo en cuenta lo que el PSOE de Felipe González representó para la implantación de la libertad política en España.

11. La perversión de la memoria: la «memoria democrática»

Para construir una guerra imaginaria como la que necesita Sánchez, nada mejor que proyectar su maniqueísmo sobre la Guerra Civil española, invirtiendo los papeles de julio de 1936. No se trata de preguntarse sobre el legado de la guerra, sino de utilizar la guerra. El pequeño obstáculo es que tiene cerca otra contienda, la declarada por el terrorismo de ETA, cuyos herederos son sus aliados. Ningún problema: se borran los años de plomo en Euskadi, o se abre el espacio para su manipulación, y solo cuenta el mal que en el 36 anunció esa amenaza siempre presente. En el discurso de investidura, ya dijo Sánchez que «hace cien años» tuvo lugar el enfrentamiento entre progreso y reacción.

La suya es una memoria de quita y pon, a su gusto. Si alguien comete la grosería, como el PP en 2022, de recordar con un pin el asesinato de Miguel Ángel Blanco, él se pone un pin de la Agenda 2030. Y si le viene bien, llora por Miguel Hernández. Prescinde tranquilamente de la dificultad habitual para conjugar memoria e historia.

La historia proporciona los materiales para la construcción de la memoria colectiva, pero ello no significa que esta sea el resultado fiel del conocimiento de los procesos históricos. La variedad de posibilidades es muy amplia. Veamos algunas. Resulta posible que un acontecimiento de suma gravedad determine por sí mismo la formación de una memoria cuya incidencia se imponga a los intentos de reelaboración ideológica. También cabe que el referente quede borrado, bien porque la sociedad al cambiar se ha alejado del problema, bien porque una eficaz labor de propaganda desde el poder haya eliminado su visibilidad. Lo cual, por otra parte, no excluye que pueda renacer si respondía antes de su eclipse a demandas de suficiente fuerza por parte de un grupo social (como la resurrección del Ku Klux Klan tras *El nacimiento de una nación*).

Desde el Egipto clásico, el poder político y religioso ha intervenido reiteradamente con el fin de construir o condenar la memoria colectiva. Esto no es irrelevante, ya que de sus resultados se derivan los comportamientos de los grupos sociales y la consolidación o desgaste de la legitimidad para quienes ejercen o ejercieron el Gobierno.

Sobran los ejemplos. En cuanto a la formación espontánea de la memoria, tenemos el rechazo de los ciudadanos españoles a todo lo que pudiera propiciar el retorno a 1936, muy por encima de las ideologías, que fue una de las causas del fracaso del PCE en las elecciones de 1977. En sentido contrario, destaca cómo el mito de Napoleón, por encima de su derrota final, impulsó la restauración bonapartista de su sobrino, hombre de escaso atractivo político, teniendo como base la elaboración de su leyenda por el propio emperador en el *Memorial de Santa Elena*.

La condena de la memoria, operada desde el poder, se inició con los faraones al hacerse con la titularidad de los templos mediante la supresión del nombre del antecesor en los signos de identificación. Alcanza límites espectaculares en tiempos recientes, cuando todo vuelco en el sistema de poder se traduce en la eliminación de cualquier símbolo o recuerdo del régimen anterior. De los zares por la Revolución de Octubre o de los antecedentes liberales y republicanos por el franquismo. El caso límite sería la estrategia implacable de Fidel Castro para borrar la república neocolonial que media entre 1898 y su victoria de 1959, depurando hasta el fondo centros documentales, e incluso los libros viejos que se vendían en la plaza de Armas.

Nada tiene de extraño que la construcción de la memoria en torno a la Guerra Civil haya sido un campo de batalla incesante, por haber supuesto el parteaguas, no solo militar entre los bandos, sino entre intereses políticos, económicos y culturales opuestos, los cuales todavía no se han extinguido. Es obvio que tal pervivencia constituye un obstáculo para ver realizada la vieja propuesta del PCE en 1956, la reconciliación nacional. El tema regresa a la actualidad con la nueva Ley de Memoria Democrática, que va mucho más allá de la ley de 2007 y que, por su campo de aplicación, tendrá seguramente más consecuencias que aquella.

La primera objeción reside en que, precisamente por el riesgo de sumisión a planteamientos ideológicos, casi siempre maniqueos, la elaboración de una ley de la memoria debe partir de las demandas nacidas de la propia Historia, con mayúscula, y no de conveniencias políticas. Esta observación en modo alguno niega la pertinencia de regular de una vez el tema de la imagen del franquismo. Alude a la forma en que ha sido abordada la ley.

Así, en vez de colocar la carreta delante de los bueyes, con los objetivos políticos determinando el contenido de la memoria, esta debería dar respuesta a las exigencias que el análisis histórico ha fijado previamente. La cosa no era complicada. De una vez por todas conviene cumplir la exigencia de atención a los vencidos, desde su rehabilitación al «honor de los muertos», en el marco de lo que significó el proceso continuado que enlaza el golpe militar del 36 con la dictadura de Franco. La segunda cuestión se refiere al evidente límite temporal de la recuperación, el establecimiento del nuevo régimen democrático con la Constitución de 1978. En este punto, la enmienda de Bildu, prolongando en el fondo la continuidad dictatorial hasta 1983, abre la puerta a todo tipo de problemas.

Sin que pueda olvidarse qué es Bildu y de dónde procede: nunca ha pronunciado una autocrítica de su matriz ETA, lo cual la confirma en su condición de heredera suya y lógicamente en su vinculación con el terror. No se sostiene el argumento de que es un partido democrático y en democracia. Menos que ETA desapareció. En dichos, hechos y personas, Bildu perpetúa su espíritu. Consecuencia: la sumisión a la enmienda de Bildu no deja de ser un impresentable aval para su intervención, además muy significativa, en la visión institucional de un proceso histórico que le concierne. Un oportunismo siniestro. La Agrupación Nacional de Marine Le Pen está en situación similar, y sin muertos a la espalda, pero a nadie se le ocurriría en Francia darle la iniciativa sobre los crímenes cometidos en las guerras coloniales.

Más allá de la confusión suscitada por la plétora de disposiciones normativas frente a la escueta definición del problema, lo preocupante es también la *damnatio memoriae* de la otra cara de la realidad. El texto debiera partir abiertamente de la definición de la guerra como genocidio, con Raphael Lemkin en la mano, ya que el levantamiento militar es precedido por una conspiración dirigida al exterminio de todo elemento republicano, incluidos sus antecedentes históricos. No solo de los hombres, sino también de una cultura. Un aniquilamiento llevado a cabo durante la contienda y prolongado hasta los años sesenta (con el asesinato de Julián Grimau).

La memoria descansa aquí sobre bases sólidas, pero tampoco es lícito olvidar el otro lado del espejo si no queremos provocar una malformación de la imagen del pasado. Frente al infierno no siempre estuvo el paraíso. El terror rojo o rojinegro fue algo real, y fue practicado por comunistas —checas, Paracuellos, sacas, Andreu Nin—, anarquistas —Juan García Oliver lo contó satisfecho en *El eco de los pasos*—, bárbaros actuantes a favor del caos inicial y grupos socialistas. Nunca fue auspiciado por la República, pero existió. El actual secretario general del PCE debiera leer a Manuel Azaña y a Juan Peiró. Lo mismo que los redactores de la ley, si querían formar una conciencia democrática.

A título personal, puedo reseñar un episodio complementario al hablar en la Universidad Complutense de Madrid (de verano) sobre la represión en la Guerra Civil. Mi posición no nada dudosa sobre el 18 de julio, ya que, tomándole la palabra a Franco, en noviembre de 1935, de que era necesaria «una operación quirúrgica» que eliminase a la anti-España —y bien que la llevó a cabo—, valoré su actuación como un genocidio, pero también hice notar que, en la vertiente opuesta, la secuencia de hechos como Paracuellos era de «crímenes contra la humanidad». Una señora del final de la sala no pudo reprimirse y comentó: «¡Y decían que este tío era de izquierdas!».

Obviamente, la disconforme estaría de acuerdo con la política de la memoria, apuntada por Zapatero, y llevada al extremo por Pedro Sánchez, según la cual, la memoria democrática se basa exclusivamente en la condena de la sublevación militar de julio del 36 y de todas sus consecuencias, a medio y largo plazo, con sus antagonistas protegidos todos en el recinto angélico de la legalidad. Hubo un infierno y lo contrario tuvo que ser el paraíso. Por añadidura, no hay infierno para los años de plomo que nos recetó ETA. Como sabemos, tales simplificación y amputación son simples instrumentos del maniqueísmo que preside la visión política de Pedro Sánchez.

A partir de ahí, queda refrendada la necesaria presencia del Gobierno progresista, en eterna lucha victoriosa contra una reacción, heredera del franquismo. La perspectiva de «reconciliación nacional», paradójicamente anunciada por el PCE en 1956, resulta sustituida por una crispación permanente, una interminable guerra fría destinada a partir en dos a la sociedad española. La memoria se construye así al margen de la historia y al servicio de una ideología belicista. Pedro Sánchez ha leído sin duda poco sobre la cuestión, y desde luego no a Manuel Azaña, a pesar de que afirma habérselo leído todo.

La enmienda de Bildu nos sitúa en otro terreno. Primero, ¿por qué 1983 como fecha límite? Tal vez para que resulte olvidado el terrorismo de Estado socialista, los GAL. Segundo, al cometer el enorme y deliberado error de olvidarse de ETA, admitimos su implícita inclusión entre las fuerzas democráticas que sufrieron la represión de tipo franquista bajo Suárez. La Transición pasa entonces a ser inculpada, mediante esa amputación del principal responsable de la crisis de la democracia y el aplastamiento de los derechos humanos: el terrorismo de ETA.

Bildu, «partido de gobierno» feliz, como el PNV, olvidado

en el Museo Centro Memorial de las Víctimas del Terrorismo de Vitoria. «ETA ya no existe», proclama Pedro Sánchez. *Happy end*. Resultado, como hemos visto en demasiadas ocasiones: las semillas del odio siguen dando frutos. La muerte de Miguel Ángel Blanco no tuvo lugar para Bildu. Tampoco existen Hitler ni Mussolini, aunque sí sus ideas y herederos. Ningún demócrata lo olvida en Alemania y en Italia. Tampoco debiera hacerlo aquí y ahora.

Lógicamente, no se trataba de una distorsión cuyo alcance se limitaría al plano de las opiniones. Su papel será decisivo para la integración del nacionalismo vasco, y en especial de Bildu, en el «Gobierno progresista». A la visión oportunista de la política, seña de identidad del presidente, no le importan las consecuencias para el futuro, cuando por su parte Arnaldo Otegi mantiene con discreción y firmeza el fuego sagrado encendido por ETA.

La eliminación consiguiente de la memoria, por lo que se refiere a ETA, es así una pieza clave de la estrategia política de Sánchez, quien visiblemente valora a Bildu como su más fiel aliado. No importan los socialistas asesinados, ni quienes vivieron (vivimos) años bajo amenaza de muerte. Cuando en el Congreso Feijóo se presentó con un pin recordando a Miguel Ángel Blanco, él lo hizo con otro mirando al objetivo 2030. Y eso enlaza con la voluntad de olvido del PNV, buen cómplice en más de un momento de la estrategia etarra (y no solo en el Pacto de Estella/Lizarra).

El Museo Centro Memorial de las Víctimas del Terrorismo, en Vitoria, es la expresión de ese doble fraude que, en sus dos intervenciones del reciente día de la Memoria, justificó solemnemente el *lehendakari* Imanol Pradales, en su homenaje a las víctimas, todas, de ETA y del Estado, fuerzas de orden público, los GAL, etc. Son, en sus palabras, protagonistas de «una memoria no revanchista, sin recriminaciones ni olvidos, integradora», dedicada al «sufrimiento» de un pueblo.

Es una memoria sin responsables de lo ocurrido. Honor a los funerales y olvido de los crímenes y de los criminales, una memoria basada en una inaceptable equidistancia. No se trata por supuesto de ignorar a los GAL, ni a las violaciones de derechos humanos, pero sí de considerar que la responsabilidad fundamental de los años de plomo toca a ETA (y a sus cómplices). Es solo cuestión de ponderar, y esto no conviene al PNV, ni a Bildu, ni a Pedro Sánchez.

Las medidas evocaciones del *lehendakari* Pradales sobre su experiencia personal de ese «sufrimiento» con la más clara muestra de que estamos ante una memoria, deliberadamente reñida con la verdad histórica, y por lo mismo con un futuro democrático para Euskadi. Manipulada hasta tergiversar realidades incontestables. Balance: un relato en definitiva favorable para el terror, vencido en la «lucha armada», pero políticamente triunfante. De cara al futuro, el capital de ETA y del nacionalismo sabiniano, excluyente de España, permanece intacto.

Además, no se trata solo de una alianza política, sino de la clara voluntad de acercamiento a Bildu, al favorecer a los presos de ETA aún encarcelados, siempre que aparece la ocasión. En octubre de 2024, la misma llegó con la colaboración involuntaria del PP, pero lo verdaderamente significativo es que la medida de liberación de etarras se hizo coincidir con una ceremonia internacional, organizada en homenaje a las víctimas del terrorismo de ETA.

El fondo es demasiado trágico como para ser un esperpento. Las noticias de un mismo telediario dieron cuenta sucesivamente de la celebración de un congreso internacional sobre víctimas del terrorismo en Vitoria y de la nueva ley gracias a la cual cuatro decenas de veteranos del terror van a ver acortadas sus penas de manera sustancial. La coincidencia pudiera ser fruto del azar, pero no lo es. El mismo Gobierno español que, asociado a la ONU, organiza la conferencia de Vitoria acaba de probar su excelencia para la maniobra política, colando a su modo una reforma, encubierta como adaptación de una norma europea, de la cual saldrán beneficiados algunos de los más destacados *killers* de ETA. La cita de dos figuras emblemáticas resulta aquí obligada. Con Miguel Ángel Blanco en el recuerdo, acaban de conseguir que más de un terrorista comparable a Txapote esté muy pronto en la calle. Ver para creer.

Las asociaciones de víctimas pusieron de inmediato el grito en el cielo, responsabilizando a todos los partidos que aprobaron la reforma por unanimidad, tras un error clamoroso del PP. Solo que no es lo mismo engañar que ser engañado. De tratarse de un error, el caso habría sido simétrico del «solo sí es sí» y con posibilidad de retirada de la ley. Pero la trampa estaba bien preparada, con Sumar, así como la réplica de ser descubierta, descalificando al PP por seguir agitando el fantasma de la inexistente ETA tras su clamorosa exhibición de incompetencia. Es la táctica de maniobra permanente de acoso al adversario que recomendó Miguel Barroso a Sánchez sobre el patrón de Fidel. Todo vale: votas sobre el IVA y restringes las competencias del Senado. Para nada juego limpio.

La disociación entre la víctima y el terrorista, entre la organización que ejecuta el terror y el sujeto pasivo que lo sufre, la amnesia deliberada sobre la ideología del odio que lo hizo nacer, han sido las claves de la estrategia de reconciliación nacional que fundamenta el discurso reinante en el Centro Memorial de Vitoria. Para ambos nacionalismos, miel sobre hojuelas. Para el PSOE supone tragarse un sapo considerable. Todo saldrá bien si de veras *Euskadi is different* y el poso de la irracionalidad y de la violencia acaba diluyéndose en Bildu. Difícil.

La otra dimensión de lo ocurrido, la espectacularidad de los éxitos recientes de Bildu de la mano de Sánchez, incluida su conversión en portavoz del fin de la llamada ley mordaza, tiene más difícil explicación. Otegi acierta siendo el mejor defensor de la permanencia de Sánchez. En la base está el firme apoyo parlamentario, sin veleidades venezolanas. Pero eso no basta para tanto favor. Sería preciso acudir al papel que desempeña el tema nacional en Pedro Sánchez, una piedra de toque para la exaltación de su personalidad política, imponiéndola en sus acciones concretas desde el vaivén en las ideas. Cuando en 2015 diseña los grandes temas de su futura actuación como presidente, asume la «contundente» posición del PSOE: unidad de España y Estado federal. De ahí irá deslizándose hasta «el federalismo de soberanías compartidas» de 2019 y la barra libre de concesiones por votos hoy.

¿Oportunismo? Sin duda cuenta, pero no necesitaba ir tan lejos. Sobre todo, en la legitimación de un partido que nunca ha roto su cordón umbilical con quienes protagonizaron los «años de plomo». Si el patrón de Urdaibai, la trainera vencedora en la gran regata de la Concha de 2023, dedica su victoria a un preso de ETA, Otegi le felicita. No hablemos de su lucha por conseguir el *presoak etxera*, hoy victorioso. Hay paz, no arrepentimiento. Y Sánchez hace de Bildu su interlocutor privilegiado. No por afinidad, sino para exhibir su omnipotencia política. Y es que el presidente prescinde de los contenidos morales y políticos de la realidad. Esta le es indiferente y si contraría sus deseos, él creará otra sobre la base de su capacidad —y la de su *braintrust*— para la maniobra y la manipulación de la opinión pública. Trátese de la amnistía, de la «singularidad» catalana, de Venezuela o la memoria del terror. Frente a la isegoría —la información abierta— de la democracia clásica, la validez exclusiva de su relato. (EC, EP y TO, julio de 2022 a noviembre de 2024).

12. La infamia

El diccionario acota los rasgos negativos que permiten a un hombre o a una mujer alcanzar el galardón de la infamia: carecer de honra, de crédito y de estimación, y ello no por una opinión ocasional, sino como resultado de la perversión que caracterizó a su comportamiento. Para el personaje que nos ocupa, quede claro que la calificación de infame no afecta a su vida privada, sino a su actuación política. Posiblemente sea el más virtuoso de los hombres, en el sentido de la moral cristiana, y en cambio el más ajeno, como es el caso, a la práctica de la virtud política. Y al igual que sucede en los relatos breves de la *Historia universal de la infamia*, de Jorge Luis Borges, no basta el denominador común de una ambición personal desmesurada para recibir el título de infame, debiendo estar acompañada por la sucesión de acciones calificables de abyectas, que ha de llevar a consecuencias catastróficas. Como ocurre con el primer biografiado en la *Historia* borgiana, Lazarus Morell, estamos en nuestro caso ante un método original para ir hacia ese final, dada «la abyección que requiere, por su fatal manejo de la esperanza y por el desarrollo gradual, semejante a la atroz evolución de una pesadilla».

Hay que remontarse a los orígenes para entender lo sucedido. El último medio siglo en la historia del socialismo español estuvo marcado por una situación paradójica: su extrema debilidad orgánica al abordar la transición democrática, al mismo tiempo que se abría un horizonte político muy favorable para la socialdemocracia en la Europa de la década de 1970. Las elecciones de junio de 1977 confirmaron tales expectativas, bajo la eficaz dirección del grupo de Sevilla (González, Guerra) y con ellas la atracción ejercida sobre jóvenes antifranquistas formados en la izquierda no comunista (ejemplo, el FLP, del que procedieron Leguina, Maragall, Maravall, Narcís Serra), así como sobre una amplia masa de ciudadanos sin adscripción política previa. La heterogénea composición del partido de aluvión resultante se reflejó en la crisis de identidad suscitada por el abandono del «marxismo». Fue la clave de un futuro de uniformidad impuesta por Alfonso Guerra, no solo hacia el interior, sino también sobre los medios de comunicación públicos cuando el PSOE ejerció el poder. Nació un partido de Gobierno; paralelamente iba tejiéndose la camisa de fuerza.

Solo que esa restricción no fue el mejor medio para crear el intelectual colectivo y los ascensos al vértice, tras el fin de la era González, mostraron la primacía de un nuevo tipo de líderes, ambiciosos, culturalmente débiles, y por contraste, hábiles en el uso de la palabra y en ascender sin particulares méritos políticos. Dos líderes sin notables cualidades, Zapatero y Sánchez, son ejemplos inmejorables de este tipo de ascensión resistible.

La crisis económica truncó la ascensión de Zapatero; la crisis política, tras las elecciones de 2015, estuvo a punto de hundir la de Sánchez, pero este exhibió entonces su principal baza, la capacidad de subordinarlo todo a su ambición de ganar el poder y de ejercerlo. Una oposición rotunda, escasamente argumentada, pero atractiva, el «no es no», le llevó a recuperar el poder en el partido. Dejó claro entonces que, bajo su mando, no habría conciliación alguna ni piedad para los rivales internos y que su legitimación para el poder residía en un dualismo similar hacia fuera, aplicado a la oposición del PP. Más pragmatismo con tal de permanecer. No iba a dormir con Pablo Iglesias en el Gobierno, pero pactó con él de inmediato tras las elecciones de noviembre de 2019 y se dispuso a recibir sus enseñanzas en cuanto a las ventajas de mantenerse en pie de guerra contra la oposición y de blindarse contra toda crítica al llegar la crisis de la COVID. Los bandazos en la gestión de la misma fueron cubiertos por la política de información, el cuidadoso alejamiento de toda compresencia entre su imagen personal y la de la pandemia, y el final relativamente feliz, que lógicamente atribuirá a los éxitos de su gestión.

De forma paradójica, es la salida de Iglesias del Gobierno lo que hace posible revelar un auténtico endiosamiento de Pedro Sánchez y la voluntad consiguiente de control omnímodo del sistema político. Más allá del caudillismo de partida, pasando del marketing de Redondo a la agresión permanente al otro con Bolaños, cuando entran en juego la decisión de resolver el problema de Cataluña y también la amenaza representada por un nuevo líder del PP, que no se presta al menosprecio de que fuera objeto Casado en la etapa anterior. Como ahora lo que está en juego es su mando, de forma aún más evidente tras las elecciones de 2023, Pedro Sánchez se ha visto empujado a culminar su subida a la cima de la infamia, acumulando las abyecciones que han provocado el caos actual, recompensadas eso sí al parecer con su permanencia en la Moncloa.

Caos en la política, no en su lógica de actuación, que casi nunca es fácilmente legible, y menos *a posteriori*, ya que el equipo de Pedro Sánchez, armado verosímilmente con un sólido respaldo informático, del tipo de la Bestia utilizada por Salvini en Italia, se ocupa siempre de imponer su visión y de borrar las propias pistas de esta primera abyección, el recurso sistemático a la mentira y al engaño, a una manipulación de la opinión pública que elimine la posibilidad de una información veraz, y consecuentemente de un debate libre. Lo que está sucediendo con la amnistía es un ejemplo de libro. Primero silencio, luego progresiva presencia en los medios como algo deseable, siempre ocultación de lo que tal amnistía representa, de su posible inconstitucionalidad, de sus consecuencias, para terminar como quien se acerca al *hap-*

py end de un *thriller*, cuando de antemano el policía estaba dispuesto a entregar sus armas al delincuente.

Más sofisticada fue la rectificación de la ley del «solo sí es sí»: había que contar con el PP para arreglar el entuerto y ocultar al mismo tiempo esa colaboración a fin de seguir satanizándole. Y más burda, la eliminación de responsabilidades por la manifestación del 8-M bajo la COVID, que partió de borrar los mensajes optimistas de Fernando Simón en sus preliminares. El bombardeo sobre la jueza que intentó esclarecerlas y la persecución del guardia civil investigador fueron las mejores pruebas de que muy pronto, al lado de la isegoría, la libertad de expresión y de información, era el Estado de derecho el que sufría una grave erosión.

Algo congruente con una segunda abyección, la práctica reiterada de la injusticia, tanto en la esfera internacional como hacia el interior. En la primera, hasta caer en el ridículo con la carta redactada por el propio Gobierno marroquí que sella el abandono por España de la causa saharaui. Y nada de meterse en problemas de derechos humanos, como el de las mujeres iraníes asesinadas, torturadas y encarceladas, mientras nuestro Gobierno «progresista» da gritos de vivan el feminismo y los trans locales, aprobando como colofón el «solo sí es sí». Nada tampoco de defender la exigencia de un Estado palestino hasta que llega el momento de surfear sobre la ola de una opinión antiisraelí. Aquí el Gobierno de Sánchez juega a fondo con sus medios domesticados, hasta niveles inverosímiles. Otro tanto sucede con la entrada en vigor de una Ley de Memoria Democrática que se refugia en la sombra de 1936 para fundamentar su maniqueísmo político, mientras olvida y justifica el legado que representa Bildu. Injusticia económica, con una condonación privilegiada de la deuda catalana, en detrimento de las restantes comunidades. ¿Y qué decir del episodio que remató la trayectoria, con el principal autor del intento secesionista de 2017, convertido en legislador de su propia impunidad? Es más, con la ayuda de Sánchez, en autor de su inesperada y triunfal resurrección política.

En detrimento también del sistema político establecido por la Constitución de 1978, convertida esta en un «marco» dentro del cual caben, hasta la humillación, todos los contenidos inconstitucionales, desde la amnistía comprada e impuesta para todo tipo de delitos políticos y económicos al desplazamiento del papel que la ley fundamental reconoce al idioma español o a la falta de todo respeto institucional por parte de agrupaciones políticas que forman parte del Gobierno presidido por Pedro Sánchez. «No se puede humillar al país», dijo cautelosamente García-Page cuando quería decir «humillar a España». Y humillar también a quienes aplicaron la justicia a los sediciosos y a todos los ciudadanos que en las comunidades periféricas permanecen leales al patriotismo constitucional cuya transgresión el Gobierno avala «por un puñado de votos», que diríamos citando al maestro Sergio Leone.

Permisividad que es signo de esa prepotencia que nuestro presidente exhibe en la foto oficial de la web de la Moncloa, donde es presentado a modo de poderoso *sex symbol* masculino. Pedro Sánchez es un seguidor primario de Carl Schmitt, que no necesita sofisticados argumentos para justificar su decisionismo por encima del orden constitucional. El argumento de que cambia de opiniones, es impreciso, ya que en realidad lo que cambia es su percepción de los propios intereses políticos, en función de la cual modifica la opinión emitida. Parafraseando la máxima de Ramón de Campoamor: nada es verdad ni mentira, todo es según el color del cristal con que él lo mira. Para imponer su concepción del poder, una vez sometidos el Legislativo y el Judicial, no necesita dar un golpe de Estado.

Con el «constructivismo» de Cándido Conde-Pumpido puede tener suficiente para dar la vuelta al «régimen de 1978», incluido el sistema electoral. En buen discípulo aquí de Pablo Iglesias, Pedro Sánchez ha aprendido la lección de los falsos plebiscitos, con el voto del PSOE reemplazando al de la ciudadanía sobre la amnistía y rizando el rizo, tampoco preguntándoles por eso a sus obedientes militantes, sino sobre el acuerdo con Sumar. El PSOE se desvanece así como partido, salvo para actuar siguiendo al pie de la letra sus dictados. Por aclamación, la cual, según el citado Carl Schmitt, estaba llamada a reemplazar al voto democrático.

No es cuestión de lecturas, sino de oportunidad para atender a su ambición, como en el caso de sus precursores políticos, Benito Mussolini y François Mitterrand. Al igual que sucediera con Zapatero, la ignorancia culpable facilita para Pedro Sánchez el ejercicio de un mando satisfecho de sí mismo. En primer lugar, ignorancia de derecho constitucional y de la historia, fuentes de inútiles problemas y explicaciones. Tampoco acerca de la economía —volvemos aquí a su conocido título profesional— se le ha escuchado nunca un argumento hilado. Con falsas evidencias y descalificaciones contra el adversario, tiene más que suficiente.

De nuevo en seguimiento de Pablo Iglesias, ha practicado con intensidad una nueva abyección, pensando en las condiciones requeridas para una vida democrática: la siembra del odio se ha convertido en una clave para el éxito del objetivo esencial de Pedro Sánchez, su perpetuación en el poder. Es la aplicación de lo que Ignacio Varela formuló en *El Confidencial*, al reproducir las expectativas de Pablo Iglesias, vampirizadas por Pedro Sánchez, del mismo modo que hace casi un siglo José Antonio Primo de Rivera se apropió de las ideas de Ramiro Ledesma Ramos.

El «teorema de Pablo Iglesias» unía dos ideas. La primera, que «la alianza estable de las formaciones de izquierda de ámbito nacional con todos los partidos nacionalistas de vocación disgregadora» proporcionaba una suma de votos imbatible, siempre que se estableciera «un cordón sanitario sobre la derecha democrática» (para lo cual Vox fue una bendición). Añadiríamos que ese afortunado planteamiento requería —y requiere— un maniqueísmo extremo, la satanización del conjunto de la derecha, para mantener en pie la coalición heterogénea de Gobierno; lo que puede llamarse «un país de enemigos».

La segunda idea de Iglesias consistía en que, una vez formada la alianza, la orientación desestabilizadora de Podemos e independentistas catalanes y vascos acabaría determinando la orientación, léase degradación, de la política propia del componente central, el Partido Socialista.

Desde el punto de vista de la prioridad otorgada por Pablo Iglesias a la erosión del «régimen de 1978», tal perspectiva se encuentra en vías de realización, gracias a la estrategia de salvación personal de Pedro Sánchez y a la importancia decisiva que el azar de unas elecciones ha otorgado a los partidos independentistas. Ocurre, sin embargo, que la deriva populista del bloque, que Podemos hubiera debido encabezar, en la visión de Iglesias, ha sido asumida por Pedro Sánchez, lo mismo que su premisa de satanización de la derecha, por lo cual ha sido el fundador de UP quien quedó desplazado.

Pareció despuntar el recurso de que, en su ceremonia de la confusión, cargada eso sí de ambición personal, Yolanda Díaz convirtiera a su arca de Noé en un instrumento político que enlazase con la función desestabilizadora que Iglesias pensó para Podemos, pero el vaivén de iniciativas radicales y nulidad de gestión ha dejado finalmente a Sumar en la nada.

El final catastrófico de la infamia no es seguro en el plano económico, ya que el legado de Nadia Calviño sigue siendo positivo, aunque resulte inevitable en el político. La más grave de las abyecciones, la subversión del orden democrático, es ya un hecho, como lo es un país partido en dos, y como lo es el armisticio con los independentismos, pagado a cambio de la puerta legalmente abierta y de la legitimación por la amnistía de su pasada rebelión de 2017 para que logren sus objetivos.

Dada la tiranía de las palabras y de los silencios, impuesta siempre por Pedro Sánchez, no existe la menor posibilidad de que nos cuente cuáles han sido sus compromisos efectivos sobre el referéndum de autodeterminación, o sobre qué piensa él hacer, supuesto que piense en algo diferente de su futuro personal. Por su astucia y falta de prejuicios, cabe temer que culmine la apoteosis, a costa de asentar su autocracia sobre un castillo de naipes.

Por el momento queda la duda, expresada por Borges para dar cabida a la incertidumbre sobre el futuro feliz que aguardaba en apariencia a uno de sus infames: «El Destino (tal es el nombre que aplicamos a la infinita operación mezcla de causas entreveradas) no lo resolvió así». Amén. (TO, 8-XI-2023).

13. El tránsito a la dictadura

El vuelco dado con la Ley de Amnistía determina un endurecimiento de la presión ejercida sobre la opinión pública, al mismo tiempo que la dignidad del orden constitucional es puesta a los pies del *expresident* Puigdemont. Autocracia y degradación van en lo sucesivo, siempre unidas.

Hay un error de valoración política que resulta necesario subsanar, una vez que los primeros pasos del nuevo Gobierno de Pedro Sánchez nos han dejado claros sus propósitos.

Ante todo, no hay que ver en el estado de cosas actual un punto de llegada, un sillón en el cual nuestro presidente descansará tranquilo, una vez superados los obstáculos que dificultaban su continuidad al frente del país. Si bien el interés personal jugó un papel esencial a la hora de forjar la trama de sus alianzas, con el único criterio de fondo consistente en rechazar y satanizar a todos sus adversarios, ahora se trata de ir más allá, consolidando los éxitos de su victoria mediante la construcción de un régimen político en el cual converjan su vocación de autócrata y la eliminación de toda posibilidad de alternancia en el poder.

Ahí reside el papel del Muro. La consecuencia no ofrece dudas: la democracia representativa resulta desvirtuada y emerge un poder personal, que no solo busca su perpetuación, sino el ejercicio de un mando absoluto sobre todas las instituciones del Estado.

A eso se le llama una dictadura, y a quien la ejerce, dictador. Son palabras que suenan tal vez excesivas, incluso para quienes critican con dureza la situación actual, pero el recurso a eufemismos tales como autoritarismo o populismo lleva solo a la confusión. Nadie duda de que Pedro Sánchez posee una personalidad autoritaria y cuando ese carácter psicológico ocurre —pensemos en casos como los de Mitterrand o Sarkozy en Francia—, pueden ser graves los roces con las instituciones y el espíritu de las leyes, pero la estructura del poder se mantiene incólume. En cuanto al régimen autoritario, tiene su lugar en la ciencia política, gracias a Giovanni Sartori, a pesar de su errónea asignación al franquismo, en el lugar intermedio entre la democracia y la dictadura, sea esta militar o fascista. Y no encaja. Por su parte, el populismo tiene diversas aplicaciones, casi ya como un cajón de sastre, y en nuestro caso, con la composición del actual Gobierno, y al ausentarse Nadia Calviño, tenemos todas las papeletas para que se dé la variante económica, pero aun así se trataría de la proyección de una autocracia donde esta fuese el elemento definitorio.

La intención de Pedro Sánchez es bien simple: ejercer el control absoluto de los poderes del Estado, sin dejar un resquicio al pluralismo, ni siquiera a sus seguidores inmediatos. No existe, ni en el Gobierno ni en el partido, un grupo dirigente, sino como vemos a través de TVE y de su prensa de obediencia estatal, un nutrido y eficiente equipo de fontaneros políticos que ejecutan las tareas para hacer técnicamente posible su mando, mientras de cara a los medios actúa un coro de acólitos con el encargo de repetir consignas y descalificaciones.

José Antonio Zarzalejos ha puesto de relieve la enorme concentración de poder que caracteriza al nuevo Gobierno, con Sumar de simple apéndice. En ese esquema centralizado, Félix Bolaños actúa como pieza clave y hombre-orquesta que al mismo tiempo dirige el equipo técnico-administrativo (Presidencia), controla los dos poderes que el Ejecutivo no duda en someter (Justicia y Cortes) e incluso oficia de corifeo, aquí en un doble papel de transmisor y de mastín frente a la oposición política. Consecuencia: en manos de Pedro Sánchez, el aparato del Estado asume un carácter similar al que en Italia marcó al conjunto de una famosa trama, a modo de una *piovra*, de un pulpo que emplea su cerebro y sus brazos para someter a su dictado y a sus intereses a todas y cada una de las organizaciones y elementos vitales del sistema político y de la sociedad civil.

La diferencia con las dictaduras clásicas reside en que no se trata de llegar al poder, y ejercerlo después, a partir de un golpe de Estado puntual, espectacular, convertido luego en dominación permanente, sino de conquistar el sistema desde el interior, proclamando siempre un inexistente respeto a la forma democrática. Solo al dar el total percibimos que el pluralismo desaparece, al modo de lo que tiene lugar en la Turquía de Erdoğan o en la Hungría de Orbán. De acuerdo con las pautas de la posmodernidad, nuestro dictador posmoderno acuña su poder absoluto mediante una secuencia de decisiones mutantes, cuya naturaleza es encubierta por el lenguaje. No se trata de destruir la democracia, sino de vaciarla por un procedimiento *soft* en apariencia, pero inexorable. La prueba del algodón resulta inequívoca: Pedro Sánchez manda sobre todo componente en el sistema político, hace del PSOE un obediente partido-Estado, busca someter por completo al poder judicial, no tiene reparo en copar con sus peones los puestos llamados por la ley a actuar con autonomía y descalifica brutalmente —por sí mismo y por su coro— toda denuncia contra su estilo de gobierno.

El fondo de la cuestión no ofrece dudas. De forma escalonada, vemos realizado el diagnóstico de Carl Schmitt: la Constitución es reemplazada por el decisionismo del líder. Las obsesivas referencias a «los intereses de España», a la «coherencia» de sus iniciativas, incluso al «agradecimiento» que mostrarán sus opositores, una vez tragado el aceite de ricino de sus medidas, nos informan acerca del previsible ingreso en la ilegalidad al que nos empujaría ese decisionismo, y de la degradación en curso del orden constitucional. Nada califica mejor a Pedro Sánchez de dictador que su rotundo rechazo, tanto al debate y a la participación plural en las decisiones como a permitir el derecho a la información de los asuntos de Estado, capital en toda democracia. A su juicio, para informar, es decir, para encubrir y edulcorar los propósitos del líder, ya están sus medios, TVE y una prensa —un periódico, el de mayor influencia, CIS *dixit*— que arruinan el prestigio antes ganado, poniéndose al servicio de una beligerancia y un consiguiente falseamiento comparables a los de los medios de comunicación del pasado siglo en la Europa de los fascismos.

No deja de pagarse un precio muy alto por ello. Tiene lugar la activación de una serie de responsabilidades culpables suficientemente probadas, que provocan una erosión en aumento sobre el sistema y los usos democráticos. Para mayor claridad expositiva, la desglosaremos en sus distintos componentes que podrían ser descritos al modo de unos insólitos siete pecados capitales políticos: la venalidad, la ignorancia, la mentira, la injusticia, la ira, el secretismo y la traición.

El primero, la *venalidad*, la compra reiterada de comportamientos políticos, supone tal vez la aportación más original de Pedro Sánchez al repertorio de formas de la acción política. El término tiene algo de impreciso, se refiere ante todo a un uso del Antiguo Régimen, y para designar la transformación de las relaciones habituales de intercambio de servicios y compensaciones en un pago descarnado de votos por poder, ignorando los intereses colectivos, sería más preciso hablar de prostitución política, pero la connotación peyorativa de la expresión aconseja renunciar a ello, aun cuando su realidad sea incuestionable. Esto ha venido haciendo desde siempre el PNV, hasta ayer, vendiendo su voto parlamentario a cambio de concesiones políticas y económicas, y esa ha sido la ley vigente en el bazar político que precedió a la reciente investidura.

La variante introducida por Pedro Sánchez es que él no vende su cuerpo, sino el cuerpo de la nación para pagar el precio de su poder. Ha recibido un conjunto de votos, a cambio de entregar intereses económicos y parcelas de Estado, de los cuales no le era lícito disponer, y además de acuerdo con una curiosa lógica neosocialista, consistente en enriquecer a las comunidades de mayor renta, en detrimento de las demás. Tal es el eje en torno al cual giran sus restantes pecados capitales.

El más inmediato es la *ignorancia voluntaria*, que hace

posible el deambular de Sánchez por los distintos problemas políticos, sin aportar nunca argumentos que fundamenten sus decisiones, y para dar giros de ciento ochenta grados en cuanto no se ajustan a sus conveniencias. Partiendo de su nebulosa tesis doctoral como economista, nunca ha salido de él un atisbo de análisis de situación, ni sobre el mundo ni sobre España. Otro tanto sucede en las demás ramas de la política. Repite siempre la falsa evidencia de que sus decisiones son beneficiosas para el país, y punto. Las entrevistas de RTVE son recitales en este sentido, con el único contenido de su permanente ataque el PP. La ignorancia le sirve así de patente de corso, que, para ser eficaz, necesita impulsar otra ignorancia, la de los ciudadanos.

Al atender a ese fin, entra en juego la manipulación de la opinión pública llevada al extremo, hasta el punto de instalarse permanentemente en la *mentira*, no solo en la posverdad, cuando el Gobierno tropieza con cualquier obstáculo. Así, después de designar Pedro Sánchez «el Muro frente a la ultraderecha» como clave de su política futura, en RTVE lo niega y acusa al PP de mentir por mencionarlo. Y tan fresco. En su viaje proamnistía a Bruselas, la falsedad propalada por Bolaños del interés «cero» de la UE por la futura ley forzó un insólito desmentido del portavoz europeo para expresar el rechazo a tal inhibición.

Los ejemplos pueden multiplicarse. Se trata de ejercer una intoxicación continuada, auxiliado el Gobierno por sus medios. Ejemplo: hasta Hamás dio a estos una lección de objetividad, en el canje de prisioneros de Gaza, mencionando a sus «menores» liberados por Israel, que en la primera versión de los titulares del diario global de Sánchez pasaban a ser «niños encarcelados» (*sic*) puestos en libertad. De que entre los rehenes israelíes liberados había verdaderos niños, de diez y doce años, ni palabra. Todo sirve para inyectar maniqueísmo en la opinión pública.

No hubo que esperar a la Grecia clásica para establecer la asociación entre verdad y justicia —concepto egipcio de *maat*— y la correlativa entre *mentira* e *injusticia*, reflejada ya en el célebre bajorrelieve persa del castigo a los reyes mentirosos. Asistimos aquí a la práctica de lo contrario. El caso más próximo y relevante es la mentira sembrada por el secesionismo sobre las supuestas razones del 27-O, ahora convalidada por Pedro Sánchez en el documento con Junts, cuyo relato legitima la injusticia que preside su política sobre el *procés*, culminada con una Ley de Amnistía donde los condenados se vuelven legisladores y quienes hicieron cumplir la ley pasan a la condición de culpables.

La lógica de inversión, habitual en el nazismo, pasa a ser la norma de actuación del presidente en este terreno, humillando a todos aquellos que frenaron la secesión catalana, desde policías y jueces hasta el mismo rey, y en sentido adverso confiriendo legitimidad a la sedición y abriendo paso a una nueva declaración unilateral de independencia. Si a esto unimos la estrategia de copar con fieles todos los órganos judiciales, y el significado de la inminente Ley de Amnistía, no queda duda alguna sobre el resultado perseguido: el fin de la separación de poderes y la quiebra de la democracia.

A pesar de sus avances registrados en tal dirección, Pedro Sánchez sabe que las últimas resistencias judiciales no han sido vencidas y su reacción es la misma que cuando fuera derrotado en un debate electoral: la *ira*. Lo suyo es aplastar al adversario y, por eso, asociado con el independentismo, ha elegido la vía de Trump, apoyándose en la táctica de difamación que patentara Pablo Iglesias y que UP sostuvo hasta el último momento en el «solo sí es sí»: los jueces «conservadores», instrumentos del PP y de Vox, son enemigos natos, dispuestos siempre a subordinar la justicia a sus miras reaccionarias, «judicializando la política». «Cuervos togados», en palabras del aliado Puigdemont. Acabar con ellos es también una cuestión personal, ya que se atrevieron a cuestionarle. De ahí que ahora la madre de todas las batallas sea el *lawfare*, la anunciada persecución como prevaricadores de los jueces que a su juicio y al de Puigdemont lo practican. De momento, asoman las comisiones de investigación. Luego, la aplicación de la amnistía será la ocasión para de paso lograr la sumisión definitiva del poder judicial a su Ejecutivo. La consolidación de la dictadura requiere el éxito de esta ofensiva.

El inconveniente reside en que esa consolidación de la autocracia en el Estado depende de unas fuerzas políticas, cuyo objetivo es precisamente la destrucción de ese mismo Estado. Su pretensión mínima es lograr una confederación de independencias subvencionadas, partiendo de la soberanía fiscal (fachada de falsa solución a la medida de nuestro hombre). Resulta, pues, indispensable que sobre esta cuestión capital, cuya realización implicaría el vaciado sin resquicios del orden constitucional, Pedro Sánchez imponga el *secretismo* de cara al conjunto de los ciudadanos. Es lo que estamos viendo, desde que se puso en marcha la negociación con «verificador», iniciada en Ginebra entre los representantes de Sánchez y de Puigdemont. Nos encontramos ante una reproducción puntual de los misterios del poder propios del absolutismo del siglo XVII, de los entonces llamados *arcana imperii*, renacidos en calidad de obstáculos insalvables para la libertad informativa.

Son insalvables y necesarios para que Pedro Sánchez «avance» en el camino tomado, ya que, de principio a hoy, las conversaciones de Ginebra con Puigdemont son contrarias a la soberanía nacional y a la Constitución de 1978, por mucho que en la negociación de los votos la presencia del Estado se disfrace detrás de la máscara del partido. Como si el PSOE estuviera en condiciones de negociar o acordar algo.

Siempre fraude. Lo aborda además de manera tan elocuente como esperpéntica, al entablar una negociación de Estado bilateral con un prófugo, responsable de una secesión frustrada que hubiera hecho añicos la vigencia del orden constitucional. Y con un mediador internacional, similar al que intentó imponer ETA en su día, para vigilar de cerca los incumplimientos del Estado respecto de sus compromisos con Puigdemont.

El formato prefigura el desenlace. De entrada, el Estado español renuncia a ejercer su soberanía en un asunto interno que cae de lleno en el ámbito de competencias fijado por la Constitución y lo somete, en vez de a las Cortes, a una mesa de negociación bilateral, en pie de igualdad con un prófugo sedicioso, a quien se devuelve para ello *de facto* la condición de *president* de Cataluña, ya que de otro modo no tendría sentido tratar con él de un asunto de Estado.

La figura efímera del verificador extranjero confirma la impresión de estricta bilateralidad entre España y Cataluña, siendo encargado como figura *super partes* de vigilar y garantizar el cumplimiento de «los acuerdos dirigidos a alcanzar una solución política negociada del conflicto». Así que hay dos partes iguales y un «conflicto» a resolver. Octubre de 2017 ha ganado. La soberanía española, las Cortes y la Constitución se desvanecen, ya que, como está sucediendo con la amnistía, el Congreso se limitará a servir de cámara de registro a lo que sea decidido en Waterloo.

En el fondo ya está dicho todo: a falta de conocer las modalidades y el fraude de ley que lo haga posible, solo cabe la solución final de un referéndum de autodeterminación para Cataluña, más o menos enmascarado. Sánchez no podrá engañar ya a nadie, porque necesita los votos y Puigdemont, aunque quisiera, no puede soltar la presa. Toda renuncia es para él un suicidio político y tiene colgado a Sánchez de su puñado de votos. Pere Aragonès no va a quedarse atrás.

Sánchez necesita secreto, para no suscitar el estupor de los ciudadanos. Así intenta esconder su juego, pero esto no impide que su silencio avale lo revelado y exigido por Puigdemont: el referéndum, trampeando con el artículo 92 de la Constitución Española. Esto significa ni más ni menos que la puesta en peligro del propio Estado por la ambición de un gobernante, que al obrar así prescinde de todo condicionamiento derivado de la Constitución. Pedro Sánchez tiene la obligación de saber que esta es reformable, pero nunca por un atajo extraparlamentario que la margina totalmente. Y no olvidemos la «claudicación incondicional» ante el PNV, de que habla Juan M. Pemán. Solo por el procedimiento adoptado, en el Antiguo Régimen lo hubieran calificado de alta traición. Por algo los gobiernos de Pedro Sánchez están empeñados en que los españoles no sepan historia. Su única baza, esa sí bien utilizada, será el enfrentamiento de Junts y ERC.

En suma, la decisión de negociar con los independentismos, realmente en el marco de la Constitución, lo mismo que explorar a fondo las medidas de gracia aplicables a los delitos del *procés*, hubiera sido congruente con el diseño pacificador de un gobernante demócrata. Otra cosa fue abrir esa caja de Pandora, hasta el punto de cuestionar la propia estructura del Estado, de acuerdo con los deseos de sus destructores potenciales, y simplemente para asegurar la supervivencia como autócrata. El dilema es obvio: dictadura o Constitución.

La alternativa existe en el plano de las ideas, y en mayo de 2024 la formuló un antiguo dirigente eurocomunista, hoy alineado con el PSOE. Su doble eje de reflexión, subrayando la necesidad de un entendimiento entre socialdemócratas y conservadores, y la crítica de los excesos de un liderazgo absorbente, de un «hiperliderazgo», involuntariamente designaban a Sánchez, lo mismo que ese día hizo Felipe González en una entrevista televisada, no en RTVE, por supuesto.

Al presentar en el Ateneo de Madrid su libro *La democracia expansiva*, prevaleció la cautela habitual de Nicolás Sartorius para no ir por caminos que pudieran llevar a la crítica del Gobierno. Si la clave del progreso social en Europa, comprobable por el balance positivo del periodo evocado, era el entendimiento (en el conflicto) entre las dos grandes corrientes democráticas, la conclusión debiera ser obvia. La actual política de Pedro Sánchez supone una abierta negación de ese planteamiento y, en consecuencia, favorece la regresión social y el auge de la extrema derecha. Va en contra de esa orientación gracias a la cual se consolidaron el Estado de derecho y la Unión Europea. La divisoria entre conservadurismo y reacción es, a este respecto, capital. Por algo los partidos conservadores son las principales víctimas del auge de la ultraderecha.

Otro tanto sucede con la advertencia del autor sobre las condiciones que debe reunir un partido democrático, tanto para atender al proyecto de transformación del capitalismo como para afrontar la difícil situación actual. El gran peligro, apunta Sartorius, es el hiperliderazgo, cuando la facultad de decisión se encuentra centrada exclusivamente en una persona que controla todos los resortes del poder y anula la vida política en el interior de su partido. Intencionadamente, y no con buena intención, el orador acudió al ejemplo de la frase de Alfonso Guerra de que «el que se mueva no sale en la foto», hoy inmejorable para designar la condición de dependencia absoluta del PSOE respecto de Sánchez. Conclusión, extraída del pasado sindical: en un verdadero partido democrático, quien no se mueve es el que no debe salir en la foto. No hubiera estado de más citar el caso Lambán, pero obviamente Sartorius no lo hizo. Del mismo modo que, en su planteamiento general, falta toda consideración seria sobre el reto a Occidente y a los derechos humanos que representan «el enigma chino» (*sic*) y su aliado ruso. Viejas rémoras.

En la invitación, los organizadores, de la línea *El PaíselDiario.es*, incluyeron una cita mía relativa al autor, donde yo afirmaba que durante la Transición él había sido la gran esperanza fallida del comunismo democrático (en el PCE e IU). En el libro *La democracia expansiva*, y al presentarlo, Nicolás Sartorius ha venido a confirmar por qué fue esa esperanza y por qué la misma no llegó a hacerse realidad. La coherencia en los análisis de Sartorius queda siempre envuelta en cautela e inhibición a la hora de ser aplicados y sobre todo de enfrentarse a un marco de poder que no encaja con aquellos. Acababa aceptando aquello de lo que discrepaba, tanto bajo el mando de Carrillo en el PCE como cuando pensaba que Anguita era «un desastre» para IU y siguió admitiendo su jefatura. Las memorias de Francisco Bustelo son elocuentes al respecto.

Por azar, dos horas después del acto en el Ateneo, los espectadores de Antena 3 tuvieron la ocasión de contemplar el desmantelamiento de la figura política de Pedro Sánchez, a cargo de Felipe González. Felipe había sido la otra cara de la izquierda, la socialista dominante, a partir de 1975, y comparando ambas, teniendo en cuenta los respectivos discursos del 23 de mayo, podían entenderse muy bien los divergentes resultados obtenidos por una y otra.

Con un amargo sentido del humor, el expresidente socialista iba aplicando sus juicios a los sucesivos problemas, siempre desde una consideración teórica previamente establecida, pero sin eludir el enlace entre análisis y concreción del diagnóstico. Los cuatrocientos golpes propinados por González al hombre que «está en el Gobierno», pero no gobierna, explican así la distancia establecida entre una política basada en el criterio de elección racional y una reflexión como la de Sartorius, cuyas conclusiones requieren ser extraídas más allá del texto de quien las fundamenta.

Es lo que sucede con el concepto de «hiperliderazgo», oportuno para designar una forma de dirección caracterizada por el exceso en su práctica y por el consiguiente sofocamiento de las energías de la organización que le está sometida. Con una grave consecuencia adicional: el hiperliderazgo abre la puerta a la introducción de condicionamientos estrictamente personales en la toma de decisiones. Tal cosa es evidente en Pedro Sánchez con el papel central desempeñado por el odio. Acaba de suceder. Sánchez ha estropeado de golpe una coyuntura especialmente favorable por la victoria del PSC en Cataluña, que le permitía augurar resultados beneficiosos, sustituyendo la crispación por «el diálogo» con los conservadores. Nada de eso. De inmediato volvió a practicar esa «política del fango», de insultos y descalificaciones que aparenta denunciar, por el asunto de su esposa.

Visiblemente odia a Feijóo, que se atrevió a ganarle en votos, como debió odiar a todos aquellos que se opusieron a su acceso a la jefatura del partido, borrándoles del mapa. Y diríamos que odia a Israel, vista la intensidad de una toma de posición celebrada por Hamás que olvida por entero el 7-O, al no incluir en el reconocimiento una llamada a la liberación inmediata de los rehenes. Con la indignidad añadida de no condenar la bárbara declaración de Yolanda Díaz sobre Palestina entre el río y el mar, en sintonía con la organización terrorista. Podemos ha secundado el golpe y la ministra Robles lo refrenda desde su sectarismo y desde la ignorancia de lo que es en rigor un genocidio. Al lado de la satanización del partido conservador, la de Israel —colocándose al lado de Hamás— se convierte en eje de la demagógica campaña electoral europea de Sánchez. Es algo que venía apuntando: con tal de ganar votos, le da igual fomentar el antisemitismo.

El hiperliderazgo de Sánchez se refleja también en la asombrosa falta de coordinación que muestran sus últimas iniciativas fallidas (ley sobre proxenetismo, ley del suelo). Tendrá, como informa un exdirector de *ABC*, un departamento con más de cuarenta asesores, encargados de asegurar la unidad del discurso, el argumentario uniforme para su coro de papagayos, y cientos más, pero se ha mostrado incapaz de superar la esperpéntica fractura en las votaciones del Gobierno y los desacuerdos con los aliados. Solo importa su permanencia en el poder, aunque no se vaya a ninguna parte. En cuanto al PSOE, sirve para obedecer y movilizar. Lejos de sus miembros la funesta manía de pensar en nada por cuenta propia. Su vida política es nula.

La victoria del PSC en las elecciones catalanas, conviene insistir en ello, proporcionaba una ocasión óptima para ir hacia una victoria del PSOE en las europeas, presentándose además como portavoz del sosiego político, sobre el ejemplo de Salvador Illa en Cataluña. Pero no hay diálogo que valga para Pedro Sánchez. Su obsesiva vocación de partir a España en dos mitades le lleva una y otra vez a identificar al PP con Vox, aun cuando toda la ultraderecha mundial se viene a Madrid para respaldar a Santiago Abascal, ante el peligro visible de que el voto de la derecha regrese al PP. Es un ciego voluntario. Su mentira reviste una extrema gravedad, al potenciar a Vox y situar al centro-derecha como enemigo a destruir para sus seguidores.

Así una y otra vez: basta que Feijóo plantee dudas sobre la adscripción de Giorgia Meloni, como Von der Leyen, para que Sánchez se lance sobre la frase para descalificarle por enésima vez. Obviamente no ha leído a Sartorius cuando este habla de la convergencia competitiva de socialdemócratas y democristianos como fórmula del progreso político en Europa. Claro que tampoco Sartorius se lo recuerda. Quien sí recuerda a la presidenta del Congreso que debe callar a

Feijóo es Sánchez, desde el banco azul. Ningún otro signo define mejor su vocación de dictador, su desprecio hacia la división de poderes. Cabe pensar que confía en que llegue el momento de la institucionalización de su dictadura, a costa de la libertad de prensa y de la independencia judicial.

La marea negra avanza ciertamente en Europa, y las elecciones en la UE han venido a probarlo, pero Pedro Sánchez no es un obstáculo, sino todo lo contrario, un dirigente sectario que impulsa y legitima su presencia en España. (TO, diciembre de 2023 a mayo de 2024).

14. Anatomía de una dictadura

El avance en el procedimiento judicial iniciado sobre Begoña Gómez por el juez Juan Carlos Peinado ha provocado el desbordamiento de todos los diques de contención. Pedro Sánchez afirma su preeminencia sobre todos los poderes del Estado y anuncia un proyecto consiguiente de restricción de libertades bajo el rótulo de «plan de regeneración democrática».

El balance es desolador. Parece incluso que estamos a las puertas del apocalipsis. Partiendo de una cuestión de fechas, al culminar la ofensiva gubernamental contra el juez Peinado, Teresa Ribera llega a la conclusión en *El País* de que «nos estamos jugando el Estado democrático». Solo tiene como prueba aquello de que la culpa es del PP. A pesar de lo cual, cabe admitir que su estimación es acertada, si bien en el sentido opuesto. Pedro Sánchez no se encuentra en un «avispero jurídico». Nos está metiendo en un avispero donde su vocación dictatorial busca la destrucción de todo aquel que se le oponga, sin reparar en los medios. No ocasionalmente, sino configurando un régimen a su medida. A eso se dirige el susodicho plan.

Nadie que conozca el modo de proceder de Pedro Sánchez podía esperar una atenuación de su ofensiva política por efecto del revés en las elecciones europeas. Es un resuelto antidemócrata. En Francia, cuando un representante del área de Gobierno es derrotado en unas elecciones siendo diputado, pierde el escaño. El presidente de la república o el primer ministro toman nota de la desafección popular. En España, para el mismo caso, el derrotado en las urnas es ascendido, como los expresidentes autonómicos de Canarias y Baleares, o el alcalde de Burgos, a ministros o a presidenta del Congreso. El pueblo se ha equivocado y Sánchez no duda en castigarle por ello. Él está por encima de la voluntad expresada por los ciudadanos, y su conducta tras la derrota en las europeas del 9 de junio lo refleja claramente. Si los españoles le manifiestan mayoritariamente el desacuerdo por su política, actuará en sentido contrario, sobre todo creando las condiciones para que en el futuro esa derrota no se repita. Tratará de remover los obstáculos institucionales y legales que desde el orden constitucional amparan la actitud opositora y ponen límites a su arbitrariedad.

Es lo que están haciendo en otras partes del mundo gobernantes autoritarios como Narendra Modi en la India o Viktor Orbán en Hungría: imponer en todo momento su voluntad al marco normativo en que se desarrolla su actuación, convirtiendo la división de poderes en papel mojado. A eso se llama, en sentido estricto, construir una dictadura desde un marco democrático. No es cuestión de preferencias o de condenas, sino de rigor analítico.

«No hay peor ciego que el que no quiere ver», sentenciaba el viejo profesor Enrique Tierno Galván. Y por eso no hace falta sino fijarse en el cúmulo de contradicciones transformistas de Pedro Sánchez para hacer balance de su ejecutoria, partiendo de la caída de Damasco por obra y gracia de Puigdemont en la mal llamada Ley de Amnistía. Anotemos su ausencia de una sola idea al ceder siempre ante la presión de los independentistas para maximizar las concesiones. El caos inexplicable de su política sobre el Sáhara y Marruecos. Su rechazo insistente y sin excepciones a respetar la convivencia y las normas al uso en el funcionamiento de la democracia representativa. La información de los medios del Estado, reducida a propaganda agresiva. La brutal reacción a los recientes casos de corrupción próximos al Gobierno, tratando de taparlos a toda costa y de utilizarlos incluso como un bumerán contra la oposición. Su interesada pero absurda insistencia en identificar Vox y PP cuando todos los ultras del mundo vienen a Madrid para potenciar al primero contra el segundo. La implantación de una guerra civil de palabras, partiendo la nación en dos, cuando nada en la realidad española lo justifica.

No hay otra conclusión razonable, sino que estamos ante un comportamiento contracorriente de Pedro Sánchez en Europa, ignorando precisamente esa marea negra que dice combatir para hacer de ella un protagonista que legitima su transformación de nuestra democracia en su dictadura.

En primer lugar, por cuanto Pedro Sánchez ejerce su capacidad de decisión como presidente, sometiendo las instituciones de los poderes legislativo y judicial a su voluntad, con una ignorancia deliberada de los límites impuestos tanto por la norma como por el espíritu de la ley. En la acción y en el gesto: recordemos su desprecio chulesco al Congreso cuando se debatió la mal llamada Ley de Amnistía, o las manos en los bolsillos durante el encuentro con el rey.

A continuación, porque asienta ese poder excepcional sobre una manipulación sistemática de la opinión pública, utilizando los medios del Estado y los afines para imponer una bipolarización de las conciencias, causante de un ambiente de contienda civil larvada. Desde la mentira y el engaño, convertidos en lanzaderas para la agresión al enemigo político. Nunca una explicación, siempre la invectiva.

Una dictadura compatible con el privilegio, exigido por sus socios catalanes con la vulneración de la igualdad ante la ley con la de Amnistía, para mantenerle en el poder. Sin pudor por su parte al aceptar «la singularidad» catalana, una «soberanía fiscal» que destruiría el principio de justicia interterritorial.

Dictadura que responde de manera implacable al más mínimo brote de oposición personal o colectiva, buscando su eliminación por todos los medios. Es la lógica del panóptico, de la vigilancia generalizada para responder de inmediato a cualquier transgresión de su orden. De ahí la comparación con el personaje de Gene Hackman en *Sin perdón*, antes que con el criminal *malgré lui* de Al Pacino en *El padrino*.

Dictadura y gansterismo político también, ya que ese ejercicio personal e ilimitado del poder abre la puerta de modo inevitable a la corrupción por parte del gobernante o de quien se siente protegido por él. Con la consecuencia de una espiral de ulteriores ilegalidad y agresividad para bloquear los efectos de cualquier indagación judicial sobre aquella. Casos Koldo y Begoña Gómez. De la impunidad a la satanización.

Y como último efecto, en este descenso a los infiernos, la persecución individual, hasta la destrucción, de quien se atreva a esgrimir la ley en su contra. Se convierte en blanco y en ejemplo para incautos. La agresión adquiere un sentido didáctico, intimidatorio. Muestra: el linchamiento de que acaba de ser objeto el juez Peinado, sin un solo argumento, literalmente acribillado reproduciendo las técnicas de destrucción personal que patentara el *Völkischer Beobachter*, ahora a cargo de probados demócratas. Con éxito. Es que este juez es «un payaso», me decía una persona inteligente tras reconocer sin reservas los indicios de corrupción. Todo menos mirar de frente a la realidad. La difamación ha logrado generalizar el envilecimiento en las valoraciones.

El éxito es en ese sentido casi total por lo que concierne al PSOE, con García-Page como ínsula de dignidad. La explosión de lucidez de Felipe González no ha tenido repercusión alguna en un partido que carece de toda capacidad política, que no sea la de movilizarse con entusiasmo a las órdenes de su líder. El intelectual colectivo pasó a ser desde hace tiempo un rebaño obediente, sin parangón en ningún otro partido democrático de Occidente. Tal vez los republicanos de Trump. Disciplina absoluta y recompensas a la militancia fiel lo garantizan. Y la sorpresa es que se han apagado los intentos de autocrítica que despuntaron a finales de 2023, en el Círculo Fernando de los Ríos y por veteranos próximos a Alfonso Guerra. Pareció que iban a plantear iniciativas concretas, pero hoy por hoy lo único perceptible es su silencio.

No parece tampoco que la asociación Juezas y Jueces para la Democracia vea nada grave en lo que está sucediendo en las relaciones entre el poder ejecutivo y el judicial. Así reconducen una cuestión que concierne al Estado, no a las ideologías, hacia el terreno buscado por el Gobierno: siempre progresistas frente a conservadores y reaccionarios. Algo cuya inconsistencia conviene resaltar. La extrema derecha sí es un referente concreto. En la izquierda, quedarse en la etiqueta identitaria de «progresismo», cuando ahí están esgrimiéndola Nicolás Maduro, Daniel Ortega y otros amigos americanos de Zapatero, es tanto como elegir la confusión.

La sensibilidad ante los grandes problemas, tanto políticos como culturales, dista hoy de ser una seña de identidad de los españoles, a diferencia de la Transición. Del mismo modo que los miles de profesores de Historia asistieron en silencio a la ocultación del arte bizantino en Turquía por las conversiones de basílicas en mezquitas por Erdoğan, y que los miles y miles de hiperactivas feministas callaron ante la brutal represión de las mujeres en Irán, la mayoría de nuestros constitucionalistas renuncian a pronunciarse sobre los riesgos que la política de Pedro Sánchez suscita para el orden constitucional en España. Hay notables excepciones, como el libro colectivo *La amnistía en España*, animado por Manuel Aragón, exmagistrado del Tribunal Constitucional, pero son excepciones. Fue precisamente un juez amigo quien, al preguntarle por la causa de la situación actual, me respondió sin dudarlo: la pasividad.

A pesar de la gravedad de la situación, con Sánchez dando los primeros pasos de su ofensiva o «plan de regeneración». Va más allá del propósito de Jacobo I, con los jueces como leones bajo el trono. Quiere que sean perros de presa bajo su mando. Álvaro García Ortiz, en calidad de fiscal general del Estado, pudiera estar respondiendo a esa beligerancia requerida, con su descalificación de los cuatro fiscales disconformes para evitar —en sus palabras— que el Poder Judicial se oponga a la decisión del Legislativo, y con el supuesto aval a la difusión de los datos fiscales del compañero de Ayuso.

La otra batalla, muy hábil por discreta, pero no menos decisiva, consiste en sustraer a los jueces la instrucción de los casos Koldo y Begoña Gómez, llevándolos al «limbo europeo» del que habla José Antonio Zarzalejos. De ser sorteados ambos obstáculos, vendrán las leyes contra la autonomía de los jueces y contra los «bulos», esto es, contra la libertad de expresión. El ingreso de España, paso a paso, en un régimen dictatorial, se verá asegurado.* (TO, 18-VI-2024).

---

* Los medios al dictado de Sánchez son los que no dudan en propagar y mantener bulos. Veamos un ejemplo. En vísperas de las elecciones francesas, el diario *Le Figaro* publicó una encuesta donde planteaban aprobar o rechazar la propuesta del futbolista Kylian Mbappé, capitán de la selección, para las inmi-

15. LPS. El Lenguaje Político de Pedro Sánchez

En *La lengua del Tercer Reich*, Victor Klemperer destacó la importancia del lenguaje a la hora de configurar los comportamientos y las mentalidades: «El lenguaje no solo crea y piensa por mí, sino que guía a la vez mis emociones, dirige mi personalidad psíquica, tanto más cuanto mayores son la naturalidad y la inconsciencia con que me entrego a él. Las palabras pueden actuar como dosis ínfimas de arsénico: uno las traga sin darse cuenta, parecen no surtir efecto alguno y al cabo de un tiempo se produce el efecto tóxico».

Correspondió al nacionalsocialismo darse cuenta de este fenómeno, aplicando de modo sistemático sus prescripciones al establecimiento y consolidación de un poder totalitario. A partir de ahí, los epígonos de Hitler y de Goebbels utilizaron la receta con distintas variantes, intensidades y rigor. En la vertiente opuesta, el otro totalitarismo creaba también desde la Revolución de 1917 su lenguaje propio, con su arsenal de palabras, prohibiciones y sustituciones obligadas, y la pretensión de utilizarlo como instrumento para forjar el *homo sovieticus*. Lo hacía desde un esquematismo más rígido, fundado incluso con más intensidad so-

---

nentes elecciones de «votar contra los extremos». Di un sí y me picó la curiosidad de ver cómo se trataba el tema en España y lo primero que encontré, al frente de la edición online de *El País*, fue el titular: «Mbappé llama a votar contra la ultraderecha en un "momento crucial" para Francia». Les hice notar en un comentario la falsedad de su información. Al constatar que la mantenían, incluí la cita literal de las palabras de Mbappé: «No hay diferencia entre los extremos, porque son ideas que dividen. Yo estoy por las ideas que reúnen». Pedí por favor una rectificación en nombre de la verdad. Ni caso: la mentira era demasiado rentable. Les recordé la definición de «bulo» por la RAE: «Idea falsa propalada con algún fin». Mañana del lunes: sigue el engaño, presidiendo la primera página. Bulo contra verdad. A partir de ahora, regirá la norma establecida para el caso: habrá unos bulos buenos, progresistas, cuando el infundio sea propagado al servicio del Gobierno, mientras toda noticia veraz que le moleste será calificada de bulo y perseguida.

bre la prohibición y el castigo que sobre la captación y la manipulación.

En ambos casos, la formación del neolenguaje procede del encuentro de la voluntad expresada por un líder o un partido de ejercer un control ilimitado sobre la vida política y social, con el reconocimiento de que ese es un objetivo inalcanzable desde el pluralismo ideológico. Surge siempre de una pulsión antidemocrática. La información, la argumentación y la simple propaganda ya no sirven; debe entrar en juego una manipulación sistemática. Algo hoy ya factible, utilizando la inteligencia digital. El modelo adoptado por el Gobierno de Pedro Sánchez responde plenamente a esta exigencia. No son ya los viejos «fontaneros de la Moncloa», sino un copioso *braintrust*, constituido en centro de asesoramiento y formación del discurso del presidente para ese fin.

La puesta en práctica de un enfrentamiento permanente con la oposición, casi una guerra fría, y el carácter mecánico de su funcionamiento, han sido los factores que impulsaron la formación de un lenguaje político característico del Gobierno de Pedro Sánchez. Debe servir para respaldar en todo momento y de modo automático sus decisiones, prescindiendo de razones y argumentos, así como desautorizar las críticas de cualquier oponente, vistas de antemano como reaccionarias.

La transmisión a la sociedad es piramidal. Pedro Sánchez anuncia las grandes decisiones y tomas de posición, tras él casi siempre Bolaños asume el papel de transmisor principal, y su mensaje es repercutido a coro en forma de consigna o titular por los ministros afines al tema. Repetirán incluso sus mismas palabras. Para preparación del terreno antes y aclaraciones posteriores, refrendando siempre de modo estricto las posturas del Gobierno, entran en escena los medios afines de televisión y prensa, con el diario *El*

País en el cometido especial de ganarse a las élites, proporcionando los argumentos que el Gobierno al parecer omite. Un circuito cerrado de comunicación, sin margen alguno para la disidencia.

La cristalización de las comunicaciones emitidas por el Gobierno, dando lugar a un neolenguaje propio, resulta una condición primordial para atender a su propósito de ejercer un constante dominio imperativo sobre la escena política. La fijación de las palabras es necesaria, primero para uniformar las ideas y los comportamientos en su masa de seguidores, y a continuación para asumir una posición dominante, cerrada al debate, en la confrontación con opositores y discrepantes. Con el enemigo, no se discute; se le aplasta.

Por eso el repertorio conceptual y terminológico del LPS, el lenguaje de Pedro Sánchez, es muy reducido. Se mueve en torno a un único eje, con el polo positivo adscrito al presidente y a sus actuaciones, progresismo, convertido en un auténtico mantra, llave mágica para justificarlo todo, y un polo negativo, reservado para cualquier crítica, y sobre todo para la oposición, acusada de ser enemiga del progreso, reaccionaria: es la ultraderecha, PP y Vox, con el primero como blanco principal. El progresismo consustancial al Gobierno lleva a suponer que toda actuación es positiva para el país, de acuerdo con lo que expresan dos eslóganes recientes: «El PSOE cumple» y «España avanza».

Frente a ello, toda actuación del PP refleja su esencial negatividad. Así, las críticas dirigidas contra acciones del Gobierno, en la acogida al opositor González Urrutia, son denunciadas como ataques del PP a España. También es este el culpable si sus aliados no le votan su ley no negociada de extranjería o los presupuestos. En este punto, la solemnidad de la condena se desliza hacia lo grotesco cuando la poco agraciada portavoz del PSOE acusa a Feijóo de ser un hombre «avinagrado».

Si Sánchez se entrevista con Giorgia Meloni, es un acto de Estado; si la visita Feijóo, prueba con ello ser de extrema derecha. El tratamiento de sus declaraciones y propuestas por los medios gubernamentales, incluido el más prestigioso, aplica la receta que los consejeros nazis proporcionaron a los alevines de la profesión con Franco, que vinieron a darles lecciones de lo que luego sería el NO-DO: los mensajes republicanos solo podían ser reproducidos si eran deformados y ridiculizados. El ambiente político deviene irrespirable. No importa. La razón suprema de la precaria alianza gubernamental se ve apuntalada: que nunca gobierne la derecha.

Ante todo, el vértice del poder no debe desgastarse. El progresismo, y su cabeza, el presidente Sánchez, no han de ser sometidos a prueba. De ahí que nunca haya explicación para las decisiones. Tomemos las tres más importantes de los últimos tiempos, dos de las cuales, la amnistía y el concierto catalán, contradicen de lleno las posiciones anteriores del PSOE. En el nivel superior, el del espada, el cambio llega de sopetón; preparado en todo caso por la cuadrilla, por los medios afines. El buen fin lo justifica todo, sin atender a obstáculos políticos o legales.

La amnistía, cuenta Sánchez al Comité Federal de su partido, no al Congreso de Diputados, traerá la concordia y cerrará heridas. La «singularidad» fiscal catalana, siempre para su Comité Federal, responde a una insatisfacción, y es un simple cambio de «modelo». Mentira clamorosa. El plan de regeneración democrática sí será presentado al Congreso, porque no hay nada que votar, pero el gato encerrado aquí es que la hojarasca de medidas está al servicio de un objetivo central: el control de los medios.

Llegados a este punto, se acaban el encubrimiento y la mentira sobre las nuevas leyes, y entra en juego la lógica de inversión de los significados, con el despliegue de un vocabulario acusatorio. La «intervención» de los medios tendría como causa la proliferación de bulos, por pseudoperiódicos que montan contra el buen Gobierno una política del fango. Mantras, esta vez negativos, mil veces repetidos por voces del Gobierno que, sin demostración alguna, legitiman la vocación punitiva de Sánchez. Toda crítica resulta satanizada, así como la oposición, su instigadora.

El código de señales de descalificación resulta ilustrativo. Bulos, contra la positiva actuación del Gobierno; pseudoperiódicos, desinformación frente a la buena prensa: ambos sirven de base a la política del fango, opuesta a la política de verdad, progresista, encabezada por Pedro Sánchez. Por eso la acción de todas las fuerzas del mal se dirige contra su persona. El amplio espectro de medidas de su anuncio tiene por núcleo un objetivo de salvación personal. El LPS adopta la lógica de inversión de significados que el nazismo lleva a la máxima expresión en el *Arbeit macht frei* de Auschwitz, partiendo del propio título del plan de regeneración democrática.

La construcción de un lenguaje propio va más allá de las palabras. Klemperer no descubrió el lenguaje del Tercer Reich con la lectura, sino asistiendo a un desfile nazi. También en el caso del LPS, y aplicando ya un criterio científico, este abarca todos los niveles de la comunicación, desde el gesto y el vestido del presidente al juego de sus presencias y ausencias, e incluso a la regulación encubierta para las informaciones por televisión.

Horario tardío sin transmisión directa, más ausencia del propio Sánchez del voto, permitieron, en abril de 2023, esconder la colaboración del PP en la reforma del «solo sí es sí», contra medio Gobierno, presentada a la opinión como meramente «técnica». Al día siguiente, la guerra podía seguir. El lenguaje, y del lenguaje forman parte los silencios, se convierte así en instrumento privilegiado y en espejo de un sistema de dominación

Los dioses y la mentira

La consecuencia no puede ser otra que el imperio de la mentira, convertida en protagonista permanente del discurso del Gobierno, al servicio de la omnipotencia de su presidente.

El 6 de mayo de 1938, la visita de Hitler a Roma selló la alianza entre las dos potencias totalitarias, abriendo el camino hacia la Segunda Guerra Mundial. El encuentro de los dos dictadores fue tratado en clave de humor por Charles Chaplin en *El gran dictador* y desde el ángulo de intrahistoria dio lugar décadas más tarde a la magistral evocación de Ettore Scola en *Una giornata particolare*. Conocemos de primera mano el entusiasmo de Mussolini por lo que representó para él ese día especial, gracias al diario de su amante Clara Petacci. La unión con Hitler, refrendada por el entusiasmo de la multitud, le había creado un sentimiento de omnipotencia. «Éramos dioses sobre las nubes», resumió.

La metáfora resulta adecuada para reflejar experiencias mucho más recientes de endiosamiento del poder, desde la apoteosis de Xi Jinping en el último congreso del Partido Comunista de China a la explosión de alegría de Donald Trump al conocer su victoria en las elecciones presidenciales de Estados Unidos o, ya en la esfera doméstica, la apoteosis organizada por Pedro Sánchez en honor de sí mismo, con ocasión del Congreso del PSOE en Sevilla. En los tres casos, nos encontramos ante un líder que desborda los límites de la celebración en la cual se presenta como la expresión democrática del sistema o la institución a que pertenece. Una herencia que arranca del triunfo, estrictamente regulado para el jefe militar victorioso en la Roma republicana. Nuestros líderes máximos de hoy triunfan desde sí y para sí mismos, y partiendo de esa óptica están dispuestos a ejercer el poder.

El caso de Pedro Sánchez supone una radical novedad en

el panorama político, dentro de la serie de hiperliderazgos que han cobrado forma en las últimas décadas, tanto desde la derecha (Erdoğan, Modi, Orbán) como desde la izquierda (Maduro, Ortega). Todos ellos han optado por sobrevolar las nubes, en el sentido de establecer una distancia insalvable entre sus intereses y los del conjunto de los ciudadanos, lo cual confiere a su ejercicio del poder el sentido de una experiencia gozosa. Al modo de Hitler y Mussolini hace un siglo, *mutatis mutandis*, disfrutan de su posición excepcional, y la celebran y fomentan de modo casi obsesivo ante la opinión pública. Son dictadores satisfechos, muy contentos de haberse conocido a sí mismos. Nuestro Pedro Sánchez es un buen ejemplo de ello, con su incesante presencia ante la opinión, ofreciendo una continua exhibición de trajes ajustados, gestos de satisfacción y sonrisas enlatadas. Todo un figurín, buscando en cada momento y en cada pose ser atractivo, desesperadamente, como Madonna en el viejo film. La política es Él.

Mirada desde un observatorio exterior, nuestra experiencia es fascinante, aunque no lo sea tanto para vivirla. Desde el punto de vista político, Pedro Sánchez, con la ayuda de su aparato técnico, ha conseguido abordar y resolver las grandes cuestiones de Estado desde la pura y estricta mentira. En todo régimen político, y de modo especial en los dictatoriales, nunca está ausente la propaganda, llegando en estos últimos a franquear la línea roja del engaño y de la mentira. De modo sistemático en los fascismos, hasta convertirse en siniestra obra de arte con Goebbels, retratado con rigor por Joachim A. Lang en *El ministro de propaganda*. Pero en Goebbels, la mentira acompaña, muchas veces a pesar suyo, a las decisiones de Hitler.

En Pedro Sánchez, la mentira es por sí misma la protagonista de la historia, prepara e inspira sus decisiones, no las sigue. Estas responden a un único propósito: su consolidación en el poder, frente al adversario visto como enemigo, y por ello no resultan de una elaboración ideal previa. Él es la dimensión teleológica de su política. No hay detrás un *Mein Kampf* ni los editoriales en *Il Popolo d'Italia*. Solo la cortina de nubes, la mentira que justifica sus próximos movimientos dirigidos a esa finalidad, estrictamente la satisfacción de sus intereses personales, en respuesta a las demandas que van surgiendo.

Ninguna muestra mejor que la peripecia experimentada por la Ley de Amnistía, donde Pedro Sánchez llevó a su máxima expresión aquello de acción sin ideas, con la mentira y el engaño como acompañantes, ya que él sabía de antemano en cada fase lo que iba a hacer, anunciando lo contrario. El punto de partida fue considerar en 2017 que «clarísimamente ha habido un delito de rebelión» (*sic*), juicio rubricado durante la campaña electoral de 2019 al exigir que Puigdemont fuese extraditado y juzgado en España.

Al entrar en juego la mesa de diálogo con Aragonès, pone ya en primer plano su supervivencia, sin replicar a las durísimas censuras y exigencias del catalán. Pero todavía en vísperas del 23-J afirma que «el independentismo pedía la amnistía y no la ha tenido». La tendrá, en cuanto los votos catalanes sean necesarios para su investidura. El 5 de octubre de 2023 reconoce estar negociando el perdón a los líderes del *procés* y empieza a valorarla como «una forma de superar las consecuencias judiciales de la crisis»: ya no hay rebelión ni sedición, y con un ilustrativo eufemismo asume la crítica independentista a la judicialización. Unas semanas más tarde, da el paso final, no ante el Congreso, que sería lo lógico por la entidad de la materia, sino jugando en casa, por hablar en términos futbolísticos, ante el Comité Federal del PSOE. Sin argumento alguno: la amnistía es necesaria «en nombre de España y en defensa de la convivencia».

Ha cambiado de opinión siempre que ha querido, todo

depende de un decisionismo puro y duro, nunca ha permitido un debate y una información democráticos para abordar la cuestión, y ha utilizado, entonces y todavía más en lo sucesivo, la mentira y el engaño para encubrir sus verdaderas posiciones. Puigdemont pasa así de delincuente por juzgar a un interlocutor privilegiado, redactor de la ley que lo amnistía, para, finalmente, convertirse incluso en hombre invisible y hazmerreír de la justicia española con su aparición en Barcelona. Y sigue dictando la ley, aun simbólicamente, al imponer que los tratos con el Gobierno tengan lugar fuera de España. Indignidad.

Otra cuestión crucial, el acuerdo con ERC para la investidura de Illa como presidente de la Generalitat se atiene a la misma regla de comportamiento y encubrimiento. Para empezar, el acuerdo Gobierno-ERC se disfraza de *acord* PSC-ERC, con lo cual Sánchez podrá jugar con el tema, de cara a su militancia y a la oposición, como si no tuviera que ver en el asunto. Así, en el Congreso de Sevilla plantea un programa de financiación autonómica, renunciando a la ordinalidad, para satisfacción de García-Page, sin que ello afecte en nada a los tratos que prosiguen sin interrupción entre Gobierno y ERC (más Puigdemont).

Mentira, en este caso por omisión de la verdad. Para cerrar el círculo con la ceremonia de la conferencia de presidentes en que se gana el silencio de los mismos con la quita de sus deudas, sin abordar lo esencial y el toque final, entre líneas y borrado en la Moncloa, de la firme intención de delimitar las competencias fiscales de las autonomías, tema en el que Illa dispara directamente contra Ayuso. Con la falacia de esgrimir la «bilateralidad compatible con la multilateralidad», resulta escondido el problema capital de la «soberanía fiscal» acordada para Cataluña y cobra forma la ofensiva contra el gran enemigo, Madrid. La mentira permite darle la vuelta a la situación, pasando como le gusta a Sánchez, al ataque.

Todo está pensado como pura maniobra, incluso dejar en la sombra en un primer momento al ministro del ramo, Óscar López, en el reciente problema sobre Muface, a quien no hay que desgastar para su ofensiva anti-Ayuso. Un simple problema de cifras en las subvenciones y todo resuelto, si la protesta de los afectados no lo impide. Viene a cuento la reflexión contenida en una fábula escrita bajo Carlos III contra un ministro: «Que son jinetes malos, los que no nos gobiernan sino a palos».

Los dioses, o el dios de turno, decide arbitrariamente ante sí y por sí, sin detener su mirada en unos ciudadanos, reducidos a puntos insignificantes, vistos desde las alturas, como en la noria de *El tercer hombre*. Los tales dioses se creían grandiosos, como sus sucesores, y eran pura y simplemente unos miserables que incumplían la primera exigencia para todo Gobierno: atender a los intereses del conjunto de sus administrados. La arbitrariedad y la mentira son incompatibles con la democracia.

También lo es, como puso de relieve Felipe VI en Roma, cualquier intento de regresar a ese siniestro pasado común de España e Italia, que para esta alude al endiosamiento del líder fascista, antes reseñado, causa para Italia del desastre de la contienda mundial, y para España se refiere inequívocamente a la Guerra Civil. El azar ha querido que tan oportuna recomendación coincida con el lanzamiento por nuestro diosecillo local —más bien diablo de cuerpo entero— de una campaña dirigida a darle la vuelta al 18 de julio, sumiéndonos en una absurda guerra imaginaria con el único propósito de seguir machacando al «país enemigo» para justificar su poder.

Olvida deliberadamente, como tantas otras cosas, que la Transición fue fruto de la reconciliación nacional, perfectamente compatible con el establecimiento de la verdad histórica, pero no con una memoria unidireccional y con el espíritu de revancha. En los términos del discurso de Felipe VI, volvemos a ese pasado como indeseable caricatura, cada vez más cargada de peligros. (TO, noviembre-diciembre de 2024).

16. Huyendo de la catástrofe. La dana

Pedro Sánchez nunca afrontará un reto de modo directo, y de paso, dicho en plata, al tropezarse con una situación difícil de la cual pueda salir perdedor, nunca jugará limpio. A veces podrá simplemente salir del paso con una larga cambiada, como sucedió una y otra vez en los temas de Venezuela (de Delcy a González Urrutia) o encontrará una cortina de humo (la condena injusta que recaería sobre Griñán, tapadera de los ERE). En un primer momento, al despuntar la basura que rodea al caso Koldo, nos lanzamos sobre la pareja de Isabel Díaz Ayuso, y caso en apariencia resuelto. Pero si el asunto se complica, presentándose como muy grave e ineludible, no dudará en utilizar los recursos del Estado para buscar una transferencia de la responsabilidad al otro, el adversario o el crítico, seguida de la intención de destruirle. La prioridad es en todo caso salvar la propia cara. Lo hizo a lo largo de la crisis de la COVID y tal fue su primera reacción al tener conocimiento de la catástrofe de Levante, el 29 de octubre: que se ocupe la autoridad autonómica y que pida ayuda.

Luego, al comprobar que esa autoridad, el *president* de Valencia, se autoinculpa con su lamentable actuación y entra al trapo de asumir la responsabilidad, la tarea resultó fácil. Fue el destinatario de la protesta popular y Sánchez asumió el cómodo papel de benefactor lejano que proporciona recursos extraordinarios para atender a los damnificados.

Como en La Palma: recordemos su discurso del 23 de diciembre. Eso no supone que evitase atacar con ira a quien le ataca de modo directo. Él hubiera intentado no realizar una pronta visita a las poblaciones siniestradas, como hizo Franco con la riada de Valencia en 1957, pero por culpa del rey tuvo que ir a Paiporta, topándose con la protesta popular, dirigida por algunos contra él en un intento de agresión. En modo alguno podía aceptar que era el fruto de la angustia nacida del desastre. Tenía que ser el efecto de una conjura del enemigo de siempre, la extrema derecha. Puso en marcha una respuesta policial y judicial, vía Marlaska, acabando en el ridículo. Pero el episodio no deja por ello de ser ilustrativo de su total renuncia a la empatía con los sentimientos populares.

El 29 de octubre de 2024, la dana llevó a Valencia la muerte y el horror, también algunas enseñanzas políticas que no hay que olvidar, sobre quienes no ejercieron sus responsabilidades, por parte del presidente del Gobierno y de quien dirige la Generalitat valenciana. Cabe señalar dos dimensiones diferenciadas en lo ocurrido: una es la que concierne al medio natural, también con implicaciones políticas, sobre la falta de prevención (muestra: el famoso barranco de la muerte); otra toca a las decisiones y omisiones del 29 de octubre y días sucesivos.

De entrada, la primera responsabilidad, tocante a la vicepresidenta Teresa Ribera, ha sido hábilmente eludida por ella, primero practicando el método sanchista de la ausencia, forma de que el pueblo no te señale con su protesta, y sobre todo en un discurso-río en el Congreso, supuestamente explicativo, donde afloró su responsabilidad por omisión en cinco palabras, sin que nadie se lo señalara. Le fue fácil decir que su plan ya previsto de encauzamiento no lo llevó a cabo por límites presupuestarios y por «criterios ecológicos». Y marchó de inmediato para Bruselas.

Pedro Sánchez se ha superado a sí mismo, como maestro en disimular su presencia cuando sobreviene una crisis cuya gestión le puede resultar costosa. Se vio en el curso de la COVID, eludiendo verse nunca asociado con la muerte; se acaba de ver cuando el caso Ábalos pasa a su lado como si hubiera sucedido en otra galaxia, y se ve en la tragedia valenciana, al mostrar una inhibición prepotente, rehuyendo la responsabilidad que hubiera debido asumir por la magnitud de los sucesos y la manifiesta imposibilidad de encontrar soluciones con los medios propios de una sola comunidad. Y por cierto, las riadas también afectaron a otras comunidades. La legislación vigente se lo autorizaba, la realidad se lo exigía y la coartada de que no quiso interferir en las competencias de la Comunidad Valenciana resulta impresentable habida cuenta de su permanente decisionismo.

Prefirió cargar todo en la cuenta de Carlos Mazón, con la eficaz colaboración del presidente valenciano, irresponsable pertinaz, siguiendo Sánchez la pauta ya adoptada en el curso de la COVID, cuando tras una presión de Iñigo Urkullu se instaló en una cogobernanza sin marcha atrás que le eximía de tomar decisiones impopulares desde el Gobierno.

La tardanza en la llegada del ejército para acciones asistenciales y los también increíbles diez días de retraso en pedir ayuda a la UE —¡al parecer, tampoco fue pedida!—, que la ofreció el mismo 30 de octubre, son pruebas inequívocas de culpabilidad, como lo es el escondite de Mazón la tarde del 29. Si acepta la oferta de este, le toca lo que no desea: asumir responsabilidades. En otro orden de cosas, no es menos grave otra exhibición, esta vez de mentira y de odio, al atribuir las protestas airadas de Paiporta a una inexistente conspiración de grupos de ultras. No hemos visto la imagen del palo que golpea la espalda de Sánchez, según Marlaska, y sí el barro lanzado contra su automóvil, tal vez de insospechado potencial destructivo.

El círculo se cierra con la indignidad política, al rehuir Pedro Sánchez, lo mismo que la vicepresidenta del ramo, la explicación debida al Congreso. Se va a Bakú a hablar del clima en la COP29 y allí se lucirá como ecologista opuesto al calentamiento y a Trump. Para eso serviría bien la vicepresidenta que ahora va a ascender en Europa, y que como otros miembros del Gobierno imitó a Sánchez en su inasistencia a los lugares siniestrados. No cabe mayor desprecio soterrado a la democracia. A los ciudadanos y a las víctimas. El presidente es así, y además acabará ganando esta partida.

Viene en su ayuda el PP, que ha renunciado a la depuración de su presidente de la Generalitat, ausente sin causa al llegar la dana. El 29 de octubre de Carlos Mazón no necesita más esfuerzos suyos de aclaraciones de verosimilitud dudosa, aunque ha seguido ofreciéndolas a cada cual peor, hasta la última de que la comida fue abonada por su partido. Ha venido a probar aquello de que no existe alternativa a Pedro Sánchez, porque la gestión del PP es todavía más lamentable; en circunstancias extremas como las pasadas, letal para los ciudadanos. Por mucho que Mazón lo repinte o encuentre justificantes válidos, el fondo del relato, con un *president* voluntariamente aislado durante una interminable comida, para la oferta de cargo por la Generalitat, pagada por el PP. Rocambolesco: la opinión pública se lo cobrará.

El PP ha asumido pagar el coste electoral, pasando página en Valencia y permitiendo que Sánchez pase de la democracia, eludiendo toda explicación al Congreso de lo que no hizo y debió hacer. A circunstancias excepcionales, medidas excepcionales. Incluso afectando a la normal vida democrática. El acta de acusación debe serle presentada a él en el Congreso. De otro modo, la dimensión política de la memoria sobre la tragedia se limitará a la imagen de Mazón, con sus inconsecuencias y el chaleco color rojo, premiado por el pueblo que en masa exige su dimisión.

El PP dejó pasar la ocasión ofrecida por la citada exposición de Teresa Ribera en el Congreso, con las cinco palabras explicativas sobre la inacción de su ministerio. Y Sánchez y los suyos, Robles incluida, indemnes una vez más. La mejor memoria de la catástrofe que pudieran desear.

Con el paso del tiempo, a pesar de las angustias de una población carente de ayuda, le bastará anunciarlas como «potenciales» en su discurso del 23 de diciembre. Cuidándose muy bien de no ir él por allí, la ira de los valencianos siguió volcándose sobre el popular Mazón.

Pedro Sánchez es siempre previsible. Las que no son previsibles son las consecuencias de sus actuaciones para aquellos afectados por las mismas; trátese de un grupo, de un individuo o del conjunto de la sociedad española. Salvo una, la que le concierne a él a título personal, ya que siempre saldrá indemne, justamente porque conseguirlo es la clave de su comportamiento político. Nunca aceptará haberse equivocado.

Recapitulemos. De entrada, Sánchez no quería asumir el riesgo de visitar unos lugares, Paiporta y Chiva, en los cuales el balance de destrucción y muerte había alcanzado niveles máximos, y sobre todo mal se justificaba la visita cuando la ayuda no había llegado. Pero para evitar esta primera aceptación de la realidad, accedió al deseo del rey. Luego sucedió lo que sucedió: la indignación cedió paso sobre el barro de Paiporta a los gritos y a las agresiones, tampoco muy graves, y Sánchez optó juiciosamente por retirarse, mientras los reyes seguían en la dura y ejemplar tarea de, por lo menos, consolar e incluso llorar con los afectados. Estos no estaban solos.

Unos vándalos trataron de agredir a Pedro Sánchez, pero no eran esos grupos organizados de ultras que evoca ahora la versión presidencial. En Paiporta hubo indignación general y agresividad minoritaria, con lo cual la citada versión es deliberadamente mendaz, pero le sirve a Sánchez para borrar el hecho innegable de la razón de la protesta, de su carácter popular, y también para omitir el merecido elogio a lo que hicieron y soportaron los reyes.

La generosidad no forma parte de su repertorio moral. Esa ausencia le permitía, además, aplicar a la crisis su tesis sobre la dualidad irreversible de la situación política en España: en todo y para explicar todo, progreso contra reacción. La complejidad del mundo real no existe y, por ello, el intento de tenerla en cuenta para hacer política resulta innecesario.

Es una ignorancia pragmática. A diferencia de las hijas de Lot, Pedro Sánchez nunca mira hacia atrás y se opone por todos los medios a una revisión a fondo de aquello que ha realizado. La experiencia de estos días repite la más extensa de los años de la COVID, cuando afrontó el desastre del tardío diagnóstico de la situación para autorizar el 8-M. Le salió bien, como la nube de inepcia y corrupción sobre las mascarillas, con su número dos al frente. No solo el Gobierno funcionó mal, algo inevitable en parte, sino que su entorno se forró con la muerte. Lo ha puesto de relieve un juez, pero era obligación de su Ejecutivo haberlo investigado y sacado a la luz. Ni pensarlo.

Ahora sucede lo mismo con la inacción ante la dana. Con cargarla, y con razón, sobre los inexplicables errores de Carlos Mazón le basta, más por supuesto declarar que todo se hace bien, aunque salga rematadamente mal.

En el plano técnico solo había una solución: la aplicación del estado de alarma, que asigna al Gobierno la competencia de responder a las catástrofes, por la simple razón de que es el único que, como estamos constatando, tiene recursos para afrontarlas, de acuerdo con la Constitución y la ley de 1 de junio de 1981. «Si quieren ayuda, que la pidan» es la frase que define la actitud de Sánchez, quien renuncia de buena gana a asumir la responsabilidad de jefe de Gobierno y no le molesta que se estrelle el presidente de la Generalitat. Como este juega al principio el juego, todos satisfechos, menos lógicamente los ciudadanos, los cuales pagan la enorme factura de ese vaivén de competencias. Y con el intercambio ya en curso de acusaciones y réplicas, salvo para Mazón, las responsabilidades quedarán en el aire.

Es obvio que esa indeterminación en las competencias podría ser superada en el futuro mediante una reforma de la Constitución en sentido federal, pero está claro que Sánchez para nada piensa en ello. No le es rentable a corto plazo. Nadie tampoco desde la oposición es capaz de recordarle este tema crucial.

El azar ha querido que, al mismo tiempo que la dana, ha dado un paso más hacia la configuración dictatorial, y paradójicamente fragmentada, del Estado, al elegir el nuevo consejo de RTVE. En el plano político, lo esencial con ese voto urgente era asegurarse su control férreo y satisfacer a los aliados separatistas y antisistema, dejando fuera a la derecha, en contra del espíritu de la Constitución. Es decir, dar un paso más en sentido contrario a lo que requería el balance de la catástrofe.

En el mal trago de Paiporta, lo esencial era encontrar a los ultras que le ofendieron. Operación fallida. No ha leído o no quiere acordarse de *Fuenteovejuna*. (TO, 19-XI-2024).

17. Una rebelión constitucional

Una estampa muy frecuente en las secciones de humor de los años treinta era la de la Niña, esto es, la República. En una de ellas aparecía cubierta de rasguños y esparadrapos, y enfrente de ella estaba otra niña mal encarada. Un señor le preguntaba a la primera qué le había ocurrido, por qué estaba malherida, y la niña agresora se adelantaba para responder: «¡Ha sido ella misma, por perjudicarme!».

El cuento es aplicable a la crisis presente. Un espectador que atienda solo a las declaraciones del Gobierno y a los medios bajo su control, podría pensar que la extrema derecha de raíz franquista (Vox), secundada por la derecha irrecuperable (Feijóo y el PP), ha emprendido sin razón alguna la cruzada contra la continuidad de un «Gobierno de progreso», presidido por Pedro Sánchez. Previsible Gobierno que cuenta con la mayoría progresista —Junts y PNV incluidos— de los españoles. Frente a ellos, pues, solo cabe encontrar a reaccionarios enemigos de esa mayoría, y como lógica consecuencia, de la democracia y de «la diversidad de España».

Al ser tal la situación, desde este enfoque, ni por supuesto los portavoces del Gobierno ni los corifeos que se pronuncian a favor suyo en sus medios, caso de *El País*, por no hablar de RTVE o la SER, se detienen a examinar en qué consisten los acuerdos con independentistas que permitirán a Sánchez gobernar, y menos se asoman a rebatir los argumentos de quienes, de forma «estruendosa» a su parecer, tratamos de explicar por qué España se encuentra hoy en una situación límite.

Situación límite, porque supone la culminación de una singular trayectoria del Gobierno. Arrancó de la formación de la alianza PSOE-Podemos en enero de 2020, clarificada con la retirada de la máscara de radicalismo prestada por Pablo Iglesias y que por fin alcanzó su máxima concreción al verse Pedro Sánchez al borde del abismo tras su derrota electoral de mayo. Después del 23-J lo que pasa ahora a estar en juego no es el mayor o menor grado de autoritarismo en la actuación del presidente, sino la propia supervivencia del orden constitucional por efecto de su inevitable destrucción. La causa no es otra que la rendición sin condiciones del Estado, decidida por el presidente en funciones con el fin exclusivo de mantenerse en el poder.

La caracterización del estilo de Gobierno de Sánchez se desliza así en ese recorrido, a partir de su innata propensión al caudillismo, hacia el sultanismo del tipo Erdoğan, con la puesta en práctica de una estricta subordinación a su mando de los poderes legislativo y judicial, una dictadura, para desembocar en su desbordamiento, cuando asume reiteradamente un comportamiento autoritario para imponer siempre sus mandatos, frente a leyes y jueces que se le resisten. El Tribunal Constitucional resultaría así degradado, al servicio del Gobierno, hasta el papel del abogado torticero que siempre figura en las películas clásicas del género negro.

En esta etapa final, no ha tenido lugar un repliegue, sino una exacerbación de semejante deriva. De un lado, jugando a fondo con su versión totalitaria de la información, consistente en el uso sistemático, digitalmente regulado, de la mentira, la ocultación y el engaño (más la descalificación) para que los ciudadanos asuman su visión maniquea del conflicto político. Este resulta privado de contenidos, salvo para resaltar el enfrentamiento entre su progresismo innato y el reaccionarismo del enemigo, ya no adversario. Nada de informar, ni de argumentar, ni de debatir. Por otra parte, en ese vaciado de los contenidos de la democracia, procede a asumir la lógica de destrucción del orden constitucional que buscan sus aliados, a quienes está dispuesto a vender, uno tras otro, fragmentos de Estado a cambio de un puñado de votos. En el caso de Sánchez, no se trata de «el Estado soy yo»; ya que por sus objetivos personales no duda en convertirse si es necesario en el anti-Estado, por lo que concierne a la preservación del Estado constitucional.

El séquito intelectual de Sánchez tiene una sola cuerda en su violín: el acuerdo es la única vía, cualquiera que sea el juicio sobre su contenido, para establecer un clima de convivencia con Cataluña, léase con el independentismo. Cualquier otra opción supone perpetuar el conflicto. La primera objeción ante tal propuesta es que un grave problema político, surgido de la voluntad independentista de fracturar el orden constitucional, no puede encontrar solución sin que los sediciosos de 2017 asuman la necesidad de respetarlo en lo sucesivo. Públicamente o de modo inteligible. No importa cuales pudieran ser las concesiones por ellos alcanzadas. Y aquí el barco hace agua por todas partes. Para empezar, en el plano simbólico, la negociación del acuerdo tiene lugar en el domicilio del principal culpable de la secesión y bajo un cuadro que la exalta, reconociéndole una representatividad que no le corresponde (bastaría con tratarle de eurodiputado). El delincuente político transformado en anfitrión de la democracia que trató de destruir, y preparándose a dictar la política de Madrid con su mando a distancia.

De este modo, el Estado se humilla a sí mismo, haciendo entrega de su propia dignidad, a modo de prólogo del establecimiento de un relato grotesco del proceso, perfectamente unilateral, sobre el origen de una crisis retrotraída a 1714. Algo así como si Estrasburgo reclamase a Francia por su integración en 1681 o Polonia protestara por su partición en el siglo XVIII. Más la inevitable culpa del PP y el no menos inevitable reconocimiento de la justa frustración catalana que llevó al 1-O. Claro que a partir de ahí se justifica la amnistía, con el pequeño inconveniente que ello equivale a asumir la culpabilidad de las instancias gubernamentales que a todos los niveles se limitaron a cumplir las disposiciones derivadas de la Constitución de 1978, incluido el voto del 155 por el PSOE. Más allá de la exoneración de responsabilidad de todos los implicados en el *procés*, Pedro Sánchez asume en su plenitud la humillación del Estado democrático y triunfa el héroe romántico que huyó, camino de Bruselas, oculto en un maletero. Más esperpento imposible.

Por vez primera en la historia europea, el sedicioso elabora la ley que garantiza su impunidad pasada y futura. Algo tan aberrante que resulta explicable la dificultad para entenderlo por parte de la UE. Por añadidura, con su siembra de engaños y mentiras, Pedro Sánchez está tratando de convertir esa pretensión de conocimiento en algo inalcanzable. Tal es siempre su táctica.

La amnistía es ajena a la Constitución, pero ha sido impuesta por un hombre decidido a mantener su poder por encima de todo. Este es el centro de la historia y nos remite a que el trágala de la amnistía y del acuerdo pírrico con Cataluña revelan la naturaleza del Gobierno de Pedro Sánchez. Hoy por hoy, estamos ante una dictadura montada sobre el decisionismo y la manipulación, dejando a la vida democrática vacía de contenido, porque al margen de que las instituciones no hayan sido abolidas, tal y como sucede también en la Turquía de Erdoğan, y en otros países, de Marruecos a Rusia, dictador es aquel que ejerce el poder por encima de toda la normativa vigente, y del respeto tanto a sus valores como a los derechos políticos de los ciudadanos. La forzada fidelidad lacayuna de un partido, el PSOE, que perdió toda iniciativa política y se mantiene como simple soporte burocrático del decisionismo dictatorial, a modo de partido-Estado, cierra el círculo de la autocracia. Por si hubiera alguna duda del camino que toman las cosas, ahí está el invento trumpista del *lawfare*, el ataque a muerte a la independencia judicial, nueva prueba de que aquí manda Puigdemont, sacado de la miseria política para oficiar de hacedor de reyes. Y más que eso: en lo sucesivo, la sede del poder legislativo español se encuentra localizada en Waterloo. Da la impresión de que Puigdemont se divierte, tirando de los hilos con los que controla el teatro de marionetas que le ha regalado Pedro Sánchez.

Con el agravante de que esta vez esa deriva dictatorial no lleva a una construcción política centralizada, al modo de los fascismos, sino que por el enfeudamiento de Sánchez con los partidos independentistas y antisistema (el populismo de Sumar va por esa vía, aunque camino de la nada), crea las condiciones para la destrucción del orden constitucional y, a fin de cuentas, del propio Estado.

No solo queda abierta la puerta para la independencia catalana, moral y políticamente, sino asimismo, por rechazo, de la vasca, aunque a medio plazo todo tiende hacia la confederación. Por eso Bildu calla a favor de la corriente. En ambos casos, no existen límites para las concesiones, ni para la anunciada restauración del pase foral del Antiguo Régimen (veto vasco a eventuales leyes españolas), la letra del Estatuto por encima de la Constitución, ni para la concesión de privilegios económicos a Cataluña que destruyen el principio de justicia fiscal y de solidaridad que hasta ahora rigió para las relaciones económicas en el Estado. Los pedazos entregados de la Constitución, tal y como sucediera con el tema de las lenguas en el Congreso, se dan al ritmo de rebajas de enero a cambio de votos, hasta para el escaño gallego. La conclusión nos lleva a la política del absurdo, como si alguien introdujera en el Código Penal el delito de que niño muerde a perro: un presidente del Gobierno vende fragmentos de su propio Estado, con el concurso fraudulento de sus compradores.

No se trata de pensar que la crisis catalana de 2017 se resolvería solo con rigidez y condenas generalizadas. Lo que resulta absurdo, insisto, es que se inviertan las relaciones de responsabilidad generadas entonces, y sea legitimada la posibilidad de una repetición del 27-O. Entre tanto, los independentistas desmantelan paso a paso el orden constitucional y nuestro dictador posmoderno consigue lo único que quiere:

seguir en el cargo. Ahora tiene también otra presidencia que preservar, la de Salvador Illa en Barcelona: a pesar de su ambigüedad, representa el único freno observable para detener la desagregación del Estado. La espectacular subida de sus votos, la inferioridad a que se vio reducido el dúo Junts-ERC y el desplome del negociador independentista, ERC, respaldan esa ventaja parcial alcanzada.

Arcadi Espada ha subrayado el núcleo político del pacto PSC-ERC, al mostrar hasta qué grado Sánchez ha hecho entrega de la soberanía que la Constitución adscribe a la nación española, en su punto dos del acuerdo PSC-ERC: «Estos acuerdos deben responder a las demandas mayoritarias del Parlament de Catalunya, que representa legítimamente al pueblo de Catalunya». Al parecer, el Parlamento español no lo hace, y por si hubiese dudas ahí está la figura impuesta del relator, al servicio de las exigencias del hombre de Waterloo. En fin, el tipo que participa en la ceremonia en nombre de Sánchez acepta que en el acuerdo figure la exigencia del referéndum de autodeterminación, al parecer amparado, según el texto, por el artículo 92 de la Constitución, reducida al papel de fantasma que solo se aparece en ese momento para avalar una mentira. Como diría un castizo, se han pasado.

¿Qué hacer? Ateniéndose a la distinción establecida por Octavio Paz entre «revuelta», movilización acéfala contra el poder, «revolución», cambio radical en las relaciones de poder, y «rebelión», movilización determinada contra una opresión y por un objetivo, esta última es la única vía posible, con una doble finalidad de cortar la deriva dictatorial de Sánchez y restaurar la vigencia de la Constitución de 1978. Habrá que repasar la lista de medidas sugeridas por Gene Sharp en *De la dictadura a la democracia*, y, sobre todo, darse cuenta de que la pelea política es metafóricamente a muerte, en cuanto a restauración de la democracia frente a su lógica del decisionismo y de la deconstrucción constitucional.

Movilización permanente, esfuerzo público generalizado para deslegitimar sin violencia una gestión anticonstitucional, establecimiento de alianzas con grupos sociales inseguros que aún no perciban lo que nos estamos jugando, entre otras cosas, evitar mediante la firmeza un enfrentamiento civil irreparable como el que Pedro Sánchez viene promoviendo. Feijóo acertó por una vez. Las elecciones son necesarias. (TO, 5-XII-2023).

IV

LA FACHADA PROGRESISTA

La acción exterior es el aspecto donde se aprecia con mayor claridad la subordinación de toda política a las conveniencias de Pedro Sánchez, aun cuando para el espectador prevalezca la dimensión de líder anglófono y seductor, cuyo atractivo potencia de cara a Europa el papel de España. La señora Von der Leyen es el mejor ejemplo de esa buena prestación.

El contenido es otra cosa, ya que por una parte Sánchez no tiene demasiadas ideas propias, y por otra, como sus actuaciones se destinan al consumo interior, cuida mucho las presencias, y en especial las declaraciones. Todo depende entonces de la dirección y de la intensidad del viento. Así, cuando Rusia invade Ucrania, parte de una manifestación de dolor por la pérdida de vidas humanas, y si bien condena la violación del derecho internacional, no hablará de guerra. La simpatía se intensifica cuando Kiev toma la iniciativa hasta la segunda mitad de 2023. Luego, silencio. En ningún momento se dirige a la opinión española para alentar una movilización de solidaridad con la nación invadida. Y España llega a situarse en segundo lugar, después de China, en la compra de gas ruso que reexporta a la UE. Luego silencio, hasta la respuesta a Trump.

Mucho más activo se muestra en la solidaridad con Palestina, al conocerse la política de destrucción de Gaza, emprendida por Netanyahu, mientras que, en un primer momento, tras el 7-O, la reacción no es en modo alguno la requerida por la barbarie de Hamás. Modula las instrucciones sobre información a los medios afines, hasta el punto de que alguna vez es Hamás quien le rectifica con una información veraz, y no tarda en felicitarle por sus tomas de posición, triste elogio. El conflicto con Israel era inevitable. Toma la iniciativa de los dos Estados, para lo cual no necesitaba esperar tanto, busca apoyo en otros países europeos con poco éxito y desde su presidencia de la UE, inacción. Luego, Netanyahu le da la razón. Siempre la imagen por delante de la realidad.

La imprevisión domina sus primeros pasos ante Marruecos, viéndose sorprendido por la durísima reacción de Mohamed VI por la atención sanitaria en abril de 2021 al líder saharaui. A partir de ese momento, y hasta hoy, el rey ha decidido tomar el juego en sus manos, sin que Sánchez haya tenido en cuenta la psicología árabe. Una primaria regla es la de guardar la cara, o wajh, respetar y hacerse respetar, no asumir la humillación a que el dominio del otro en la partida te va a someter. De otro modo, estás vendido y el que tú declares, mirando a España, que has ganado, solo lo agrava.

Mohamed VI puso el listón alto: ampliación de aguas territoriales hasta casi Canarias y puñetazo sobre la mesa de la invasión de Ceuta por miles de jóvenes marroquíes (mayo de 2021). Para cambiar la situación, en marzo de 2022, Sánchez decidió un giro copernicano en el tradicional apoyo a la posición de la ONU sobre la ocupación marroquí del Sáhara, no limitándose a aceptar de golpe la solución de la soberanía marroquí, con una etérea autonomía para el Sáhara. Además, al modo de la futura Ley de Amnistía, elogió los esfuerzos de Marruecos por resolver el problema «en el marco de la ONU».

Tal vez era preciso hacer de necesidad virtud, rindiéndose a cambio de control de la inmigración. Pero el procedimiento fue insólito y humillante: asumir el Gobierno español como propia una carta de reconocimiento de la solución marroquí, redactada visiblemente en Rabat, a juzgar por los galicismos, donde Sánchez decía tener un ministro de Asuntos Europeos (sic), despidiéndose «con la expresión de sus sentimientos más distinguidos». La vergüenza fue tal que el Gobierno renunció a exhibir la lettre*: solo Bildu se lo pidió (pero no se la entregó). Albares anunció otros compromisos, y no solo en inmigración, sino en «integridad territorial de España», aguas territoriales, y los marroquíes le dejaron que contase su cuento, que en el suyo nada de eso figuraba.*

Creyó que volverían las aduanas y el comercio con Melilla y Ceuta, suspendidos en Melilla por Rabat desde 2018, y ahora volverá, pero con un camión al día y todo tipo de restricciones. Se trata de cercarlas, sofocando su economía, aunque eso suponga pobreza regional, de Tetuán a Nador. Y en inmigración el rey guarda la llave y la tira si un ministro español visita Argelia. La economía bien, con el lobby *de José Blanco y asociados, defendiendo a la agricultura marroquí en Bruselas. Y como dijo Sánchez, con ocasión de su última visita a Rabat, nada más fraterno que el futuro Mundial a tres, aunque Mohamed VI no se conformará con estar en el palco de honor en Madrid.*

Ante Europa, sin esa presión, puede practicar a fondo la huida de sus responsabilidades, su táctica favorita. Lo ha dejado bien claro en sus instrucciones a los embajadores reunidos en su presencia, en enero de 2025. Que Rusia amenaza, no importa. Nada de pasar del 2 al 3 por ciento de Defensa en el PIB. España ya lo incumple con el 1,28 por ciento, y exhibiendo su voluntad de «cumplir» con las reglas de la OTAN llegará al 2 por ciento… en 2029, según promete en Bruselas. Como siempre, el encubrimiento y la inversión de significa-

dos. Sánchez se proclama pacifista y prefiere la defensa del clima a los armamentos. Progresismo puro. Igual que en Venezuela prefiere los negocios con el dictador a la democracia. (EC,18-1-2025).

18. Un progresismo alicorto

En la década de 1980, enseñé en la Universidad de Turín, y en uno de sus muros, junto a la entrada de su Palacio Nuevo, había una curiosa pintada que, traducida, venía a decir: «Los verdaderos revolucionarios comen mientras los demás duermen, duermen mientras los demás follan (*scopano*) y follan mientras los demás comen». He dado ahora su verdadero sentido, al buscar una explicación a la singular trayectoria de Pedro Sánchez sobre la crisis de Oriente Próximo. Son las ventajas de caminar con el pie cambiado, de modo que nadie perciba adónde vas.

El último ejemplo ha sido su toma de posición, el 27 de enero de 2025, ante la conmemoración mundial del Holocausto. No puede evitar manifestarse, pero lo hace al nivel más bajo posible, con un tuit, donde inicialmente se limita a lamentar los millones de víctimas, sin identidad concreta, y a exhortar contra el odio. Alguien debió advertir la mala impresión que esto produciría, y en los mensajes hoy disponibles de la Moncloa ya no hay duda sobre la identidad de las víctimas y sobre la exigencia de luchar contra el antisemitismo. El online le va a Pedro Sánchez.

El posibilismo escorado caracterizó la reacción al 7-O. Fue una trayectoria bien pensada desde un principio, para no comprometerse con la condena del genocidio en ciernes, cometido por Hamás, y obtener ventajas para su imagen progresista en cuanto fuera posible. Así, a partir de la agresión yihadista del 7 de octubre, Sánchez omite una condena de inmediato y recibe el apoyo a su silencio de la rotunda declaración militante antiisraelí de Ione Belarra. Solo había que esperar al inevitable contratacque, entonces en forma de bombardeos masivos sobre Gaza, para que las piezas se ajustaran. El espíritu de venganza de Netanyahu ofrecía un asidero seguro.

Tanto las declaraciones políticas de Sánchez como el aparato informativo del Gobierno español se volcaron en la denuncia de la actuación del Tsahal, a favor de las imágenes innegables de una destrucción en curso de la ciudad de Gaza, pero limitando al máximo la condena a Hamás, primero al considerar lo del 7-O como un simple atentado terrorista y sobre todo olvidando, en lo sucesivo, tanto el carácter genocida del ataque de Hamás como la cuestión de los rehenes. Pedro Sánchez había escogido su campo, a favor de la corriente de la opinión pública, y solo le faltaba dar con un eslogan que reforzase su opción: la exigencia de los dos Estados. Hasta aquí era la marginación del 7-O el aspecto más destacado de una toma de posición que se hizo merecedora del elogio de Hamás, bien significativo.

La sorpresa fue que la política de gestos, una vez fallido el intento de ganar adhesiones significativas, no se tradujo en iniciativas aprovechando la presidencia española de la UE: una cosa era presentarse como el paladín de la causa palestina y otra bien diferente jugarse su imagen de presidente en Europa. Gestos y palabras, todos los que se quisiera, pensar en algo útil en favor de la paz, incluso de los palestinos, incluso de la calamitosa situación de Gaza, poco. Luego Sánchez siguió nadando a favor de la corriente, con sus medios informando como siempre de manera unilateral, hasta que le dijeron que la crisis iba a subir de temperatura. Y ahí le tenemos de embajador del Estado palestino para conseguir un golpe de efecto con un puñado de adhesiones, mientras la amenaza de Irán, tras el golpe israelí en Damasco, pone la región al borde de la guerra. Es la utilidad de andar con el paso cambiado.

Mientras los demás piensan en cómo evitar la guerra, Pedro Sánchez se dedica a dorar el latón de su gesto propalestino que, por otra parte, había tenido ya ocasión de convertir en decisión durante los meses pasados, confiriéndole entonces un valor ejemplar. Pero eso tenía sus costes en Europa. Aquí y ahora, ni tiene posibilidad de prosperar en la UE, ni sirve para otra cosa que para lanzar una piedra más contra Israel, algo que Netanyahu es ya un maestro en provocar. Puesto a sacar pecho, hubiera sido valioso que concretase al máximo la condena de Netanyahu y expresara de modo rotundo otra condena, esta vez del interminable secuestro de los rehenes por Hamás. Pero es inútil pedirle claridad.

Así que llegamos a una crisis de máxima gravedad, sin otro bagaje que un escorarse en contra de Israel cuando el escenario es otro y está en juego una escalada hacia la guerra total, tras los cientos de proyectiles lanzados por Teherán. Pedro Sánchez se refugiará entonces como los niños en un «yo no he sido», de exculpación por pasividad, que nos deja fuera de toda iniciativa en un sistema de conflictos que, guste o no, es más amplio y tiene como epicentro a la guerra de Ucrania. Para fortuna suya, la táctica israelí de máxima agresividad le dio buenos resultados, y después del hundimiento del régimen sirio, las aguas se han calmado.

Dada la postura de inhibición también aquí adoptada por el presidente, a pesar de sus protestas de europeísmo, sorprende favorablemente que los gestos hayan sido acompañados de envío de material militar. No solo Sánchez inaugura su presidencia europea con una visita a Kiev, sino que un reciente balance del Ministerio de Defensa habla de sesenta envíos, cuya entidad real es sin embargo difícil de valorar.

Las deficiencias se localizan en otros dos campos, en la información a la opinión española de lo que está en juego y en el cumplimiento efectivo de las sanciones. El punto más necesario de esclarecimiento es la sustitución de las importaciones de gas natural de Argelia por masivas de gas procedente de Rusia. No ha importado mantener el grifo argelino semicerrado, con tal de preservar la inexplicable fidelidad a Mohamed VI, y en cambio favorecer los ingresos del agresor ruso. Tampoco cabe asegurar que en España, como en otros países de la UE, funcionen eficazmente las sanciones a los intereses rusos. A finales de 2023, España es el segundo comprador de gas ruso, después de China, que reexporta a la UE.

Desde la crisis del sistema soviético, había ido surgiendo una trama muy eficaz de explotación depredadora de la economía rusa, gestión de los beneficios desde plazas europeas y cauces de transferencia invisibles, que ahora ha permitido a Putin minimizar el coste de las sanciones y a los tiburones rusos seguir operando. Desde Gibraltar en vez de Londres, pongamos por caso. Silencio oficial, lo mismo que sucede en el plano de la información sobre la política excepcional requerida, cuando va gestándose de manera inevitable la derrota de Ucrania. Pedro Sánchez no piensa gastarse ni un gramo de imagen sobre este punto.

Llegados aquí, hay una singularidad española difícilmente explicable: la presencia en el Gobierno de organizaciones y personajes militantes contra la política occidental, abiertamente alineados en nombre del «pacifismo» anti-OTAN en contra de los defensores de Ucrania y, por consiguiente, a favor del agresor. Es digno por su parte que el PCE, hoy marxista-leninista, integre la mayoría parlamentaria de Pedro Sánchez, sin renunciar a sus posiciones —ahí estuvo el rechazo a aplaudir en su día a Zelenski—, pero resulta esperpéntico que forme parte de un Gobierno que está cumpliendo sus deberes de aliado. No es cuestión simbólica, ya que por esa presencia en el Gobierno puede tener acceso a unos datos y a una política que su organización aspira abiertamente a destruir. Claro que a Pedro Sánchez si le votan, no le importan los riesgos que pudieran afectar al Estado, a Ucrania, a Venezuela o a Groenlandia.

Resulta posible que, por sus conexiones pasadas con la izquierda colombiana, en concreto con las Fuerzas Armadas Revolucionarias de Colombia (FARC), el líder comunista aludido, Enrique Santiago, haya intervenido también en otra toma de posición de calado: la actitud del ministro de Cultura, Ernest Urtasun, desde un primer momento, a favor de las devoluciones en cuestión de piezas significativas en nuestros museos. El hecho es que una parte del Gobierno, Sumar, se ha movilizado por la devolución de la joya de la corona en el Museo de América, el tesoro de los Quimbayas, para enriquecer el Museo del Oro de la capital colombiana. Desde el punto de vista de los peticionarios, la pretensión es lógica, y la enlazan con otras precedentes, del busto de Nefertiti a Berlín y del friso del Partenón a Londres. Ocurre, sin embargo, que el tesoro de esa tribu extinguida ya en el momento de la Conquista, fue objeto, no de una depredación, sino de una donación del presidente colombiano en 1892.

Lo preocupante es que, sobre un fondo de negativa, Sumar y medios próximos al ministerio hayan alentado una campaña por la devolución en nombre del anticolonialismo. Y lo que es más grave, que el ministro de Cultura defina una línea de actuación que rechaza de modo explícito que nuestros museos sean como en otros países europeos, lugares de la memoria donde los ciudadanos se introducen en el conocimiento de esa identidad colectiva que, lo siento por sus ideas, señor ministro de Cultura de España, con todo el reconocimiento que se quiera de su pluralidad, es la española.

A la vista del antecedente catalán, pensando que Sumar también vota, no cabe excluir la sospecha de que Pedro Sánchez acabe decidiendo sobre estos temas atendiendo al juego de sus intereses personales. Una política alicorta, ruin.

Y en cuanto al PP sobre tales cuestiones: nada, nada, nada. (TO, noviembre de 2023-abril de 2024).

19. El ejemplo de Venezuela: «Si eres leal, roba»

Anne Applebaum describe en su precitado libro traducido como *Autocracia S.A.*: la evolución actual de los sistemas políticos hacia gobiernos personales donde el titular del poder lo ejerce con un sentido de omnipotencia, por encima de la división de poderes, dando lugar a la asociación íntima entre autocracia y cleptocracia. Y que además no se encierra entre los límites de un Estado: «Hoy en día, las autocracias no están gobernadas por un único hombre malo, sino por sofisticadas redes que cuentan con estructuras financieras cleptocráticas, un entramado de servicios de seguridad —militares, paramilitares, policiales— y expertos tecnológicos que proporcionan vigilancia, propaganda y desinformación. Los miembros de esas redes no solo están conectados entre sí dentro de una determinada autocracia, sino también con las redes de otros países autocráticos, y a veces, incluso de las democracias».

El estudio de casos de Applebaum se centra en el de Venezuela, lo cual nos viene como anillo al dedo, usando la expresión popular. Al igual que Pedro Sánchez, Hugo Chávez llega al poder esgrimiendo la bandera de la anticorrupción, pero muy pronto, cuando su jefe de información le advierte de que son precisamente sus colaboradores quienes la están practicando, el líder bolivariano lo ignora y el avisador es cesado. Reinará un principio que los indicios sugieren aquí:

«Si eres leal, puedes robar». Aunque elegido por cauces democráticos, el autócrata piensa que más vale tener mastines que perros inteligentes, fieles sin reservas de ningún tipo, que colaboradores pensantes. Las respectivas personalidades propician esa orientación. Es una corrupción practicada por guardias pretorianas, que además satisface a la vocación de omnipotencia del autócrata. «Con el tiempo —resume la autora—, el propio Estado comenzó a actuar como un sindicato del crimen, un parásito que despojaba de recursos a su anfitrión».

Conocemos ya el descenso a los infiernos en Venezuela. Una vez superada la barrera judicial, la cleptocracia impone su ley sin dificultad sobre unas instituciones democráticas en caída libre hacia la dictadura. La Administración deviene corrupción criminal, pero lógicamente es en el entorno del poder donde alcanza mayores dimensiones y puede proyectarse hacia el exterior, de forma natural con otras autocracias y contaminando las democracias al generar en ellas otras redes, inducidas por los beneficios derivados con la corrupción imperante —y nunca mejor empleada la expresión— en Venezuela. Acaba cobrando forma así una interacción, donde cada uno de los polos de corrupción sostiene al otro, y de paso tiene todos sus datos, lo cual refuerza la complicidad, así como la dependencia recíproca, y con ello la supervivencia de ambos dentro de márgenes fabulosos de ganancias.

Lo prueban datos aislados, tales como el episodio del exembajador aceptando su fraude fiscal a Hacienda tras recibir un pago millonario de Venezuela. Ello a su vez sugiere que nos encontramos, no ante un episodio personal sino ante una red de corrupción, que acaba enlazando con el famoso viaje de Delcy y con la colaboración política de nuestro gobierno en el éxito del autogolpe electoral de Maduro. Necesariamente tienen que ser redes enlazadas con el Estado, cuya protección necesitan: un polo exterior solo privado, sería en exceso vulnerable.

Hasta ahora son cabos sueltos, pero de contundencia suficiente como para cuestionar el silencio hoy imperante. Estamos ante un embajador que al dejar el cargo en 2007, monta un negocio familiar millonario a cuenta de la dictadura de Caracas; un ministro de Exteriores, Moratinos, que sigue hasta 2011 en el cargo y nada sabe del tema; su jefe Zapatero, colega del chavismo y desde 2020 defensor internacional de Maduro, siempre sugiriendo mediaciones, esperas y «reflexión serena» (léase: no a sanciones contra el dictador).

A partir de la formación del gobierno PSOE-Podemos, el proceso se acelera, en especial tras el fracaso de la presidencia Guaidó. Del estrechamiento de relaciones informa el extraño viaje de la emisaria de Maduro, Delcy Rodríguez, recibida en Barajas por el Número Dos, contraviniendo la orden de la UE, más sus maletas. Y todo culmina con la maniobra de cobertura al autogolpe electoral de Maduro, en una rocambolesca peripecia de sobra conocida pero cuyo contenido hay que subrayar: la acogida «humanitaria» al presidente electo le niega tal condición y sobre todo Sánchez se emplea a fondo para que la UE no lo haga. No sigue ni espera a Europa.

A excepción de la salida del guion de Margarita Robles en el Ateneo, fruto del azar, denunciando la dictadura, Pedro Sánchez y su gobierno respaldan a Maduro, con cinismo, pero también con eficacia. Los hermanos Rodríguez presionando a Urrutia ante la mirada del embajador español y el paseo paternal de Sánchez con el político venezolano por el jardín de la Moncloa, son escenas inolvidables.

La primera secuencia de los acontecimientos apunta ya a unas relaciones hispano-venezolanas fuera de lo normal, sobre todo habida cuenta de la excepcionalidad de unas elecciones donde Maduro proclama su victoria antes de acabar el recuento de votos, mientras la oposición empieza a exhibir las actas que denotan la suya, en un ambiente internacional de condena o desconfianza, mientras el Gobierno español espera.

Escena primera

Tras perder las elecciones del 28 de julio y declararse vencedor, Maduro decide aplicar la represión a ultranza. Sus brutales acusaciones y desafíos se centran en el vencedor auténtico, González Urrutia, para amedrentarle. No va a ceder ante nada, pero le preocupan las sanciones económicas que puedan venirle de la UE.

González Urrutia, hombre físicamente débil, no es Corina y se refugia en la embajada de Países Bajos.

Desde que supo de antemano que Maduro iba a perder, Zapatero se «enchopina», aguardando en silencio para intervenir cuando fuera necesario.

A Sánchez el asunto no le divierte. Tiene que seguir a la UE en la valoración del fraude electoral, pero Maduro sabe demasiado y hay demasiados intereses en Venezuela, con causas de corrupción vinculadas. Buscará lo mismo que Maduro: tapar el tema.

La secuencia de condenas y de buenas palabras de los países de izquierda latinoamericana (Colombia, Brasil) se amortigua y acaba en nada. Mediación, ¿para qué? Con Maduro no sirve.

El reconocimiento de Guaidó tampoco sirvió, pero no reconocer como presidente a González Urrutia, con más datos aún a su favor, sería signo de condescendencia de la UE ante el dictador. Urrutia, refugiado en la embajada holandesa para no ser detenido, era un argumento a favor del reconocimiento como presidente para su protección frente a Maduro.

Escena segunda

Creamos a Maduro, no al tenue desmentido de Albares. Sánchez pacta con él un traslado de Urrutia a la embajada española, y de aquí volando hacia el exilio español, el 8 de septiembre. Verosímilmente, Zapatero gran mediador. El exdiplomático acepta y llega el *scoop*: Pedro Sánchez salva al vencedor de las garras de Maduro.

Pedro Sánchez, sobre el asilo de Edmundo González Urrutia: «Es un gesto de humanidad».

Prueba: la bestia feroz se ha transformado en ángel de la guarda. Maduro pasa de la ferocidad a la dulzura, efecto de la satisfacción que le produce tal salida a la crisis poselectoral. Le desea a González Urrutia lo mejor.

Agradecido, y sin duda presionado, González Urrutia suscribe en Madrid el mantra sanchista: el diálogo como solución.

Triunfante, y para que Maduro no se queje, Pedro Sánchez clasifica el traslado a Madrid de Urrutia como gesto exclusivamente «humanitario». No le reconocerá como presidente electo de Venezuela.

Daño colateral buscado. La UE va a discutir el tema y con Urrutia cercado en la embajada holandesa, su reconocimiento como presidente electo tendría más posibilidades. Había que evitarlo y España se ha encargado de ello. En principio, el salvamento por Sánchez haría improbable tal cosa: si el salvador de Urrutia no lo hace, que la UE le reconociera equivaldría a condenar tan espléndido gesto «humanitario». Fracasó en este punto.

Escena tercera

Problema insalvable. En el Congreso, el PP toma la iniciativa del reconocimiento. El PNV adopta a veces posiciones incomprensibles, pero rara vez estúpidas. Tiene demasiados lazos con Venezuela, trabados desde el exilio. Así que, después de ser contenido a duras penas, ahora vota por el reconocimiento contra Sánchez, al lado de los canarios. La proposición no de ley lo aprueba. Derrota de Sánchez, si bien pasajera.

A Sánchez le da lo mismo. Nada le apartará del no reconocimiento y de buscar esa maravillosa «mediación» en la cual ya no creen ni quienes al principio la intentaron. El episodio, además, le confirma en su idea de que es mejor gobernar sin Parlamento. En Bruselas, con el apoyo de Sumar, será el gran valedor de la mediación como único recurso útil. Para Maduro y Zapatero sin duda, aunque siniestro para la democracia y para Venezuela.

La necesidad de presentar ante la opinión europea y española una imagen de defensor de la democracia, siendo al mismo tiempo defensor de la estabilidad de Venezuela bajo Maduro, pone a Pedro Sánchez en la tesitura de actuar con palabras y gestos que contradicen sus propósitos. Es la ocasión para que ensaye una de esas ceremonias de encantamiento de la opinión pública que aparecen en nuestra historia hacia 1600, con el contraste entre una imagen brillante y una situación económica desastrosa. No es esa la causa del encantamiento en que se encuentran sumidos los españoles de hoy, ya que precisamente la gestión económica, de la mano de Nadia Calviño o bajo su protección, ha venido cubriendo los demás aspectos de la política de Pedro Sánchez. El encantamiento aquí y ahora reside en la sustitución para el conjunto de los ciudadanos de la información por una manipulación sistemática.

Solo que a veces, un error, o más de un error inesperado, descubre la existencia de ese propósito manipulador, de falseamiento deliberado de la realidad. Y de paso convierte un montaje perfecto en un castillo de naipes que se derrumba.

Acaba de suceder con el tratamiento oficial de la crisis de Venezuela que, sin un par de sucesos inesperados, hubiera pasado como una verdadera obra de arte del fingimiento político, incluso como una divertida farsa, a pesar de su fondo trágico.

Para empezar, el golpista Maduro necesitaba librarse de su rival González Urrutia y estaba comprometido a aplastarle en caso de su captura. Incluso refugiado en la embajada holandesa, suponía un riesgo de cara a la previsible condena del fraude electoral por la UE. Alguien tenía que sacarle de su propio atolladero.

En cuanto a Pedro Sánchez, forzado a seguir de lejos, sin implicarse, las posiciones de la UE y de la izquierda latinoamericana, podía temer por ello una respuesta poco agradable de Maduro, que sabe demasiado. En cambio, disponía de la posibilidad de presentarse como héroe, benefactor y, en realidad, salvador del venezolano. Conviene introducir aquí la aplicación del criterio de lectura consistente en profundizar sobre lo aparentemente inexplicable, las contradicciones, incluso los silencios, «la infracción al orden», siguiendo a Tzvetan Todorov. Botón de muestra: el silencio de Zapatero, sabedor de antemano de la derrota de Maduro —hubiese sido el primero, con Monedero, en proclamar su victoria—, pero ese silencio le dejó libre para tal vez actuar más tarde, siempre desde la sombra.

El traslado de Urrutia a España llenaba las expectativas del tirano y de nuestro presidente. Sánchez no compartía la idea de Josep Borrell, para quien el exilio a Madrid del opositor representaba una derrota para la democracia en Venezuela. En sentido contrario, superando el revés producido por la votación del Congreso, la milimétrica recepción otorgada a Urrutia en la Moncloa, desarrolló un cuidado repertorio de minusvaloración del vencedor en las elecciones, objeto al parecer de «una persecución autoritaria» (*El País*).

Cada detalle venía a confirmar el carácter exclusivamente «humanitario» de la acogida y de la visita a la Moncloa, con la ausencia de una entrevista formal, sustituida por un paseo en los jardines, y una estupenda foto oficial donde Sánchez miraba desde arriba conmiserativamente al protegido Urrutia. Todo de acuerdo con la satisfacción mostrada para el caso por Maduro, deseando ahora lo mejor a su rival. Claro signo de que estábamos ante un juego a dos.

Tal vez el momento cumbre de la farsa fue el show del presidente de la Asamblea chavista, Jorge Rodríguez, anunciando un apocalipsis en las relaciones con España. De inmediato resultó convertido en pretexto para que el Gobierno de Sánchez pudiera volverse contra el verdadero malo de la película, el Partido Popular, con el coro oficial de papagayos haciéndole pagar el éxito del reconocimiento de Urrutia en el Congreso. Fueron hechos públicos los datos que el corte de relaciones produciría a los intereses españoles. El PP, como siempre, con su política de «tierra quemada», clamó Patxi López, quien por tres años presidió Euskadi gracias al PP (López tiene una razón especular: su gobierno sí que fue una tierra quemada para el constitucionalismo en Euskadi). En suma, la brutalidad del esbirro de Maduro en la Asamblea quedaba en la sombra, el PP, descalificado, y Sánchez se veía reforzado para su tarea de valedor de la «moderación» respecto del venezolano ante la votación de la UE.

Pero sobrevinieron dos sucesos inesperados, que impidieron el *happy end* con el «país hermano», por usar la terminología de Albares. En el acto del Ateneo sobre un libro de Julia Navarro, a Margarita Robles se le escapó del alma la palabra maldita referida al régimen de Maduro: «dictadura». Y Maduro reaccionó a su modo, brutal, sobre las relaciones diplomáticas. Si lo primero fue una infracción del orden, culpa del azar, la respuesta de Maduro debiera llevarle a solicitar asesores de imagen de Pedro Sánchez, mirando a Europa, del mismo modo que Chávez importó policía secreta y grupos paramilitares de Fidel.

El «hijo de Chávez» no respondió a la votación del Congreso, irrelevante para él, como lo fue para Sánchez, sino al desafío involuntario de la ministra. Así que hemos pasado de temer sanciones económicas del falso vencedor, en lugar de temerlas él, a buscar excusas por la conducta impropia de Robles, diciendo la verdad, corroborada por Borrell. Como fin de fiesta, llega la denuncia de la conspiración con dos españoles acusados. Ahora toca a Pedro Sánchez actuar sobre la arena movediza de los socialistas europeos para ofrecerle a Maduro la compensación por la ofensa recibida, sin perder del todo la cara.

Indignidad, pero sobre todo muestra inequívoca de un modo de actuar, tanto de cara a la opinión pública, como en las relaciones internacionales, que, para atender a intereses y preferencias personales, recurre al falseamiento sistemático de la realidad y de sus propias actuaciones. No importan los intereses generales de la justicia, de España o de Europa. Acaba de probarlo de nuevo en su viaje a China al minar la solidaridad europea frente a la ventajista oferta china de coches eléctricos. Y como no tenía los asesores a mano, solo se le ocurrió argüir que su cambio de opinión fue debido a la impresión causada por la visita a una fábrica china.

No hay que ser demasiado optimista pensando que una mayoría de ciudadanos se habrán dado cuenta del embaucamiento a que están sometidos, a la vista del episodio venezolano. Sánchez tiene la virtud de no dejar nunca un cabo suelto, como acaba de ver al hacerse con el control de Aragón. Primero fue descalificado y tapado el voto pro-Urrutia del Congreso, luego tocó aislar a Margarita Robles. La batalla final se da en Bruselas y si Maduro resulta absuelto, o sale por lo menos sin sanciones, Sánchez hará proclamar a los cuatro vientos que él se adelantó a Europa y, cómo no, que el culpable del caso Venezuela es el PP, no Maduro, aunque este se lo haya puesto difícil.

Seguiríamos viviendo en la nube creada en función de su interés, por encima del orden natural, de la realidad, como ocurriera en 1600. Para ese fin, contará desde Sumar con la ayuda del exchavista Errejón, significativamente convertido en fiscal anti-PP para el caso. «Hay una reacción que se niega a aceptar los resultados de Venezuela», juzga el siempre leal Pablo Iglesias. El «país hermano», léase sus verdugos, tiene en España buenos amigos «progresistas», incluso en el Gobierno, y Maduro debiera ser comprensivo. Me sumo a la rogativa.

A pesar del involuntario error de Margarita Robles y de la barbarie exhibida por Maduro y sus sicarios, la farsa ha funcionado. De acuerdo con la famosa definición del arbitrista de 1600, España es como «una república de hombres encantados que viven fuera del orden natural», en este caso que aceptan el engaño sabiamente elaborado por su Gobierno.

El encantamiento aquí y ahora reside en la sustitución para el conjunto de los ciudadanos de los usos informativos propios de las democracias, con una pluralidad de mensajes e influencias, por la puesta en práctica de un procedimiento sistemático de manipulación de la opinión pública, de manera que esta no encuentra modo de escapar a la visión sesgada de la realidad, a las directrices y a las consignas proporcionadas por el Gobierno.

Buena parte de la población resulta así atrapada en la campana neumática creada por el poder, que obviamente no actúa espontáneamente, sino atendiendo a técnicas científicas de manipulación asentadas sobre las innovaciones digitales. En su objetivo inmediato se trata de una herencia del pasado que remite no a antecedentes democráticos, sino totalitarios. En Italia, Salvini montó un aparato similar de control de la opinión, apodado «la Bestia», aunque carente de la dimensión revelada por los cientos de asesores de Sánchez y de los mecanismos técnicos y jurídicos propios de un Gobierno en ejercicio. Sin mayores obstáculos, el encantamiento es inducido en todo momento, sobre cualquier tema de relieve, y responde con eficacia al interés prioritario de consolidación de su poder por Pedro Sánchez.

A modo de colofón, cuando la UE reconoce a González Urrutia, sin los votos del grupo socialista, por presión suya, llega a exigir y obtener que los ocho eurodiputados socialistas españoles que le votaron rectifiquen el voto. Por si esto fuera poco, Sánchez no duda en nombrar embajador en Caracas, reconocimiento implícito del triunfo del dictador. Como el voto de la UE le contraría, no vale. Todo un recital.

Son hechos contradictorios que solo adquieren consistencia en cuanto difícil ensayo para mantener una fructífera relación de la trama de corrupción estatal venezolana con la que estamos ahora descubriendo desde que salió a la luz el caso Koldo.

De conformarnos con verlo todo como una sucesión de actos individuales, resulta imposible entender nada, salvo que se trate de una pieza teatral del absurdo político. De una dictadura que forra de millones a un exembajador y a su familia, sin propósito concreto, a la lucha tenaz de Sánchez por ver reconocido el autogolpe, o a la romántica cruzada progresista y prodictadura de Zapatero, cabe formular una hipótesis alternativa, partiendo de que el enlace con la trama de corrupción exterior del chavismo tiene lugar durante la embajada aludida y cobra consistencia después de esta, sin que quepa excluir la formación de una red simétrica en torno al Gobierno de la época.

La resolución condenatoria se ciñe al fraude fiscal y omite las imputaciones iniciales por falseamiento documental, blanqueo de capitales y corrupción internacional. Queda excluida toda averiguación sobre el marco venezolano corrupto en que se movió el exembajador. Moratinos y Zapatero, indemnes. De momento, la única víctima del caso, eso sí mortal, fue el dirigente de Petróleos de Venezuela (PDVSA) que contrató con la familia. Tras venir a Madrid voluntariamente y hacer una primera declaración, y anunciar revelaciones a lo Víctor Aldama, apareció estrangulado con un cinturón atado al cuello. Lo único claro es que la trama se cerró antes de 2013, cuando cesa al frente de PDVSA el jefe de Márquez.

A partir de 2020, si descontamos la peripecia individual de lealtad conmovedora y suponemos que desinteresada al chavismo, protagonizada por Juan Carlos Monedero, la novedad del lado español reside en que sabemos quiénes son los componentes de la red alternativa para los tratos con Venezuela. Sean estos de uno u otro carácter, con Sánchez como número uno, figura a su lado como gestor activo el ministro Ábalos, con Koldo García en el papel de colaborador imprescindible, y el comisionista Víctor Aldama en el de invitado especial, «nexo corruptor» para la UCO, nulo o inexistente para el vértice del grupo. Zapatero fuera de escena, con el mando a distancia. La celebración de la visita de Delcy Rodríguez en 2021, también de contenido hasta ahora en blanco, es sin embargo signo inequívoco de la existencia y de la importancia de nuestra «Caracas *connection*». Todo el desarrollo laberíntico del asunto González Urrutia viene a probarlo.

Aun cuando no existiera el móvil económico, sospecha difícil de evitar porque no estamos ante una agrupación de ángeles solidarios, el balance es el mismo. El entramado de la corrupción chavista se ha proyectado sobre el vértice de nuestra democracia, hoy con Pedro Sánchez al frente, con el abandono de las exigencias democráticas por norma y el criterio de la lealtad al jefe por única regla, y aquí no hace falta viajar a Venezuela para comprobar la estrecha vinculación entre autocracia y cleptocracia. La consecuencia última no puede ser otra que la agonía de una democracia, sometida a la erosión permanente desde el poder ejecutivo. A falta aún de enlaces más concretos, destaca la analogía entre las formas de corrupción del Estado, fundadas sobre el principio de la libertad para robar desde la lealtad al superior. La de Ábalos en España pareció vacilar un momento, siendo señalado como saco de los golpes, pero pronto se restauró sobre la simple base de negar la evidencia y mostrarse leal a su presidente.

El ambiente es, pues, favorable para la entente con Venezuela en nombre del progreso. De seguir la trayectoria de sus inicios, solo puede fomentar el enlace entre corrupción y lealtad al líder máximo. Sánchez denunciará este diagnóstico como un bulo más. (TO y EC, noviembre de 2024).

20. Inmigración: el buen uso del malgobierno

En el origen estuvo y está la desigualdad. El crecimiento demográfico exponencial del llamado tercer mundo se encuentra asociado desde tiempo atrás a otro crecimiento, el de la disparidad entre los países desarrollados y la mayoría de la humanidad sumida en la pobreza. Resulta, pues, lógico que muchos traten de escapar de semejante destino, trasladándose por cualquier medio a los lugares donde resulta posible una vida mejor. Y es obvio que, si nos atenemos únicamente a esta variable fundamental, solo cabe recibir a todos aquellos que intenten traspasar las fronteras, en forma legal o ilegal. Es la que propugna entre nosotros Sumar, y la que hasta ahora el PSOE ha aceptado en buena medida.

Además, la pasividad vestida de humanitarismo le vino muy bien, y le sigue viniendo muy bien al Gobierno, para apuntalar su visión maniquea de la política, calificando cualquier crítica de xenófoba y racista. Incluso ahora, cuando la tozudez de los hechos le obliga a afrontar la situación, en vez de buscar un terreno de entendimiento con el PP, aprovecha para acentuar la descalificación de los conservadores, correspondida eso sí por estos. Basta leer el diario oficial y escuchar las declaraciones gubernamentales.

En todo caso, el punto de partida debe ser la filoxenia, la voluntad de acogida, y no la xenofobia. Para ello hay una razón de fondo, humanitaria, y también otra de raíz egoísta: dada la baja natalidad española, la llegada de inmigrantes es una condición necesaria para el sostenimiento de nuestra economía. Así nos lo ha recordado recientemente Joaquín Leguina: «España llegó a tener casi 20 millones de nacionales activos en el año 2014 y en una década ha perdido medio millón de personas activas nacionales. En el último año, todo el crecimiento de la fuerza laboral ha sido de origen extranjero. Se han incorporado a la actividad 154.000 personas con doble nacionalidad (española y extranjera) y 228.000 extranjeros. Resulta evidente que sin la llegada de extranjeros la economía española hubiera colapsado».

A partir de aquí, entran en juego las correcciones imprescindibles. La primera remite al hoy olvidado Malthus: existe un límite al número de comensales que pueden participar en un banquete. Y en este sentido, la cuestión no es el volumen bruto de la inmigración, ya que las sociedades europeas en general, y la nuestra en particular, adolecen como vimos de un déficit demográfico que solo los inmigrantes pueden cubrir, sino los desajustes que caracterizan al fenómeno, tanto desde el punto de vista del receptor como del recién llegado. Al dar cuenta del incremento exponencial registrado en la inmigración irregular, por mucho que esta siga siendo minoritaria, el propio Leguina utiliza el término «invasión» para designar una ola creciente de inmigrantes, de ellos muchos menores de edad, que llega al término de una terrible navegación, mortal para algunos, causando de inmediato problemas desbordantes de recepción y posteriores de integración en una vida normal y productiva.

Añadamos que ni la cuantía del flujo actual, inhumano en su coste, mejora sustancialmente la situación en los países de origen, ni el caos de la entrada irregular supone una aportación positiva al anfitrión, provocando en cambio una cadena de efectos negativos, el último de los cuales, no desdeñable, es el auge de la xenofobia. Para ser efectiva, la filoxenia requiere encontrar un óptimo técnico entre un nivel alto de recepción, en el plano cuantitativo, maximizando, y las condiciones disponibles para que la misma dé lugar a una satisfactoria integración de los inmigrantes. La puramente formal, de fachada, queda como reserva de un izquierdismo que ve en el fenómeno un aliciente más para confirmar su buena conciencia antisistema.

Hoy los focos se centran en Ceuta y en la creciente oleada de cayucos que llegan a las costas canarias, las cuales están registrando una saturación comparable a la sufrida previamente por la isla de Lampedusa en Italia. De entrada, al mismo tiempo que es preciso atender al problema humano de los africanos que se juegan la vida en la travesía, también debemos dar respuesta a situaciones insostenibles como la sufrida por la isla de El Hierro. Sin olvidar el costoso caos producido a continuación, para los menores no acompañados y para quienes rehúyen la devolución inmediata. No cabe cerrar los ojos como hasta ahora, porque las soluciones son difíciles, pero hay que buscarlas. De otro modo, la única receta con visos de eficacia es la restrictiva de Giorgia Meloni, que incluye recortar los derechos de los inmigrantes de forma inhumana, una vez superada su prescriptiva devolución. «Al que entra ilegalmente, le espera ser repatriado» es su máxima.

En nuestro caso, lo que ha prevalecido hasta ahora es la miopía al abordar la pluralidad de aspectos del tema migratorio. Así, contemplando la problemática de los llamados menas solo desde el ángulo de la distribución entre comunidades, en lugar de haber elaborado respuestas previas en cuanto a acogida y tratamiento siendo ya perfectamente previsible el estallido del fenómeno. En otro aspecto, no se prestó atención alguna a la incidencia de crisis regionales, como la provocada por el cierre marroquí del comercio con Ceuta, para el cual abandonar el Sáhara no sirvió de nada. El resultado ha sido agudizar la depresión económica del eje Ceuta-Tetuán, acreciendo la presión migratoria.

Tampoco resulta muy útil la respuesta que se limita a denunciar la xenofobia, porque la xenofobia es una reacción tristemente natural en toda sociedad frente a un fenómeno migratorio de masas, especialmente en un marco de inseguridad económico como el que vive Europa. Condenarla no basta. La masiva orientación de la Francia rural hacia el partido de Marine Le Pen en las últimas elecciones, con el rechazo a la inmigración —ante todo musulmana— como base, prueba tanto la existencia del fenómeno como la necesidad de actuar sobre las causas que lo agravan, cuando muchos no se declaran, pero se sienten racistas.

Aquí y ahora, la acusación procedente del área Vox, que presenta a los inmigrantes en general, y a los menas en particular, como responsables casi únicos de la delincuencia. No vendría mal informar como en Alemania acerca de la distribución de los delitos por procedencia de los causantes para desmontar ese bulo tan difundido. Y tampoco debe extrañar un comportamiento antisocial de los irregulares abocados tantas veces a la mendicidad o a la delincuencia para sobrevivir. En cualquier caso, frente al bulo, la verdad.

Marlaska denuncia la ignorancia de quienes critican al Gobierno sobre este tema. Olvida algo esencial: si esa ignorancia existe, es el ministro del Interior quien la crea al incumplir su deber de información a la sociedad sobre una cuestión creadora de indudable alarma. Es la regla de oro del comportamiento gubernamental. Nunca dar explicaciones. Con descargar la responsabilidad sobre el PP, todo resuelto. A veces con éxito, como al culpar a Feijóo por la no aprobación de la ley de extranjería. No se les ocurre a Sánchez, y a quienes le siguen, que si quería el voto del PP debía pactar antes el contenido de la ley, ni que resulta absurdo un Gobierno donde la mitad de los ministros vota cuando quiere, como hubiese sucedido en este caso, o antes con el «solo sí es sí», en contra suya. De momento, hubiera podido bastar una reforma puntual concerniente a los menas, sobre los cuales el garantismo de la ley vigente actúa como un imán de negativas consecuencias.

A la vista del relativo éxito de la política migratoria de Meloni en Italia —olvidemos Albania—, conviene detenerse en alguno de sus componentes, precisamente para buscar una alternativa. Más de un 60 por ciento de reducción de llegadas irregulares en un año, por un 155 por ciento de incremento nuestro, invita a la reflexión. Cosa que para los ministros de Sumar es prohibitivo, ya que todo lo que venga de la derecha es de por sí el mal. Mirando a las medidas italianas, resultan aquí inaplicables el dudoso efectismo de enviar los irregulares a Albania y el cerco a las ONG que, efectivamente, jugaron un papel importante en el Mediterráneo. La clave del buen resultado parece haber residido en la combinación entre la ayuda económica y el acuerdo sobre una amplísima cuota de inmigración regular, por un lado, y, por otro, el rechazo de los embarcados potenciales o reales, puesto en práctica por los medios del país de partida, se supone que con colaboración técnica a distancia de la Marina italiana.

El viaje de Pedro Sánchez a Mauritania, Senegal y Gambia parece indicar que esa es la vía de solución elegida. Con mayores dificultades de entrada, por cuanto Túnez, e incluso Trípoli, disponen de mayores medios de control, supuesto que exista voluntad de ejercerlo, y que en caso de fallar en todo o en parte, los pactos de emigración regular, con ese curioso flujo circular de ida y vuelta, pueden provocar un indeseable efecto llamada, con una frustración que provocará más cayucos. Pero con el paso de los meses, no se aprecia ningún resultado positivo, pudiendo pensarse que se trató solo de un paso más en la política de gestos para la galería, habitual en el presidente. Por su inactividad, otra impresión es que se siente feliz con una situación que le permite atacar al PP.

Lo que sí llama la atención, por encima de la calificación de derechas o izquierdas, es que Giorgia Meloni confiesa que los resultados conseguidos le parecen insatisfactorios para «la enorme cantidad de trabajo que he dedicado a esta materia». Nada parecido a Pedro Sánchez, quien solo lo afrontó al darse cuenta de que le perjudicaba la alarma social inducida por las escenas televisadas. Increíblemente, esperó a terminar sus vacaciones para entrevistarse con el angustiado presidente de Canarias. Él estuvo ocupado en sus cosas, en su puñado de votos catalanes, en su guerra familiar contra un juez, mientras se agravaba la triste invasión de los cayucos.

Ha sido toda una demostración de hesicasmo. Tal era la práctica de aquellos monjes ortodoxos que para realizar su comunión con Dios (en este caso consigo mismo) se negaban a dirigir su mirada al exterior. La realidad es siempre perturbadora. Por eso, literalmente, no apartaban su mirada del propio ombligo. Como hace nuestro presidente ante todo tipo de problemas cuya gravedad le obligaría a asumir un coste personal. A partir de esa actitud, no es necesaria explicación alguna al país sobre el viraje apuntado en la cuestión migratoria. Los tres mensajes de la gira —el humanitario, el positivo y la devolución— se alternan según sea el destinatario. Y, finalmente, como en el pacto con Canarias sobre los menas, siempre da con la fórmula donde el culpable o el perdedor es el PP. Al igual que siempre, lo esencial es culpar al otro y quedar bien, aunque los hechos lo nieguen. En definitiva, Pedro Sánchez no gobierna. Solo cuida de su propio poder. (TO, 3-IX-2024).

V

EL JUEGO DE LA NACIÓN: CATALUÑA Y ESPAÑA

El «diálogo», convertido en mantra para resolver todo tipo de cuestiones, pasó a convertirse sobre Cataluña en negociación, y en negociación de contenido cada vez más preocupante, en la medida en que la necesidad de contar con los votos catalanes ha llevado a una cascada de concesiones. Fueron borradas por completo las responsabilidades derivadas de la rebelión de octubre de 2017 y se abrió el camino para una transformación extraconstitucional del Estado, hacia una confederación en una primera fase, y con el ejercicio de la autodeterminación como punto de llegada.

Aunque tal vez la salida final sea la construcción de un objeto políticamente imposible, anclado sobre la relación dual con Cataluña y Euskadi, provistas de excepcionales privilegios económicos, mientras el Estado se desnuda económicamente para atender las demandas de las restantes comunidades.

Pedro Sánchez no carece en absoluto de sensibilidad sobre la entidad del problema catalán, ni sobre la exigencia que de ello se deriva: negociación y reformas. Más allá de esto, carece de ideas, o si las tiene prefiere esconderlas dado su oportunismo que le lleva a dar prioridad a sus intereses personales como político sobre los colectivos del país que gobierna. Por eso va y viene en torno a la plurinacionalidad de España, y las propuestas que pudieran deducirse del federalismo de su partido no le interesan. Solo las utiliza para enmascarar sus concesiones a la fragmentación del Estado, forzado por la necesidad de votos independentistas para sobrevivir.

La única lógica discernible, culminada con el acord PSC-ERC, es que todo se subordina a las exigencias de ERC (luego será también a las de Junts) para mantenerle ahora y luego en el Gobierno. El problema reside en que si Sánchez, Bolaños y demás navegan felizmente en el vacío, Pere Aragonès sí tiene las ideas muy claras: están bien las concesiones —perdón, el fin de la opresión— que van ahora a alcanzar, con la «desjudicialización» en primer plano —es decir, el desarme jurídico del Estado frente a una nueva declaración unilateral—, culminada con la Ley de Amnistía, más ventajas económicas, pero el objetivo final sigue siendo irrenunciable: la autodeterminación.

Por otro camino, Puigdemont va hacia el mismo punto, si bien el enfrentamiento con ERC produce el espejismo de que la estrategia vencedora es la de Sánchez, pagando ambos la factura de su intransigencia, con la designación de Illa al frente de la Generalitat. La evolución del electorado tendrá la respuesta.

Sánchez calla o habla solo del marco de la Constitución. Lo más verosímil es que nos encaminemos hacia un Estado dual, ampliado a Euskadi, con cortinas de humo que nublen una soberanía catalana de facto, esto es, a una confederación asimétrica.

Una solución que se ve acompañada de una mutación ideológica y simbólica que subvierte la vigente jerarquía de nación y nacionalidades, no se detiene en la concepción de España como nación de naciones, y desemboca de manera inevitable en la extinción de España como nación.

La principal piedra de toque para la política de Pedro Sánchez había sido desde un primer momento la exigencia de contener la presión del independentismo, que la aplicación del artículo 155 y la secuencia consiguiente de encarcelamientos y condenas de sus líderes no había hecho sino agravar. En términos generales, la política de apaciguamiento emprendida por Pedro Sánchez, sobre la base de sustituir el enfrentamiento por el diálogo, resultaba la opción más razonable y tampoco cabe censurar que para ello decidiera asumir riesgos importantes.

Los vaivenes y las contradicciones fueron constantes en la política sobre Cataluña, especialmente en el tema de la amnistía a los rebeldes del 27-O, pero hay que señalar que también desde el momento en que asoma a responsabilidades en el partido. Cuando se presenta en 2014 a la Secretaría General, suscribe en todos sus términos la declaración del partido en Granada, con Rubalcaba, favorable a la reforma constitucional, hacia el federalismo. Al siguiente año, en septiembre de 2015, está al frente de la Tercera Vía, en la que participan Francisco Rubio Llorente, vicepresidente del Tribunal Constitucional, y Miguel Herrero y Rodríguez de Miñón. Las elecciones de diciembre desplazarán el eje de interés hacia el tema de la formación de Gobierno. Y después de apoyar a Rajoy el 27-O, no olvida insistir en las ideas de reforma y diálogo.

El déficit democrático consistió desde un principio en la decisión de ir ocultando a la opinión pública lo que escondía la oferta y la práctica del «diálogo», también desde el momento inicial, y que, para ganarse a los separatistas catalanes, sobre todo para seguir contando con sus votos en el Congreso, se encontraba dispuesto a encadenar las concesiones, sin preocuparse por su adecuación al orden constitucional. Nada parecido al desarrollo de propuestas y debates similares en otros países democráticos, como Canadá o el Reino Unido.

Con el fin de garantizar la propia permanencia en el poder, Pedro Sánchez se entregó a practicar un juego de la oca político, donde cada salto representaba el paso de una ocultación de propósitos a una concesión clamorosa antes rechazada. No era solo un repliegue formal. Desde la primera fase de negociación abierta, para entender aquello que iba sucediendo o que se iba acordando, había que atenerse a las informaciones emitidas por el negociador catalán, el president *catalán, Pere Aragonès, el cual, sometido a la vigilancia permanente de su hermano enemigo, Puigdemont, se veía obligado a exhibir sin reservas las concesiones arrancadas al Gobierno, quien a su vez trataba de minimizarlas desde los medios puestos a su disposición.*

El resultado será un descenso prácticamente ilimitado en la defensa de esa España progresista a que se adhiere sin re-servas en el Manual, *cediendo en una concesión tras otra y en la desaparición simbólica de la idea de España. La compen-sación será la conquista de la Generalitat, en medio de ese cerco de concesiones.*

21. El futuro de una negociación

Durante mucho tiempo, por lo menos hasta el verano de 2020, «el diálogo», entre comillas, iba a ser la llave mágica median-te la cual debería encontrarse la solución al reto del inde-pendentismo catalán. El mantra del «diálogo» había sido ya utilizado en tiempos de Zapatero, para la solución del pro-blema de ETA, y hubiera ya tenido entonces consecuencias imprevisibles de no cortarlo de cuajo un dirigente etarra de apodo «Thierry». La situación en Cataluña es bien diferente y el «diálogo» podía ofrecer la oportunidad de un debate abierto sobre el futuro de Cataluña y de España, aunque fuese al precio de forzar la legalidad con los juiciosos indultos y de orientar a favor de la causa catalana los medios de comunicación indirecta o directamente dependientes del Estado. Pedro Sánchez obtenía en compensación el gruñón apoyo de ERC a su heterogéneo Gobierno.

Mientras la espera y el misterio se prolongaban, lo más preocupante y significativo era el silencio de Pedro Sánchez y del PSC sobre el futuro político de Cataluña. La posición oficial federalista fue pura y simplemente archivada. El mando militar que Sánchez ejerce sobre su partido ha impedido que nadie infrinja la ley del silencio, y haga propuestas sobre el tema, ni siquiera como aportación al «diálogo». De forma complementaria, el PSC ha secundado leyes de catalanización lingüística forzada, caso de la que anula el 25 por ciento de enseñanza en castellano. ¿Inhibición o complicidad?

Hubiera o no una nación catalana, lo más significativo era que la fuerza del sentimiento nacional catalán no impedía en los ciudadanos el predominio de la doble identidad, catalana y española, ni llevaba al independentismo a lograr un predominio claro, en cifras, a pesar de la presión ejercida desde 2012 para homogeneizar la sociedad catalana en dirección a la independencia. Así las cosas, el PSOE y el PSC nada hicieron para oponerse a la búsqueda de una hegemonía absoluta por parte del independentismo, aun cuando emprendiera acciones nada democráticas. Con el desplome de Ciudadanos y la pasividad del PSOE, el constitucionalismo quedó en Cataluña desmantelado.

El misterio de fondo, no obstante, persistía hasta la reunión del 15 de julio de 2022 entre Pedro Sánchez y Pere Aragonès. Silencio gubernamental. La declaración del presidente de la Generalitat disipó cualquier duda. Para empezar, no se trataba de un diálogo, sino de una negociación, lo cual por una parte colocaba las cosas en su justo término, sin la confusión introducida por los eufemismos. Además, dejaba ver que el encuentro había sido precedido de tratos que garantizaban en lo esencial el contenido de la tal negociación.

Lo suficiente para anticipar, sin alto margen de error, cómo van a desarrollarse los acontecimientos y cuáles pueden ser sus puntos de llegada previsibles. Los fragmentos del largo recorrido precedente y el perfil inequívoco del contenido futuro de las reuniones, explicado por Aragonès, permiten elaborar de antemano un diseño, similar al practicado por los arqueólogos con la anastilosis: a partir de esos indicios y de la definición de Aragonès, prever cómo será la columna, incluso el final negociado del *procés*.

Las dos claves son ahora inequívocas. No habrá «diálogo», esto es, intercambio de planteamientos generales. Pedro Sánchez renuncia definitivamente a contar a su interlocutor y a informar a los ciudadanos acerca de cuál es su visión de las relaciones actuales entre Cataluña y el Estado español, si tal cosa existe, y cuáles las posibilidades concretas, abiertas de cara el futuro. El federalismo, propuesta de reforma oficial del PSOE, queda enterrado. El Gobierno acoge las demandas catalanas en línea con el Mayo del 68: «Todo es posible, todo está permitido». Hacia la galería, hace protestas defendiendo la constitucionalidad.

Pere Aragonès es transparente. La negociación no mira al corto plazo, sino a la resolución definitiva del «conflicto político entre Catalunya y el Estado español», y solo puede consistir en la posibilidad de que sea expresada «la voluntad mayoritaria, amplia, sólida y transversal de la ciudadanía», votando si «Catalunya ha de ser un Estado independiente». Los primeros pasos, que ha de abordar la mesa reunida a fin de mes, consistirán en exigir la «desjudicialización», es decir, la eliminación de las normas que permiten al Estado bloquear la secesión desde el poder judicial, como el delito de sedición. Aragonès lo describe en términos dramáticos: «El fin de la represión, el fin de la criminalización».

El futuro está más claro de lo que parece. Pedro Sánchez ha renunciado a toda defensa pública del orden constitucional, no hablemos del federalismo. Necesita los votos de ERC para sobrevivir antes y despúes de las elecciones de 2023. Cederá: como siempre sin explicarlo, asumirá la «desjudicialización». Pero no puede ir al fondo del conflicto [antes del 23-J], ya que entonces pierde las elecciones. Encubrirá el riesgo, aplazándolo. En cuanto a Aragonès, le urgen «resultados concretos» para no ser arrollado por los demás partidos independentistas. Exigirá garantías, y si Sánchez sobrevive a las elecciones, no tendrá otro remedio que cumplir los compromisos, acudiendo como siempre al engaño de la opinión. Presentará ante los electores el «diálogo» con la Generalitat como éxito definitivo, por muy comprometidas que estén sus consecuencias. La eliminación del acuerdo, en el caso de victoria electoral de la derecha, será presentada de antemano como un ataque reaccionario a la democracia, susceptible de desencadenar la *revolta dels catalans*, por citar el estudio clásico de J. H. Elliott, con pleno apoyo de los «progresistas» de toda España.

Ambos presidentes, el catalán y el español, están encerrados cada uno con su juguete hasta las elecciones. Aragonès lo tiene entonces fácil, si gana Sánchez, y este difícilmente podrá escapar a su promesa. Acudirá tal vez al engaño, recurriendo al referéndum consultivo, acorde con la ley fundamental (artículo 92), que luego, por sus espectaculares resultados, ausente el constitucionalismo en la opinión, debería ser respetado. Fue el juego, perdedor claro, de Moratinos en Gibraltar. Pedro Sánchez tiene todavía una última baza: una independencia encubierta, con reservas de fachada, evocando tal vez la unión de coronas de los Reyes Católicos, y que de paso permitiría mantener al nuevo Estado catalán en la UE.

Surge ahí la última pregunta: ¿qué hacer con los vascos?

Difícilmente admitirán los nacionalistas que haya un Estado dual solo con Cataluña. Claro que Sánchez siempre puede seguir ampliando la plurinacionalidad, con tal de presidir el Gobierno, mientras intensifica sus esfuerzos para atender la demanda de que el catalán sea reconocido como idioma oficial en la UE. (LL, 29-VIII-2022).

22. ¿Acuerdo o sumisión?

La victoria relativa del PSC en las elecciones catalanas de mayo de 2024 hizo posible que la negociación entre el Gobierno —disfrazado de PSC— y ERC desembocase en un acuerdo, formalmente favorable al primero por la elección de Salvador Illa como presidente de la Generalitat, que incluyera concesiones fundamentales para el segundo en el orden simbólico, con el reconocimiento del conflicto entre Cataluña y el Estado, y en el económico, con el de una futura «soberanía fiscal», privilegio de cara a un futuro inmediato y premisa para una forma de soberanía política en el futuro.

El episodio demuestra hasta qué punto llega la aplicación a sí mismo por Pedro Sánchez del principio de que «el Estado soy yo». Cualquier decisión se subordina a su voluntad e intereses personales. Todo puede dar un vuelco repentino, exclusivamente en función de ambos. La ministra de Hacienda, andaluza ella y seguramente de buena fe, juró no hace mucho que no habría concierto económico con Cataluña. Pues ahora, si quieres caldo, dos tazas. Para los populistas autoritarios y *spregiudicati*, carentes de escrúpulos ideológicos, como nuestro hombre, lo que se va echando en el vaso vacío de su personalidad política depende exclusivamente de su conveniencia del momento.

Nada tiene de extraño entonces que, a esa plenitud del yo, con Pedro Sánchez, amo del Estado, haya correspondido la voluntad de hacer una rendición simbólica total en algo mucho más grave: el acuerdo para la investidura de Illa en Cataluña. A efectos de obtenerla, como siempre aplicando el criterio de Esaú, por un puñado de votos, Sánchez ha asumido con este acuerdo ni más ni menos que la extinción simbólica de España y del ordenamiento regulado por la Constitución de 1978 impuesta por los secesionistas. Sin disimulo alguno, porque se trata de ganar al ala dura de Esquerra. Nos encontramos ante un acuerdo acotado formalmente entre catalanes, de modo exclusivo y excluyente, presentado incluso por el órgano oficial, *El País*, de hurtadillas y no traducido, donde las evidentes vulneraciones de la ley fundamental y de la normativa vigente son pasadas por alto. ERC cuenta al parecer con la seguridad de que su vigencia será impuesta por el Gobierno Sánchez al resto de los ciudadanos del «Estado español».

Para que esto sea digerible, Pedro Sánchez no duda en ir más allá de la cúpula de la mentira política —evoquemos a Tina Turner en *Mad Max*—, declarando solemnemente que es un paso adelante para la federalización del Estado, cuando representa todo lo contrario: una rendición incondicional a las exigencias planteadas por el independentismo para investir a Illa. Lo abona la plena confianza de Aragonès en que el acuerdo representa una etapa decisiva para alcanzar la independencia. Buen conocedor del estilo de Sánchez, a la hora de incumplir sus compromisos, Aragonès ha exigido la publicación del texto acordado, evitando expresiones que facilitaran una escapatoria. Por eso, como buen vendedor de artículos averiados, Sánchez pone el *acord* con ERC por las nubes, pero se cuida muy bien de explicarlo o citarlo textualmente.

Leamos el acuerdo. Se trata de «una investidura que haga

avanzar a Catalunya en términos de soberanía» y siguiendo una supuesta tradición histórica de convergencia entre PSC y ERC, «siempre dentro del objetivo compartido de ganar soberanía». Ello implicaría la existencia de un espacio común entre el federalismo socialista y el independentismo, pero en los contenidos del acuerdo solo figura el segundo. Para empezar, todos los cambios se enmarcan en una problemática general de «solución del conflicto político entre Catalunya y el Estado español», la misma bilateralidad cargada de enfrentamiento que acuñó ETA para Euskadi. Solo hay una nación, Cataluña, y frente a ella un Estado con el que es preciso ajustar cuentas políticas y económicas. La simple mención de España sería al parecer una provocación. Bilateralidad en el enfoque, bilateralidad en la solución. La ley fundamental de 1978, justificadamente al baúl del olvido, ni siquiera de los recuerdos.

Sánchez y su sucursal catalana aceptan al cien por cien hasta los criterios, objetivos y hasta los mitos del independentismo. De nada ha valido que Josep Borrell se empeñase en probar, cifras en la mano, que la estimación propalada entonces por Artur Mas y Oriol Junqueras, el Madrid nos roba, era totalmente falsa (ver Josep Borrell y Joan Llorach, *Las cuentas y los cuentos de la independencia*), ya que el apartado económico del acuerdo se abre con la afirmación de que «Catalunya sufre (*pateix*) una permanente infrafinanciación». El victimismo, en la economía como en el idioma, sirve de pedestal para la supremacía requerida y confirmada, de esa Cataluña que es «nación con lengua propia y voluntad de afirmarse en el mundo».

Con una tímida nitidez en cuanto a la autodeterminación, estos acuerdos, conducentes al progreso de la soberanía catalana, deben ser «refrendados por la ciudadanía». Para prevenir la posible interferencia desde el exterior, léase de las instituciones y normas del Estado, se constituirá en el Parlament una Convención Nacional encargada de su desarrollo. Ni que decir tiene que una rigurosa política lingüística de afirmación docente y social del catalán, implícita pero claramente sobrevolando las leyes en vigor, servirá de sustrato cultural a tan bien engranado proyecto.

La capitulación política y económica suscrita por Pedro Sánchez contra el Estado de las autonomías tiene mala defensa, y la mentirosa profesión de fe federal, menos. Hace años el economista Ángel de la Fuente probó ya el alto coste del privilegio fiscal disfrutado por Euskadi y Navarra, sobre todo para el primero por la mayor dimensión de su economía respecto del antiguo reino, y que la extensión a Cataluña lo incrementaría de manera exponencial. Si no recuerdo mal, el mundo feliz vasco suponía un beneficio para sus habitantes de siete mil millones de euros. Ahora, en «Sobre la extensión del concierto económico a Cataluña» (*El País*, 31-VII-2024), estima al «menos» el catalán en treinta mil millones. Implicaría «una mutación confederal en la estructura del Estado».

Luego está el cupo, acordado políticamente antes que calculado, en el caso vasco, aunque siga en Cataluña algún grado de solidaridad, dosificada por el donante. En suma, a pesar de que las cifras pueden ser discutidas, el balance resulta inequívoco. Dos comunidades opulentas escapan del régimen común, transfieren la inevitable carga fiscal a las demás, entre ellas, las más pobres, y conservan blindadas las inversiones públicas (por lo menos en Cataluña) y el mercado interior. Curioso «federalismo» económico.

En el orden político, las cosas son también claras. Federalismo no es confederación: en el primero, las competencias de los estados miembros están estrictamente reguladas, así como su intervención en el Legislativo, con un total respeto a las facultades al poder central. Por algo es tan importante la elección del presidente de Estados Unidos, que obtuvo el régimen federal tras una sangrienta guerra civil contra la Confederación, compuesta por estados soberanos. Tal es la fórmula anunciada claramente en Cataluña, con la singularidad de una relación bilateral con el Estado (que tal vez les convenga mantener de algún modo para seguir en Europa), fórmula que rápidamente reclamará Euskadi y está ya en el proyecto nacionalista de *status* (palabreja, por cierto, surgida en Euskadi y adoptada en Cataluña, para alejar el fantasma de «estatuto» sugeridor de integración en España).

ERC ha jugado bien, a costa de la ruptura de los equilibrios existentes en «el Estado español», obteniendo además de Sánchez y del PSC la citada extinción normativa y simbólica de España. Toca ahora esconder la realidad, jugar a fondo con el engaño, ignorar las críticas y satanizar a los críticos. En esto Pedro Sánchez es un maestro, según acaba de probar en el juego de aparente apoyo a la democracia y abstención cómplice de hecho sobre el fraude electoral en Venezuela. Nuestro progresista gobierno no figura entre los inequívocos mandatarios de izquierda que se ganaron las iras de Maduro (Zapatero y Monedero pueden estar satisfechos).

Por eso, en nuestro tema, una vez obtenida su victoria a corto plazo, lo que ocurra más tarde en «el Estado español» no importa. «A largo plazo todos muertos», advirtió Keynes. Pedro Sánchez lo aplica a fondo, pensando en sí mismo. ¿Para qué preocuparse por el futuro del país que gobierno si soy yo quien gobierna? (TO, 6-VIII-2024).

23. La lógica del absurdo: Puigdemont

«El hombre invisible existe: yo lo he visto». Millones de españoles han podido ser testigos de tan extraordinario fenómeno en la mañana del 8 de agosto de 2024. Un personaje político conocido de todos, justificadamente perseguido por la justicia, ha salido de la nada para pasearse por el centro histórico de Barcelona, dar un mitin en un escenario ya preparado, llenarse la boca y el corazón al terminar con un sublime viva a esa *Catalunya lliure* que no puede serlo oprimida por el *Estat espanyol* y al final sumirse de nuevo en un vacío que le devolvió su invisibilidad. Los efectivos de la policía catalana allí desplegados, sin duda atentos a cumplir con el doloroso deber de detenerle, los agentes secretos de la policía estatal que los acompañaban para complementar su labor, nada pudieron hacer y el expresidente se esfumó.

Fue organizada como respuesta, nada menos que una «operación jaula», así etiquetada en español, para que resultase claro dónde reside el origen de la persecución de los patriotas catalanes. Pero nada puede una jaula contra los poderes mágicos de quien sin duda ha adquirido en tierras francesas o belgas la condición del duende maléfico, inspirado en la figura del *loup-garou*, el licántropo capaz de atravesar los muros sin dejar rastro.

Todo esto resulta tan absurdo como aparentemente estúpido, pero no lo es. Puigdemont necesitaba aparecerse y soltar su discurso en Barcelona esa mañana, sin una incómoda detención; los suyos, incluido el presidente del Parlamento catalán, mostrar públicamente su apoyo inquebrantable y el del verdadero independentismo, con el habitual desprecio respecto de la legislación vigente, y cerrando el círculo, la trama del poder socialista, al modo del bravucón que pide ser agarrado en una pelea, exhibir un aparente cumplimiento de las leyes con un evidente deseo de que no fueran cumplidas. Así, tenemos a Salvador Illa *president*, con unas gotas de suspense —la solicitud de Junts de suspender la sesión— que confiere veracidad a la farsa, y todos satisfechos. Y como en casos anteriores, la máscara ha ocultado eficazmente la dura realidad, con las aventuras houdinescas del hombre de Waterloo ocupando el lugar del debate sobre el precio pagado para elegir a Illa, igual que cuando los sufrimientos de Griñán taparon la condena en el Supremo de los ERE.

El único inconveniente de este espectáculo reside en que el cumplimiento de los objetivos convergentes de Sánchez y del independentismo catalán ha representado un golpe más, dado a la vigencia del Estado de derecho, y por lo mismo, a la credibilidad de la democracia y del *Estat espanyol*. Puigdemont se ha burlado de España, de la España de Pedro Sánchez que, por desgracia, es la de todos.

Solo que involuntariamente también se ha burlado de sí mismo, al renunciar al desafío de estar presente en la investidura de Illa. Estuvo en la sesión, pero solo en calidad de fantasma que se escapa arrastrando las cadenas. Se hace así merecedor del tratamiento irónico de que hizo objeto el cantautor catalán Quico Pi de la Serra en los años setenta a un personaje en su famoso juego de palabras sobre la policía que estaba al servicio de los ciudadanos. Un texto perfectamente aplicable al reciente suceso: «*En Puigdemont que passava per allí / la policía gentilment el protegí / i no sabeu potser vosaltres per què ho fi? / l'expresident només volia fugir!*». Al expresidente le protegió gentilmente su policía, y lo hizo porque nuestro viajero solo pretendía huir. Solo huir. No arriesgarse a ir al Parlament y ser detenido. Solo huir.

La mejor prueba de que no es un hombre del temple de sus antepasados políticos, Macià, Companys, Tarradellas. Su talante responde al de otro personaje de la canción catalana, esta vez al de la gallina de Lluís Llach que proclamaba no ser virgen. Puigdemont también ha sido rotundo, confirmando lo que sospechábamos desde octubre de 2017: *que jo d'heroi no en tinc res!* De héroe nada. La vía épica de la independencia catalana ha terminado en un ridículo comparable al de sus perseguidores y cómplices. Solo queda la nada irrelevante de la chapuza y el engaño, con Illa de mascarón de proa, y Aragonès y Sánchez en calidad de artífices.

A pesar de todo, ha sido un éxito. Un episodio significativo más en que la fabricación consciente del absurdo por Pedro Sánchez lleva dentro la obtención de resultados inalcanzables siguiendo lo que Bossuet llamó «la secuencia regulada de los acontecimientos», el curso legal de las cosas. Y para que el procedimiento funcione, siguiendo un flujo circular ya consolidado, solo faltan dos condiciones. Primero, la utilización alegal de los recursos del Estado para conferir una capa de legalidad a ese absurdo que ofrece el aspecto de ser todo lo contrario. Segundo y último, el recurso a la actuación punitiva para vencer toda resistencia que invoque el mencionado funcionamiento legal de las instituciones y de los procedimientos.

Vistos por un espectador que desde fuera ignorase el desarrollo de los sucesivos episodios, el desarrollo de los mismos resultaría inexplicable, incluso fruto de la imaginación de quien los relata. A partir del inaugural, la autorización de un 8-M masivo en plena explosión de la COVID, su encubrimiento posterior manipulando a fondo la comunicación, y presionando primero y persiguiendo después a quienes trataban de investigar lo ocurrido. Una dinámica similar, aunque más elaborada desde el vértice del Gobierno, será aplicada a los dos más próximos, por encima de su diferente naturaleza: la aprobación de la Ley de Amnistía y la puesta en marcha de la investigación judicial sobre el entorno del presidente.

A pesar de sus mayores dimensiones, el tema de la amnistía es de una sencillez asombrosa. Pensemos que, según la nueva norma, dejó de existir un proceso consumado de secesión en Cataluña, exculpando a todos sus responsables, mientras pasan a ser inculpados potenciales todos aquellos que, desde su posición, jueces y periodistas, pretendan mantenerse fieles a la verdad y a la enorme gravedad de lo ocurrido.

El tinglado familiar es de menor entidad, pero si algún día se aclara, tal vez permita conocer mejor cuáles son los resortes, los sistemas de intereses, que intervienen sobre Pedro Sánchez a la hora de adoptar decisiones. Podrían ser entonces formuladas hipótesis acerca de cuestiones mayores, tales como Marruecos o Venezuela, sobre las cuales tantos puntos de su política resultan sencillamente inexplicables, de no encontrarse motivados.

Por ahora, los elementos de un relato solo superficial ofrecen ya suficiente materia para la literatura del absurdo. Una trayectoria académica de ascenso en flecha, carente en principio de los mínimos requisitos de titulación que en cambio son puntualmente exigidos en la mayoría de los casos, y que además enlaza luego con redes de intereses económicos, todo ello en contacto con Palacio. Frente a la sorpresa, y la lógica desconfianza que semejante vuelo del hada pudo suscitar en instancias judiciales, aplicación de la receta conocida: nada existe y quien algo vea ha de ser cegado.

No menos ilógica es la circunstancia de quien salta por encima de las fronteras a la hora de vivir, tributar y al parecer trabajar en otro Estado, con buenos rendimientos obtenidos de tal laberinto profesional y económico.

Si conjugamos al desarrollo de estas aventuras privadas con las aparentemente alejadas de su política de Estado, existe base para pensar que Pedro Sánchez está construyendo una esfera propia de privilegio, absurda en su configuración externa, pero afincada sobre un entramado de intereses muy sólido, cuyo eje es la afirmación paso a paso, golpe a golpe de su poder.

La única condición para que semejante construcción siga consolidándose es que se haga visible el contraste reiterado entre esos intereses individuales, políticos y económicos suyos, y el interés colectivo. Por eso Cataluña es hoy el principal banco de prueba. Y que resulten visibles sus posibles infracciones respecto del orden legal, desde la Constitución al derecho penal, sometido como está hoy el Tribunal Constitucional.

De ahí que el plan de regeneración previsto resulte una exigencia imprescindible para salvar los obstáculos aún hoy demasiado activos. Atemos bien a jueces y medios para que siga imperando el absurdo puesto a nuestro servicio, para seguir vaciando de contenido la democracia y que no decaiga nuestra fiesta, a la cual Carles Puigdemont acaba de contribuir poniendo una nota de misterio... policial.

La victoria fue suya y por ello decidió aprovechar en lo sucesivo sus siete diputados para condicionar día a día la política española. Es un consuelo: ya que no gobierna Barcelona, lo hace desde Waterloo en Madrid. Y con éxito notable: cada vez que Pedro Sánchez necesita sus siete votos, se lleva a casa un pedazo de Estado. (TO, 13-VIII-2024).

24. La extinción de España

A lo largo de 2024, el tema de la nación española ha estado una y otra vez presente en el debate político, sobre todo en relación con el juego de demandas y concesiones a Cataluña, aunque también en los planos parlamentario y cultural. Siempre poniendo de relieve que Cataluña era la nación, como Euskadi, o mejor Euskal Herria, mientras a España como nación se la daba, bien por inexistente, bien como obstáculo que superar para la pluralidad constitutiva del Estado.

En la política de concesiones, llevada al extremo por Pedro Sánchez, el espíritu y la ley de la Constitución importan poco, de manera que desde la vertiente ideológica opuesta al independentismo se ha difundido la opinión de que ha sido precisamente la versión *light* de la nación española, presente en la ley fundamental y en las ideas del periodo, la causante inmediata de la evidente crisis de España como nación. Tuvimos, según la fórmula de Jorge Vilches, «Constitución sin nación».

El diagnóstico pesimista es válido, pero no tiene en cuenta el detalle de que la fórmula adoptada en la Constitución, de nación y nacionalidades, en su aparente ambigüedad, no es una concesión, sino el reflejo de una realidad compleja, indisociable ya de la vida democrática en España. La existencia de las naciones catalana y vasca no es un invento de los nacionalistas, sino un sentimiento y una identidad compartidos mayoritariamente en las respectivas ciudadanías, por desgracia si se quiere, pero ahí está; lo mismo que el predominio de la identidad dual, vasca y española, catalana y española, en la primera hoy un fuerte deseo independentista, pero minoritario.

Aun cuando Pedro Sánchez está haciendo los mayores esfuerzos para deshacer ese equilibrio, en detrimento de España, la única solución política viable del problema, la federación, tiene que responder a esa jerarquía y a ese pluralismo, reconocidos ambos por la Constitución de 1978. La vía Sánchez-Aragonès-PNV-Bildu lleva a la confederación, primero, y en definitiva a la fractura. La alternativa unitaria, la racionalización en todos los órdenes, como la propuesta que Félix de Azúa hizo en *The Objective*, no tiene en cuenta la vieja advertencia de que en el mundo natural todos los radios de una rueda son iguales, pero que las leyes políticas han de atenerse a la voluntad de los hombres.

Guste o no, con todas las mitologías y falsificaciones que se quiera, esa doble realidad, de la consolidación de los nacionalismos periféricos y de la persistencia de un tronco común, con identidades duales en aquellos, reflejadas políticamente en los comportamientos electorales, es la base sobre la cual cabe encontrar una solución constitucional desde la democracia. Y la Constitución de 1978, perfectamente «federalizable», si no es destruida por la deriva confederal, la hace posible.

Especialmente en Cataluña, el discurso oficial, no independentista, revela hasta qué punto domina la idea de la extinción de España. Es así como en su bien meditado mensaje institucional para la Diada, el 11 de septiembre, Salvador Illa, nuevo presidente de la Generalitat, habló con discreción de su carácter de fiesta «nacional», y también del valor de Cataluña como «nación próspera y justa». Lo reforzaba en el plano simbólico la *senyera* a su espalda, en ausencia de la bandera española, como es ya costumbre, mientras la alusión a España, fundida con otras partes del mundo, aludía a la procedencia de quienes fueron a mejorar ese «proyecto colectivo» catalán. Nada tampoco del pacto ERC-PSC.

En su explicación del *acord* semanas antes, Illa había sido más explícito: Cataluña era «la nación» y España «un espacio público compartido». La presencia de la nación española ha sido borrada de la mente del político socialista catalán. Consecuencia: el tema de la existencia o inexistencia de la nación española dista de ser una cuestión arqueológica. Está en el presente y tiene innegables repercusiones políticas. Por eso vale la pena mirar hacia el pasado y comprobar que España no es una invención franquista.

En sociedades complejas, esa conciencia de comunidad se sitúa en el plano imaginario, según advierte Benedict Anderson, si bien sentirse agredidos por un poder exterior provoca en ocasiones el salto a la realidad. No en vano Aljubarrota, la batalla ganada en 1385, es el monumento nacional portugués, porque esa victoria hizo posible la independencia frente a Castilla. Diríamos que la percepción de la «ruina de Spania», en la Crónica mozárabe del 754, es casi un acta de nacimiento por efecto paradójicamente de la conquista árabe. Constatamos su existencia por el *De rebus Hispaniae*, del arzobispo Jiménez de Rada, que por azar fue también protagonista de las Navas de Tolosa. El proceso culmina de una manera incompleta con la unión de coronas bajo los Reyes Católicos, cuyo significado unitario es reconocido sin reservas desde fuera de la península.

Puede decirse que, en 1500, aun al borde de la fractura en la sucesión de Isabel la Católica, España existe. Nace a los ojos europeos «la monarquía de España», antes que hispánica. La Ilustración sentará más tarde las bases de la conciencia nacional que se traduce en la oposición en masa de los españoles, Napoleón *dixit*, a la invasión francesa. En su curso, del Dos de Mayo a la Constitución de 1812 cobró forma la nación política.

Llegamos al punto en que una visión desviada, sin soporte de investigación, llevó a negar ese carácter de guerra de Independencia, y con ello el proceso de construcción nacional español. Buena base para declarar la nación fallida y para cosechar entusiasmos entre nacionalistas catalanes y vascos, sin el debate abierto entre historiadores que hubiera cabido esperar. Para afirmar tal cosa, fue necesario ignorar el clamor por la independencia de las juntas revolucionarias desde el mismo mes de mayo de 1808. Basta leer el libro clásico de Miguel Artola, *Los orígenes de la España contemporánea*, para constatarlo.

Otra cosa es que, con las enormes destrucciones de la guerra y la pérdida, también traumática, del imperio, resultaran anuladas las precondiciones de la modernización política que tuvo lugar de 1808 a 1812. El Estado-nación español daba sus primeros pasos al borde de un abismo. Pero su gestación venía de lejos. De ahí que la emergencia a finales del XIX de los nacionalismos catalán, vasco y gallego (en menor medida), si bien surge de las insuficiencias —económicas, políticas, culturales de la construcción nacional española—, y parte de antecedentes históricos reconocibles, no borra la del tronco nacional español, aunque este sea su objetivo.

Para apreciarlo, es preciso tener en cuenta que, en la génesis de las naciones contemporáneas, la cohesión económica y política, la memoria y la invención del pasado contribuyen a la definición de una identidad desde las élites, pero esta solo se generaliza para el resto de la sociedad cuando en el tránsito al mundo contemporáneo la nación se convierte en el sujeto político por excelencia. Punto de llegada: la identidad podrá ser evaluada sociológicamente mediante encuestas y su alcance político con el sufragio. Hoy la nación puede ser hasta cierto punto medida, lo cual no es en absoluto garantía de estabilidad: las naciones se construyen y se deconstruyen, como ahora está en riesgo de suceder a la española. Otra cosa es lo que piensen o digan los nacionalistas. De ahí que conozcamos bien el estado de la cuestión para la España actual respecto de la nación española y también, a su lado, las tres «nacionalidades históricas», reconocidas implícitamente en la Constitución.

Para existir, la nación ha de ser asumida como «comunidad imaginada» por el sujeto colectivo que se autodefine como nación, y eso significa que su permanencia no está siempre asegurada. Se encuentra sometida al cambio histórico, puede ser construida y consolidarse, también entrar en un proceso de crisis, de desagregación. Prueba: la España de hoy.

Nuestros nacionalismos «periféricos» resuelven el problema con facilidad, eliminándolo. Ofrecen en cada caso una visión supuestamente objetiva de la nación, definida por unos caracteres diferenciales que ellos mismos la asignan para apropiársela y presentarla como realidad indiscutible, al mismo tiempo que recusan todo aquello que en el plano real o simbólico daña ese objetivo. La muestra más evidente es la política intensiva de «desespañolización» en todos los campos, llevada a cabo por nacionalistas vascos y catalanes desde la Transición. La imposición de la lengua considerada propia y la exclusión del castellano, la exaltación de los símbolos privativos y la negación de España son los aspectos en que se ha plasmado tal estrategia con mayor intensidad y eficacia.

La coartada para justificar tal obsesiva proscripción de lo español consiste en afirmar que se trataba de una respuesta democrática a la agresión llevada a cabo durante la dictadura de Franco, como si una irracionalidad pudiera servir de aval a la sucesiva. La coartada ha funcionado y sigue funcionando. En el *acord* con ERC, Pedro Sánchez la hace suya sin pestañear, llevándola incluso a la valoración del estallido secesionista de octubre de 2017. De momento, el independentismo queda satisfecho y Sánchez, con todo el mundo socialista, canta victoria, sin tener en cuenta la factura que en lo sucesivo habrá que pagar por una relación entre Cataluña y España, bilateral, de privilegio económico, y abierta a la posibilidad de una crisis definitiva.

Como consecuencia, no resulta fácil devolver las aguas al cauce democrático, que trazaron los artículos 2 y 3 de la Constitución. En ellos, la unidad de la nación española es matizada mediante el reconocimiento de las nacionalidades, al mismo tiempo que el español como idioma nacional ampara en el texto a los idiomas de nacionalidad, jerarquizados. A mi entender, y mi opinión es perfectamente discutible, se trata de una institucionalización de la «plurinacionalidad», en el sentido de la poco grata expresión de «nación de naciones», esto es, la existencia de un tronco común, el español, del cual emergen las nacionalidades/naciones catalana, vasca y gallega, manteniendo el entronque, sin fractura, en contra de lo que desean y afirman los soberanistas.

Así sucedió en nuestra historia con la formación de los nacionalismos vasco, catalán y gallego, a favor de los estrangulamientos registrados por la construcción nacional española en el siglo XIX. No se trata de que existan caracteres objetivos diferenciales, porque en Francia hay vascos, catalanes, alsacianos, flamencos y bretones, tan distintos del núcleo francés como aquí vascos, gallegos o catalanes del español, y no sucedió nada semejante. Funcionó la integración eficaz de las minorías nacionales en la nación francesa. Economía, escuela, ejército contribuyeron a ello.

Aunque tal proceso integrador no se consumara según el patrón francés, España difiere del Imperio austro-húngaro, o de Yugoslavia, donde el Estado cubría una realidad plurinacional. La identidad no es lo que proclaman los nacionalistas, sino lo que revelan las elecciones democráticas y las encuestas cuando estas empiezan a realizarse, y por ello sabemos que en Yugoslavia eslovenos o croatas proclamaban su identidad exclusiva casi al cien por cien.

Las encuestas comprueban, en cambio, para Cataluña y Euskadi el predominio de una identidad dual —catalanes y españoles, vascos y españoles, Galicia queda atrás— y a ello se suma la existencia de subsistemas políticos también duales. Estos, eso sí, a partir de 2010 cada vez más escorados a favor de los nacionalismos. España retrocede, y a veces el independentismo también, como recientemente, tanto en Cataluña como en Euskadi.

Al admitir la coexistencia de «Nación» y «nacionalidades» (artículo 2), la Constitución se abre a la plurinacionalidad, entendida a modo de compresencia jerarquizada de nación y naciones/nacionalidades. Algo que resulta negado por la interpretación que hoy imponen, frente a la Constitución, los independentismos, con la colaboración, e incluso el protagonismo del Gobierno. El primer golpe se dio en el Congreso, por obra y gracia de Francina Armengol, al igualar el empleo de los idiomas, contraviniendo el artículo 3 de la Constitución. Una brecha abierta que pronto utilizó el ministro de Cultura, Ernest Urtasun, al equiparar los idiomas, con el castellano en último lugar, en las iniciativas culturales de su ministerio, a lo cual añade un abierto rechazo a la consideración de los museos como lugares de la memoria colectiva —la de España, obviamente—, en nombre de la prioridad otorgada a su objetivo ideológico de «descolonización». Víctimas previstas, el Museo de América y el Antropológico. Lo esencial es que una perspectiva española resulta negada por parte del ministro de Cultura español. En el zoo político de Sánchez, todo es posible.

La sistemática marginación de la nación española, y de la lealtad constitucional, ha culminado en el pasado reciente, primero con la Ley de Amnistía, al establecer el privilegio de impunidad para los rebeldes separatistas de una comunidad, y más tarde en la misma línea, vaciando al Estado español de contenido nacional, en el «espacio público compartido» de que habló Salvador Illa al explicar el pacto con ERC. Espacio con la nación catalana como primer ocupante, donde España acaba sobrando. ¿Consecuencia? Para nada va esto hacia una federación. Tras una inviable confederación, dominada por la soberanía política y fiscal de Cataluña y Euskadi, en relación bilateral de ambas con el Estado, se abre la posibilidad de la fractura definitiva.

Es curioso que, en vísperas de la crisis catalana de octubre de 2017, Pedro Sánchez parecía tener ideas claras, cuando hablaba de «perfeccionar la plurinacionalidad», en el sentido de «caminar hacia un Estado federal que reconozca que España es una nación de naciones que tiene una única soberanía (que es la del conjunto de la sociedad española) y un único Estado (que es el Estado español)». Lo contrario de lo que piensa y hace hoy. Ahora bien, el equilibrio duró poco, ya que pronto Sánchez pasó a definir tal pluralidad como suma de naciones en el mismo espacio político, a modo de croquetas en un mismo plato, con lo cual la primacía de España, único Estado, y el federalismo, iniciaban el descenso al infierno actual de la política territorial socialista.

Para frenar esa deriva queda un único obstáculo, que sin duda intentará sortear el Tribunal Constitucional «progresista» de Cándido Conde-Pumpido. La nación española, la plural nación española, se apoya en la ley fundamental, cuya estructura, en el plano técnico, solo requiere verse consolidada en un Estado federal que añada elementos de asimetría al denominador común de las competencias, un Senado efectivamente territorial y que preserve ese sólido centro de decisiones en el Estado, requerido por Pedro Sánchez en 2017.

Resulta preciso subrayar que el federalismo nada tiene que ver con las soberanías de los estados miembros de la federación ni con un restringido poder del Gobierno federal. En modo alguno, ejemplos Estados Unidos y Alemania, los estados federales son débiles o disgregadores, como en cambio lo es cualquier tipo de confederación, al contar en ella los estados miembros con la posibilidad y la legitimidad para afirmar sus decisiones por encima de los demás y del propio poder confederal.

Más lo sería la que despunta aquí y ahora, conjugando las aspiraciones dictatoriales de un presidente dispuesto a acabar con la división de poderes, con la voluntad de separación de los grupos independentistas. Una convergencia que le permite a Pedro Sánchez sobrevivir, cuando no gobernar, en ese Parlamento que tanto le disgusta.

Con los datos disponibles y las expectativas manifiestas de vascos y catalanes, el panorama a corto plazo queda despejado. El modelo definido por el pacto PNV-Sánchez, extensible a Cataluña al conceder la «soberanía fiscal», sería la conversión fáctica del Estado de las autonomías en un Estado confederal. Y asimétrico.

Lo ha anunciado Bildu, renunciando temporalmente a la independencia, siempre que el poder central sea reducido a un mínimo de competencias, y sobre todo privándole de la posibilidad de resolver cualquier conflicto por vía jurídica que limitase las respectivas soberanías. Estas se encontrarían garantizadas por su *status* a Euskadi y por el autogobierno pleno de la Generalitat, con el respaldo económico del concierto y de la soberanía fiscal, reforzada en este caso por la reserva de ordinalidad. Para los vascos, sería vulnerado el principio de ciudadanía social, al asumir su Gobierno la Seguridad Social.

Sin olvidar la dimensión simbólica, centrada para Euskadi en la construcción de una memoria sobre la era del terrorismo etarra. El PNV intentó con éxito desde un primer momento transformar la lógica atención prioritaria a las víctimas en una atención exclusiva a las víctimas, olvidando a los verdugos, a su inspiración doctrinal —la ideología del odio forjada por Sabino Arana, el fundador del partido— y a la complicidad del PNV con ETA en el cerco al constitucionalismo de los años de plomo. Los votos para el PSOE en Madrid hicieron el milagro del olvido, que se concretó institucionalmente con gran éxito en el Museo Centro Memorial de las Víctimas del Terrorismo de Vitoria, donde no hay la menor rendija para otra versión (doy fe, ni como historiador del nacionalismo, ni como víctima de tercer grado, amenazado de muerte, tuve nunca acceso allí a la palabra en sus actos).

Y todo no acaba en el Memorial. Con la complicidad de los socialistas en el Gobierno vasco, hay un segundo centro oficial de memoria, *Gogora* (Recuerda), dirigido por un socialista, y centrado exclusivamente en «las víctimas del franquismo». Se va a dedicar a los GAL, a los crímenes de la lucha antiterrorista durante la Transición. Es la «memoria democrática» llevada a la perfección: ceguera obligada ante las causas históricas, ante la ejecutoria del PNV, equidistancia perfecta entre unas víctimas y otras, estudio inmediato de los excesos de la política antiterrorista ya en democracia. Un excelente complemento a la hegemonía alcanzada por el nacionalismo sabiniano en la escena política vasca, con Pedro Sánchez como director de orquesta a quien no le interesa conocer la partitura, haciendo posible que la ejecución prevista de una sinfonía de la paz se convierta en la celebración de la victoria conjunta de PNV y Bildu. Un 1812 donde los cañonazos han sido silenciados.

Por último, una vez declarado en el caso vasco, que el *status* previsto de PNV-Bildu —con el PSOE de espectador— no se apoya en la Constitución, sino en los sabinianos «derechos históricos», y suprimido todo delito secesionista por la Ley de Amnistía, en caso de conflicto con el centro no hay obstáculo para la independencia. De momento esta es contraria a los respectivos intereses económicos. Más vale seguir disfrutando del mercado interior, de las ventajas fiscales y de la presencia del rótulo España en la UE desde una posición privilegiada. Queda roto el espejo de la nación española, esto es, de la defensa de los intereses de sus ciudadanos, pero esto lógicamente no importa a quienes disfrutan de la posición excepcional adquirida y tampoco a Sánchez que con ese puñado de votos se perpetúa en el poder. (TO, noviembre de 2024-enero de 2025).

VI

UN YO OMNÍVORO

Es Antonio Scurati, autor de una espléndida biografía novelada de Mussolini, quien propone esa caracterización para designar la voluntad de control que provoca en un líder populista, precisamente el vacío de su proyecto político. Ante las demandas de la realidad, o frente a la amenaza que suponen para él las respuestas desde órganos legales a sus actuaciones arbitrarias, nuestro ególatra responderá con una huida hacia delante, intentando que nada se le escape y pueda frenar su deriva. El mundo político y social debe llegar a encontrarse bajo su completo dominio.

Resulta obvio: la creciente presión de las investigaciones judiciales da lugar a un correlativo incremento en la voluntad de control por parte de Pedro Sánchez y en el deseo de arruinar unas investigaciones que afectan a su entorno y a sus antiguos colaboradores cercanos. El principio de igualdad ante la ley salta por los aires, o al menos eso intenta.

Como consecuencia, por una parte, intenta construir un sistema de poder suprajudicial, acorde con la prioridad de sus intereses defensivos, que engloba y domina el Estado de derecho. Lo denominaríamos un gansterismo político, no porque vaya a dedicarse a asaltar bancos o a cometer asesinatos, sino porque construye un sistema normativo propio, en dependencia estricta de los intereses del presidente, desde sus decisiones, por encima de las leyes y de las instituciones del Estado. Por su grado de personalización en decisiones y destinatarios de las mismas, va más allá de la dictadura propiamente dicha.

Al mismo tiempo, se mueve en una doble dirección.

Primero, lo esencial, estableciendo un doble filtro sobre los procedimientos judiciales y la información, capaz de yugular las acciones y las críticas que amenazan a su gestión: una especie de Inquisición progresista, al servicio del privilegio.

Segundo, maniobra de cobertura, una campaña de opinión que demuestre la excepcionalidad de su periodo de mando, una apoteosis autoorganizada que además enlaza de modo directo con su maniqueísmo, y por eso tendrá como protagonistas de cartón piedra a los agentes del bien, sus precursores de la República, venciendo ahora a los del mal, cuya personalidad no importa demasiado (ni Franco es el pretexto: el 8 de enero de 2025, al presentar el programa de conmemoración, ni le mencionó).

Lo único que cuenta es Él, con su permanente victoria sobre la derecha de hoy, de la española a la mundial. Pedro Sánchez encabezará la resistencia a la «Internacional reaccionaria»; léase, aprovechará la presidencia de Trump y el ascenso de la extrema derecha en Europa para intensificar su guerra imaginaria contra todo aquel que no le siga. Vox, agradecido.

A mayor intensidad del conflicto, mayor determinación en el sistema de poder propuesto, aplicando a las instituciones del Estado el esquema totalitario ya impuesto por él en el PSOE.

25. El porqué de una autocracia

La vocación dictatorial de Sánchez busca la destrucción de todo aquel que se le oponga, sin reparar en los medios, configurando un régimen a su medida. Existen distintas formas de interpretar lo que nos está pasando a los ciudadanos de este país desde que Pedro Sánchez formó el Gobierno de coalición con Pablo Iglesias. El relato oficial es unívoco. A partir de entonces, Pedro Sánchez guía con mano firme nuestro país por la senda del progreso, venciendo una y otra vez las conjuras y las maldades del monstruo bicéfalo de la reacción, encarnado por Feijóo y Vox (incluir el nombre de Abascal estropearía la designación del verdadero malo de la película). Tal explicación genera un discurso único, heredero de las risas enlatadas de la TVE del pasado, elaborado por una pléyade de técnicos que pagamos los contribuyentes para que Sánchez manipule nuestras conciencias.

La emisión de la señal principal es asumida por el propio Sánchez, y va retransmitiéndose por un coro de papagayos, con Bolaños como solista. Para terminar, si el caso lo requiere, en estridencias agresivas contra algún enemigo, las más recientes de Teresa Ribera y del combativo Óscar Puente, con el fin de descalificar la actuación del juez que instruye la causa contra Begoña Gómez. Hay que echar sobre él toda la basura posible y de ello se ocupan los medios próximos (la Sexta, *El País*, *Público*, la SER). En suma, una orquesta perfectamente afinada para el autobombo y para aniquilar al otro.

El relato alternativo, elaborado desde distintos ángulos, subraya el alcance de la violación del orden constitucional que está llevando a cabo Pedro Sánchez. Pone de manifiesto una tras otra sus graves infracciones al mismo, ejecutadas en un principio con el propósito de mantenerse en el poder.

A partir de ahí, la naturaleza de su Gobierno ha ido deslizándose en el curso de esa actuación de autodefensa, pasando del caudillismo, que siempre fue un componente de su personalidad, a la dictadura, la obsesión por el ejercicio de un poder personal, al modo de Erdoğan en Turquía, y al sultanismo, la concentración de los tres poderes en un Ejecutivo que ignora deliberadamente cualquier limitación legal a sus decisiones.

Basta la imagen de su desprecio al Legislativo, teñido en su momento de cobardía al ausentarse del debate sobre la decisiva Ley de Amnistía, para hacer inútil cualquier explicación. La elaboración de las leyes es sustraída al Parlamento y desplazada al ámbito conspirativo, donde Pedro Sánchez puede actuar de espaldas al control de la oposición y de la opinión pública.

En casos de máxima importancia, como en la citada implantación de la amnistía-para-rebeldes-catalanes, esa deslocalización puede llevar a un esperpéntico punto de llegada: es el delincuente quien hace la ley, y como podía esperarse, pronuncia su propia absolución y hace una apología de su conducta delictiva. Inversión de papeles nueva en la historia de las democracias. Quienes cumplieron con la ley son humillados y vistos como responsables de la rebelión —«sedición» gracias a la rebaja en su día de Diego López Garrido por el PSOE—, mientras aquellos que trataron de dinamitar el régimen constitucional resultan absueltos y reciben todos los honores. Así cuando lo deseen, tienen la puerta abierta y la fuerza moral para intentarlo de nuevo.

¿Van a moderarse tras su victoria? No parece. La formación de la mesa en el Parlamento de Cataluña es ya un signo inequívoco de que los independentistas, aun enfrentados entre sí, siguen unidos por su objetivo político y dispuestos a ignorar las normas constitucionales. Con el propósito de imponer su candidatura a presidir la mesa, abriendo la posibilidad de una presentación de Puigdemont como primer candidato a la presidencia de la Generalitat, necesitaban contar con los votos de los prófugos. El Tribunal Constitucional denegó tal posibilidad y de nada sirvió, ya que la mesa de edad, donde fueron mayoritarios, desoyó tal prohibición. Para Sánchez, aunque sea a costa de Illa y del resultado de las elecciones catalanas, no son ellos los enemigos, sino quienes defienden la Constitución.

Ahora bien, para entender la figura política de Pedro Sánchez ni siquiera basta esa reconstrucción del deslizamiento hacia formas de poder autocráticas que desbordan a las claras el marco del orden constitucional. Tenemos delante el sometimiento sin reservas a sus órdenes, de instituciones constitucionales de primera importancia, a las cuales transforma en dóciles instrumentos de su voluntad, desde la Fiscalía General al Tribunal Constitucional, desde la información pública a través de RTVE a la presidencia del Congreso de los Diputados. No es, pues, solo cuestión de exceso de poder ni de voluntad de colocar todas las piezas del sistema político bajo la dirección del presidente del Gobierno, sino del empleo sistemático de la manipulación y de la coacción para lograr la sumisión de las ideas y las conductas del conjunto de la sociedad.

La consecuencia inevitable de esa voluntad de dominio absoluto es una deriva hacia la infracción sistemática de las normas del Estado de derecho. Fue una degradación que ya experimentaron a fondo los totalitarismos de entreguerras, con el delito Matteotti en la Italia fascista como espectacular punto de partida. Y si bien en la Rusia de Putin sigue vigente en su versión extrema, se ejerce sobre todo en regímenes todavía institucionalmente democráticos, caso del nuestro, como asunción por parte del Gobierno de una capacidad de decisión y de un control sobre los ciudadanos, ejercidos por encima de la ley.

Desde una omnipresencia a la cual los ciudadanos han de amoldarse, soportando el ejercicio permanente de la coacción estatal, cada vez que el Gobierno ve amenazados sus intereses, sin ley que valga. Un *gansterismo* institucional que ya resultó visible en España cuando una jueza trató de analizar las responsabilidades del 8-M en el estallido de la COVID. Doble táctica: presiones sobre ella hasta que renunció a seguir en su intento y ataque profesional, confirmado por las sentencias, contra el coronel de la Guardia Civil que rehusó en la comunicación de sus informes someterse al ministro de Justicia. Pablo Iglesias enseñó a Sánchez el camino que seguir, al denunciar «las cloacas» del Estado e iniciar la causa general contra una judicatura independiente.

Al verse ahora implicado el entorno de Sánchez por una actuación judicial, se ha dado un paso más en el descenso al infierno de la antidemocracia. El mecanismo de destrucción de la figura del juez, partiendo de las referencias insidiosas de Sánchez en su segunda carta a los ciudadanos, sin pruebas ni soporte legal alguno, fue objeto de una amplificación al ser transmitido por los miembros del Gobierno y los medios públicos, culminando en las declaraciones de la vicepresidenta Teresa Ribera. El juez Juan Carlos Peinado se convertía así en instrumento político de la ultraderecha, de Manos Limpias a Feijóo.

Semejante estrategia de destrucción de una figura pública mediante una oleada de calumnias fue patentada ya por la derecha francesa en los días del Frente Popular, provocando el suicidio del ministro Roger Salengro. Aquí y ahora, las consecuencias de la campaña son innegables para el juez-víctima, para su honor y dignidad, al verse criminalizado por poner una fecha legal pero molesta. No hay otro remedio que señalar que ese tipo de acción agresiva contra alguien encuentra su calificación, como acto y como comportamiento, en una palabra de origen francés; allí sociológica, la *canaille*, aquí psicológica y moral, expresando aquello que con mentiras y bajeza daña intencionalmente a una persona, lo cual califica a quien lo comete. Importa, además, que en Pedro Sánchez no se trata de algo incidental, sino de una regla de conducta, bajo el signo de un envilecimiento que contamina a todo su entorno gubernamental y mediático.

El punto de llegada de esa sumisión del Estado a los intereses personales de quien gobierna no podía ser otro que la defensa a ultranza de una eventual corrupción. Por lo visto y leído en las cartas y discursos del presidente, estaríamos ante una familiarización del Estado, por cuanto Pedro Sánchez pone sobre la mesa de juego para el tema Begoña Gómez todo su capital institucional. De paso convierte una defensa que no le corresponde —su esposa es un ciudadano sometido a la ley como otro cualquiera— en bumerán para destruir a la oposición conservadora.

El único antecedente de esta fusión de familia y política son aquellas *Conversas em família* del sucesor de Oliveira Salazar, Marcelo Caetano, en la agonía del Estado Novo portugués, pero aquí las cartas desde la familia de Sánchez son tan aburridas como aquellas, pero nada tienen de reflexiones políticas sobre el presente. Constituyen un intento de satanizar a todo aquel que proponga que el cumplimiento de la ley y su exigencia por los jueces pueden ser aplicados a él (y a su esposa).

El rey Juan Carlos se salvó de sus actos corruptos por la cláusula de inmunidad reconocida al monarca, pero Iñaki Urdangarin fue condenado y claro que ese juicio, y la propia escapatoria de Juan Carlos, dañaron al prestigio de la monarquía. Hubo presiones, pero nadie orquestó una campaña contra los jueces. Por su parte, Sánchez y su entorno carecen de inmunidad. Solo cuentan con los medios alegales que están poniendo en acción para imponerla, viendo a todo juez independiente como un obstáculo, y no les importa que el precio que pagar por la democracia resulte muy alto.

No es este el momento de elucubrar sobre la inocencia o culpabilidad de Begoña Gómez. Decidirán los jueces, pero no es admisible la pretensión esgrimida por Sánchez de que la «profesional honesta», siendo su esposa, dispone del campo libre para ejercer sus actividades económicas. Las limitaciones son evidentes. Tiene el deber de realizar tales actividades al margen totalmente de la esfera del Gobierno. Y además debe rechazar todo beneficio o ventaja que le sea ofrecido, ya que su posición personal al lado de Sánchez, como ocurriera para Urdangarin, introduce un obvio aliciente para la concesión de privilegios inadmisibles. Aun cuando la normativa no los prohíba expresamente. Botón de muestra: el asunto de los másteres es ya una alegalidad —no ilegalidad— clamorosa, inimaginable para quien como yo ha pasado su vida en la Universidad Complutense de Madrid, y sugiere la necesidad de un esclarecimiento total sobre las actividades profesionales y económicas que ella misma debiera ser la primera en exigir.

Si de veras es honrada (lo de honesta sobra, gracias, Arcadi Espada), las protestas airadas de Sánchez no la favorecen, más bien sugieren culpa. Consecuencia: si además tenemos en cuenta el caso Koldo, planea toda una sombra de corrupción sobre el Gobierno, con el presidente en el vértice, que solo la libre actuación de la judicatura puede aclarar. Pensemos también en Venezuela y en Marruecos. Algo huele a podrido en la Moncloa. Y Sánchez no está dispuesto a aceptarlo. Bloqueará como sea el camino de la justicia.

Sin la truculencia y la sangre de un film de gánsteres, estamos en el umbral de un imperio de la arbitrariedad obsesiva de quien manda. A diferencia de lo que viera Montesquieu, en el mundo de hoy el despotismo es compatible con la celebración de elecciones. También las hay en la Rusia de Putin. Tendríamos elecciones, pero no convivencia ni vida democrática. El revés de las elecciones europeas no cambiará nada. Él está por encima de la voluntad del pueblo. (TO, 11-VI-2024).

26. *Delenda est iustitia!*

«El único derecho del oprimido es quejarse», escribía a finales del siglo XVIII el primer periodista político de nuestra historia al ministro y conde de Floridablanca. Hoy en un régimen democrático, ese derecho se mantiene, pero resulta insuficiente cuando el ciudadano percibe que un Gobierno se entrega a una erosión continuada e irreversible de las libertades públicas. Entonces, el diagnóstico pesimista de la situación ha de llevar a la denuncia, aun a sabiendas de que la misma tropezará con el Muro del sistema de poder que en su trayectoria «autocrática» —por usar sus mismas palabras— ese Gobierno ha ido edificando. Denuncia de la degradación política en curso, acusación abierta contra aquel que la provoca: no existe otra fórmula para promover la resistencia democrática hoy necesaria en España.

En este sentido, el incidente de la perquisición judicial sobre Begoña Gómez ha sido la gota que ha colmado el vaso, y al propio tiempo el espejo de hasta qué punto nuestro presidente está dispuesto a eliminar la división de poderes cuando sus intereses personales están en juego. Pedro Sánchez ha exhibido una vez más su concepción patrimonial del Estado, visto como simple instrumento de su voluntad, y por añadidura de un más que verosímil entramado de corrupción opaca, acompañante habitual de los gobiernos personales. Para el caso, la regla de oro es que la justicia no tenga entrada en el reservado político y familiar.

Así, a diferencia de lo que ocurrió en el caso Urdangarin, cuando, incluso afectando entonces a una institución como la familia real, el infractor quedó sometido a la acción de la justicia, la ciudadana Begoña Gómez pertenece porque Sánchez lo impone a la esfera del privilegio. De hecho, lo estaba ya cuando recibió nombramientos en la Universidad Complutense para los que en principio carecía de titulación. Solo que ahora hemos ido más allá. No solo no declara ante el juez, convertido en un personaje difamado, hasta ser presentada su conducta como incompatible con «el Estado de derecho» por todas las voces y todos los medios del Gobierno, sino que lo hace dictaminando, en palabras de su abogado, que la investigación «carece de objeto».

Sánchez lo decide así, y para ello incluso recurre a puestas en escena lacrimógenas, entre el dolor y la ira, ya apuntadas en el famoso anuncio de los días de reflexión y en el montaje de su aparato de propaganda para descargar la condena de los ERE sobre el problema de Griñán, otrora grave y cariacontecido, hoy feliz y satisfecho. El desenlace de la tragicomedia es claro: *Delenda est Iustitia!*

De forma clamorosa y coincidiendo en el tiempo, la exculpación de los principales responsables políticos del caso de los ERE viene a confirmar la exigencia de señalar la responsabilidad de Pedro Sánchez por la vulneración reiterada del principio de división de poderes, reconocido en la Constitución de 1978. No solo al convertir al fiscal general del Estado en *su* fiscal general del Estado, posibilitando así su instrumentalización para la lucha política, sino también al desvirtuar la función asignada por la ley fundamental al Tribunal Constitucional, transformado en última instancia para la eventual anulación de sentencias desfavorables del Supremo.

Dicho de otro modo, Sánchez ha conseguido forzar su mutación *contra natura*, de árbitro supremo de la constitucionalidad de las normas, en arma jurídica para suprimir en beneficio propio y de los suyos la autonomía de los procedimientos judiciales.

La prepotencia de Manuel Chaves, al sentirse libre, ha permitido ver cómo esa metamorfosis del Tribunal Constitucional desemboca en el esperpento. El expresidente andaluz no solo proclama su total inocencia, lo cual es perfectamente lícito, sino que llega a afirmar que el caso ERE, con sus millones de euros de defraudación, nunca ha existido, salvo como fruto de la acción de los perversos, PP y medios de comunicación. (Es de suponer que Chaves exculpará a los medios que en su día trataron de ensuciar la imagen de la jueza de instrucción que inició el caso, Mercedes Alaya, mal uso que entonces tuve ocasión de denunciar allí mismo donde tenía lugar).

Así que los ERE no debieron existir, no tuvo lugar el tránsito de la compra de un electorado rural cautivo a un enorme fraude, y por la misma regla de tres, pensamos, tampoco existieron las irregularidades y los tratos del entorno más próximo a Sánchez —mujer y hermano— y Ábalos nada sabía del caso Koldo. Un escenario de desapariciones sucesivas, de hechos demasiado reales, donde la intervención de la justicia sobre la eventual materia delictiva resulta siempre desautorizada agresivamente por el coro de voces al servicio del Gobierno.

En efecto, toda actuación de la justicia adversa al mundo político y personal de Sánchez desencadena un efecto bumerán. Es un guion que funciona como las respuestas telefónicas automáticas. Primero, negación airada de la evidencia (por sólida que esta sea). Segundo, culpabilización personal del titular de la instancia judicial (descalificándole). Tercero, la responsabilidad última es del PP. Siempre sin un solo dato concreto que avale tan rotunda recusación de la acción de los jueces. Releamos para ilustrarlo las declaraciones sobre el tema de Chaves a *El País*.

En síntesis, si a la impunidad general de las acciones del poder, y allegadas, se une la subordinación radical del Poder Legislativo a la voluntad del presidente y una manipulación sistemática de la información estatal y de los medios públicos, la única consecuencia que podemos extraer es que nos encontramos abocados a una deriva dictatorial.

Umberto Eco lo anunció en su «fascismo eterno» y Antonio Scurati ha insistido en ello recientemente, al diagnosticar la involución autoritaria, protagonizada por la derecha en países como Hungría e incluso en la Italia de Giorgia Meloni. Pero también hace décadas, desde el espejismo totalitario de Fidel Castro a las sórdidas dictaduras latinoamericanas del presente, sabemos que la izquierda no está para nada exenta de seguir un camino similar.

¿Qué otra cosa subyace al rótulo de «regeneración democrática» anunciado por Pedro Sánchez? Recapitulemos. Su poder personal por encima de las leyes, sin división de poderes, desigualdad jurídica (Ley de Amnistía) y fiscal (Cataluña), satanización de toda crítica, medios de comunicación sometidos al Estado… Se ha dicho que su discurso en el Congreso es un parto de los montes, del mismo modo que fue escrito en su día que el numerito de la reflexión no sirvió de nada. Ello es inexacto.

A eso se añade que, en toda la faramalla de buenas palabras, apenas despunten dos aspectos en apariencia irrelevantes: su propósito de subvencionar más a los medios dóciles y el anuncio semioculto de la sanción al medio que atente al honor individual (al suyo). Por aquí irá «la regeneración». Insultar a la Corona es un acto de libertad de expresión; la investigación sobre posibles actuaciones irregulares de él o de los suyos, siempre algo criminal, «un bulo». Más aún, cualquier crítica al Gobierno es un bulo.

Al cumplirse el primer aniversario del 23-J que le abrió el camino del Gobierno, no corresponde en consecuencia dirigir a Pedro Sánchez una felicitación, sino una serie de acusaciones demasiado justificadas. Primero, por esgrimir la libertad de expresión con la intención real de amordazarla. Segundo, por proponer como fin de su política la eliminación de la mentira, desde las primeras informaciones sobre la pandemia hasta los golpes recientemente dados contra la democracia, tales como la llamada Ley de Amnistía, o el propósito de ofrecer un privilegio fiscal a Cataluña, el discurso de su Gobierno se mueve sin descanso sobre el eje de la desinformación y de la falsedad. (Ningún ejemplo más claro que la impresentable y reiterada falsificación en la lectura ofrecida del dictamen de la Comisión de Venecia sobre el proyecto de Ley de Amnistía: el engaño como fórmula de Gobierno). Tercero, por llenarse la boca de progresismo y democracia cuando sus acciones y propósitos someten normas e instituciones a su decisionismo y a sus intereses personales. Cuarto, por impulsar paso a paso la fragmentación del Estado, atendiendo exclusivamente a su aspiración de perpetuarse en el Gobierno.

Y, en fin, por dirigir todo ello a la siembra del odio entre españoles, como supo ver la Comisión de Venecia sobre la amnistía, creando una divisoria insalvable entre las corrientes constitucionalistas. Una finalidad ajena tanto al espíritu europeo como a la tradición socialdemócrata, y funcional en cambio para la nueva era de caudillos que proceden a vaciar la democracia desde el interior de la democracia.

Más allá de la culpabilidad o de una inocencia que corresponde establecer a la justicia, esto es lo que nos jugamos aquí y ahora de imponerse el carpetazo buscado por Sánchez en el asunto de Begoña Gómez. Hará todo por conseguirlo. (TO, 23-VII-2024).

27. Vuelve el privilegio

En su discurso ante la Convención, proponiendo la pena de muerte para Luis XVI, el jacobino Saint-Just fue más allá del argumento habitual de los regicidas, evocando los crímenes cometidos por el monarca. Con anterioridad había elogiado incluso su voluntad de ser un rey justo, pero que por ser rey no podía practicar la justicia. En el mismo sentido, ahora precisamente por ser rey debe ser ajusticiado, porque es su naturaleza la que le opone al pueblo, situándole fuera de él y por encima de las leyes. No es posible reinar inocentemente, concluye.

Ese extrañamiento —separación y oposición— respecto del pueblo, y el hecho de estar colocado además por encima de él, hace de la figura del monarca de Saint-Just el vértice del orden social fundado sobre el privilegio que la democracia revolucionaria había venido a sustituir. Nobleza y clero, los estamentos dominantes en la sociedad del Antiguo Régimen, tienen precisamente como clave de su poder al privilegio, esto es, un derecho privativo que les segrega del orden social a que pertenece el resto de los ciudadanos y les sitúa por encima de ellos, eludiendo en consecuencia el principio de igualdad ante la ley. Pero el juego pendular entre la democracia y la restauración de las jerarquías no se decidió para siempre, ni en 1789 ni en 1793. Tampoco, salvo excepciones como la de Pablo Iglesias, siguió sosteniéndose al modo jacobino que el avance de la democracia dependía del uso de la guillotina. Lo único claro es que el regreso del privilegio ha supuesto siempre una degradación de la democracia, un intento de vulnerar por uno u otro camino la exigencia de que la igualdad ante la ley sea respetada.

Tal orientación no podía faltar en la España de hoy, cuando un dirigente político como Pedro Sánchez aspira a perpetuarse en el Gobierno, concentrando en su persona una capacidad de decisión muy por encima de la concedida por la ley fundamental de 1978. El dominio absoluto ejercido sobre la masa de sus seguidores y dependientes segrega incluso una dosis creciente de culto a su personalidad, en el sentido clásico de la expresión, que encaja perfectamente con la pretensión de asumir una posición privilegiada, respecto del común de los ciudadanos y en las formas, como se ha visto reiteradamente, en relación al rey. Pedro Sánchez es el protagonista indiscutible del sistema político y aspira en todo momento a ser reconocido y reverenciado como tal.

Lo acabamos de ver en los recientes conflictos, al afrontarlos marginando el principio de igualdad ante la ley, en nombre de la condición privilegiada que a su juicio, y al de sus seguidores, le corresponde de modo indiscutible. La reacción ante el caso Begoña Gómez ha sido una sorprendente ilustración de esa preeminencia autoasignada. Sin que falle uno solo, ministros, dirigentes socialistas, medios oficiales lacayunos, no se han limitado a una defensa de la esposa del presidente ante hechos cuestionables, sino que han cargado contra el juez, visto como instrumento de los adversarios políticos. Al mejor uso gansteril, se han lanzado a destruir su figura. Y se han convertido de antemano en tribunal cuyo veredicto va más allá de la absolución al proclamar que «no hay caso».

En resumen, a su entender, solo desde la calumnia de intencionalidad política cabe suponer que delito alguno exista en el presidente y en su entorno. Son por principio inmaculados, del mismo modo que Begoña Gómez es poseedora de la omnisciencia sin ninguna titulación. En otras palabras, gozan del utilísimo privilegio de la inmunidad ante la justicia.

Los comentaristas sobre la carta de respuesta del presidente a la citación del juez Peinado han pasado por alto increíblemente hasta qué punto nos encontramos ante una exhibición del privilegio de que Pedro Sánchez se cree dotado. En su carta, no solo combina el reproche al haberse enterado por los medios de comunicación, con una reiterada displicencia y una gratuita exhibición de saber jurídico con que adoctrina al juez, sino que se queda tan satisfecho proclamando que «en razón de mi cometido como presidente del Gobierno mi declaración se deberá practicar por escrito», y para ello cita el artículo 412.2 de la Ley de Enjuiciamiento Criminal. La condición privilegiada se reitera de inmediato al subrayar que es presidente del Gobierno de modo inescindible con su condición de ciudadano.

Solo que el artículo 412 de la LECrim no dice literalmente eso. Para empezar, sí prevé la declaración preceptiva por escrito, pero para la familia real (412.1). El segundo punto no está consagrado solo en singular para el presidente, sino para una relación de altos cargos, los cuales podrán obviar el llamamiento del juez e «informar por escrito de los hechos de que han tenido conocimiento por razón de su cargo». Pero cuando uno de ellos, inescindible o no, deba responder sobre las cuestiones «de que no haya tenido conocimiento por razón de su cargo», toca la visita del juez, tal y como dispuso el juez Peinado (412.3). Y parece obvio que en la posible conversación con el rector y Begoña se trató de cuestiones privadas, no de las relaciones con Marruecos. Luego, engañosamente como en tantas otras ocasiones, se intentó esgrimir el privilegio para rehuir la molesta igualdad ante la ley, propia del ciudadano.

La primacía del privilegio ha estado asimismo presente, como componente esencial, en la redacción de la Ley de Amnistía. Lo ha subrayado el Tribunal Supremo, en el auto elevado al Tribunal Constitucional, al mismo tiempo que en la política del día a día Pedro Sánchez otorga un trato preferencial a las comunidades gobernadas por partidos independentistas, pero de cuyo voto depende para sobrevivir en la Moncloa. Visitas de cortesía y negociación a Aragonès y Pradales, mientras huye de la convocatoria de una Conferencia de Presidentes como el gato del agua fría.

Pero es el auto del Tribunal Supremo, planteando la inconstitucionalidad de la Ley de Amnistía, el que de manera inequívoca subraya que el vicio de nacimiento de esa norma reside en la consagración del privilegio, insólitamente concedido a quienes practicaron un golpe de Estado, en razón de su ideología, de la dimensión finalista de su comportamiento en octubre de 2017. Ello implica una clara discriminación frente a aquellos que cometieron acciones similares, sometidas a responsabilidad penal, sin esa circunstancia eximente. Resulta manifiestamente inconstitucional, dice el auto, «otorgar cualquier clase de preferencia o privilegio en función de la ideología de los protagonistas», vulnerando «el derecho a la igualdad en la aplicación de la ley». Así que puedes vulnerar la ley, si es con buena intención: absurdo.

Según unas u otras dimensiones, con unos u otros protagonistas, nos encontramos en el mismo escenario que en el caso de Begoña Gómez. Con el agravante aquí de que los «golpistas» no solo han omitido cualquier arrepentimiento en relación a su conducta antidemocrática, sino que han prometido volver a hacerlo.

El avance irresistible del privilegio, para atender a las ansias políticas de Pedro Sánchez, no se detiene aquí. Nos encontramos al borde del último acto: la cesión de la soberanía fiscal a Cataluña, tal y como la reclama ERC a modo de contrapartida para la elección de Salvador Illa al frente de la Generalitat. Cabe esperar un máximo de opacidad en el discurso de Sánchez si finalmente acede a tamaña destrucción del principio de justicia económica que debe regir las relaciones entre las comunidades autónomas (una vez asumida la vulneración histórica de los conciertos de Euskadi y Navarra).

Pero al mismo tiempo, Aragonès se ve obligado a exhibir el éxito frente a la competencia y la oposición de Puigdemont.

Esta vez la gravedad del paso que dar es máxima, porque consagraría el privilegio económico otorgado por Sánchez a Cataluña, como siempre por un puñado de votos, en claro perjuicio para otras comunidades. Un paso más en la fragmentación del Estado, quizá previo a las ulteriores concesiones al nuevo *status* de Euskadi, dado sin las mínimas garantías democráticas y en claro detrimento de la igualdad ante la ley y de la igualdad económica, es decir, de la configuración democrática del Estado. Y, como ocurriera con la Ley de Amnistía, sin la menor concesión por parte de ERC en cuanto a renunciar al referéndum y al objetivo de la independencia.

En suma, el privilegio avanza en los diferentes planos de la vida política y judicial española, siempre respondiendo a los golpes dados por la prioridad absoluta que asumen los intereses de Pedro Sánchez y sin atender al enorme coste que puede suponer cada una de esas ventajas adquiridas sobre el principio democrático de la igualdad ante la ley. (TO, 27-IV-2024).

28. El padrino

El único antecedente disponible de la lógica del poder de Pedro Sánchez es la actuación de las grandes organizaciones gansteriles en el pasado siglo. Esto no significa que nuestro Gobierno se haya convertido en una asociación de atracadores o de émulos del Chicago de los años treinta. Solo que Sánchez ha construido un sistema de poder, cuya regla de oro es obedecer todas y cada una de sus decisiones, que se sobrepone al Estado de derecho y anula en consecuencia el imperio de la ley, en toda ocasión que esta contravenga sus intereses.

El pensamiento clásico chino era muy exigente sobre la denominación de las cosas. Resultaba fundamental dar con las designaciones, los nombres correctos, *ming*, sin lo cual el orden en la sociedad no podía existir. La observación es aplicable al análisis político, si bien de entrada cabe advertir que estamos ante una condición difícil de cumplir, por la rigidez del repertorio de conceptos, destinado a aplicarse sobre un campo tan sometido a variaciones como la historia. Un ejemplo inmediato: hubo democracia en Atenas y sobrevive la democracia hoy. No puede ser eludida la relación entre ambas, pero tampoco cabe ignorar todo lo que ha cambiado en su marco histórico y en su contenido institucional.

Además, las designaciones políticas han sido y son objeto de usos ideológicos que modifican sustancialmente su significado, a veces hasta invertirlo. Pensemos en lo que supuso el invento de las «democracias populares», análogo como falsificación al rótulo de Auschwitz, o ya en el presente, al arrastre por el fango que sufre la etiqueta de «progresismo», bulo multiuso al servicio del poder. La ideología también actúa de modo inconsciente, incluso entre los científicos, unas veces desviando, otras inhibiendo. El ejemplo más claro es la dificultad de los especialistas dedicados al estudio del totalitarismo, para admitir que el totalitarismo fascista no es una creación original de Mussolini, sino que sigue al primer ensayo totalitario que le sirve de patrón, aún sin ese nombre, el de Lenin al dar forma de Estado a la Revolución soviética. Como si poner a Lenin en su sitio fuese una profanación.

Nada tiene de extraño, en consecuencia, que tengamos dificultades para dar con la calificación adecuada para el régimen que nos está imponiendo Pedro Sánchez. Partamos de reconocer que insuficiencia no significa necesariamente error en la designación. Cuando en el último Congreso de la

UGT, Pedro Sánchez anuncia que seguirá «tres años, y los que vienen después», apunta a su supervivencia, confirma la estimación general de que se propone seguir al frente del Gobierno, pero sin duda va más allá: su objetivo real es perpetuarse en el poder. Estamos en las antípodas de José María Aznar, tan criticado en su día, que restringió voluntariamente su tiempo de gobierno a dos legislaturas, ateniéndose al uso democrático. En cambio, Sánchez, no para alcanzar unos fines determinados, sino para atender a una aspiración personal, se sitúa entre aquellos que a lo largo de la historia se propusieron gobernar indefinidamente. A partir de la República romana, el síntoma es inequívoco, y no precisamente como expresión de conciencia democrática.

Mayor relieve tiene el problema de cómo calificar el estilo de gobierno de Pedro Sánchez. Su vocación autoritaria no ofrece dudas y tampoco la pretensión de ejercer un gobierno de tipo estrictamente personal, una autocracia. Demos un paso más, hacia la calificación de dictadura, al ser puesta en práctica mediante un predominio indiscutible del Ejecutivo, anulando la separación de poderes.

El Legislativo resulta sometido, reduciéndose al máximo como espacio de debate —proliferación de decretos-leyes—, mientras la autonomía del Judicial es erosionada paso a paso —conquista del Tribunal Constitucional, servilismo del fiscal general—, con lo cual cabe afirmar que el presidente del Gobierno ha desbordado los cauces constitucionales, anunciando una dictadura. Ha procedido a la afirmación sin límites de su poder personal y al vaciado de las instituciones que debieran garantizar la división de poderes. Nada tiene de extraño que, como ocurriera ya en la Inglaterra del siglo XVII, cuando se trató de frenar el absolutismo de Jacobo I, los jueces constituyan el principal obstáculo para la consumación de un diseño político contrario a la democracia representativa.

La paradoja es que nuestro dictador ofrece un flanco débil, al necesitar el respaldo de partidos antisistema e independentistas, dispuestos a suscribir e impulsar todo aquello que suponga una vulneración del orden constitucional, mientras satisfaga sus intereses, pero no a avalar una legislación o medidas normales cuando tales intereses privativos resulten afectados. Pueden así tener vía libre la Ley de Amnistía o pronto la soberanía fiscal de Cataluña, y resultar bloqueadas simples correcciones técnicas de la fiscalidad o del gasto público.

La malformación es evidente. A pesar de su condición de partido más votado el 23-J, el Partido Popular resulta prácticamente excluido del sistema político, en tanto que cinco diputados vascos o catalanes pueden hacer la ley. Su aplastamiento, en compañía de Vox, sirve de coartada para la voluntad de omnipotencia del Ejecutivo, en nombre de la lucha sagrada del «progresismo» contra la reacción.

Es más, para el consiguiente ejercicio de un decisionismo que ignora intencionadamente los límites legales, y que se proyecta sobre todos los aspectos de la vida política, con una dimensión estrictamente totalitaria a la hora de manipular la información y controlar los medios públicos. Su expresión es lo que anteriormente hemos llamado LPS, el Lenguaje de Pedro Sánchez, un sistema cerrado de comunicación sin fisura alguna, según hemos visto ya en el tratamiento de la dana y de los últimos escándalos. «Los autócratas modernos —advierte Anne Applebaum— se toman muy en serio la información y las ideas». Pedro Sánchez no es una excepción.

Y como la misma autora explica, la autocracia genera la cleptocracia. Lo que estamos viendo en estos últimos meses es que la presencia tradicional de la corrupción en la vida política española adquiere una nueva dimensión. Ha tomado una forma piramidal, con el vértice en la propia presidencia del Gobierno y en su entorno inmediato, del familiar al de quien fuera su número dos cada vez más cargado de inculpaciones nada imaginarias, para descender hacia el Gobierno y el PSOE. En este sentido, él es la corrupción y lo que soportamos es un régimen de corrupción, y no un régimen en que simplemente haya corrupción.

Es una corrupción que nace del sentimiento de omnipotencia, de la sensación de encontrarse por encima de todo, normas e instituciones.

En otras circunstancias y con otro carácter, sucedió algo parecido con Franco. Cuando los escándalos fueron descubiertos a finales de los sesenta, así como su relación con el Opus Dei, no decidió su castigo, sino el apartamiento político de quienes desafiaban su monopolio de poder al sacarlos a la luz.

Aquí y ahora, la cleptocracia ha impuesto su ley, tanto por su carácter omnicomprensivo como por la personalidad de Sánchez. La ofensiva contra el juez Juan Carlos Peinado lo puso de relieve: todos los recursos jurídicos del Estado movilizados, y además mal movilizados, para aplastar a quien se atrevió a tratar a la esposa del presidente como una simple ciudadana. La marionetización de la Fiscalía General del Estado responde a idéntico criterio. No se trata solo de degradar la vigencia del Estado de derecho, sino de construir un sistema de poder que lo envuelve, a modo de una campana neumática, y rige su funcionamiento con el propósito de invertir la acción de la justicia, en el sentido deseado por el autócrata, contraviniéndola radicalmente.

El único antecedente disponible de semejante lógica del poder es la actuación de las grandes organizaciones gansteriles en el pasado siglo, lo cual no significa en modo alguno que Sánchez vaya a dedicarse al narcotráfico, el whisky de hoy. Su rasgo definitorio es que no actuaban al margen de la justicia, sino que imponían su propia normativa a la institucional. Advirtamos que las fórmulas políticas actuales de tales situaciones, por desgracia en rápido proceso expansivo, pueden ser variadas, desde el sultanismo en marco democrático —lo más próximo— de Erdoğan a la dictadura policial y criminal de Putin. Pero el principio de actuación coincide.

Frente a lo que ocurre en un sistema de Gobierno civil, la actuación del poder responde en ellas de modo exclusivo a las decisiones del jefe, constituidas en la única legalidad vigente. Tendríamos un modelo en la conocida historia de *El padrino,* de Mario Puzo. Todos sus personajes son simples ejecutores de sus órdenes, que han de ser cumplidas de modo implacable, para evitar cualquier tentación de disidencia. Recordemos el caso de cómo el intento de emancipación del socialista madrileño Juan Lobato tropezó con una cortina de artillería pesada, empezando por las columnas sincronizadas de opinión en *El País*, que reflejaban la voluntad de matar un mosquito a cañonazos. Y lo mataron, con lo cual tales opiniones fueron retiradas de inmediato. La violencia del gánster no viene a cumplir la ley, sino a ejercer una represalia o a servir de advertencia.

En el límite, y por fortuna sin sangre, aun cuando Víctor Aldama se tema otra cosa, es el escenario de *Sin perdón*, de Clint Eastwood: todos los sometidos a un poder de ese tipo han de saber de antemano a qué atenerse. Los coros de papagayos, del Gobierno y de sus medios, se aplican a recordarlo al surgir el menor conflicto. El principio de invulnerabilidad del autócrata lo requiere.

Es uno de los consejos expresados por Maquiavelo en el capítulo XIX de su opúsculo: el príncipe ha de ser inexorable en sus decisiones, solo que al mismo tiempo debe evitar la manifestación del odio, y Pedro Sánchez es incapaz de disimularlo y de evitar que guíe decisiones suyas contraproducentes. Odia a cualquier adversario, visiblemente a Feijóo, y sobre todo a Isabel Díaz Ayuso. Nada mejor para mostrarlo que el rocambolesco episodio del secreto fiscal revelado. La degradación de la vida política es la consecuencia.

La regla de juego es que los intereses personales del presidente Sánchez siempre están por encima de los colectivos, incluso cuando conciernen al núcleo de sus deberes políticos. La inhibición voluntaria al producirse la catástrofe de Valencia, el refugio en la llamada cogobernanza en un momento difícil de la pandemia, reflejan esa prioridad dada a eludir graves responsabilidades y a salvar la propia imagen en todo tipo de problemas. Lo fundamental es no afrontarlos limpiamente de cara a la opinión.

Botón de muestra, en apariencia menor: la deseada caída de Muface, deseada tanto por la ministra Mónica García frente a Ayuso y encubierta bajo un simple desacuerdo en las subvenciones. El núcleo del problema queda fuera del campo de visión. Montesquieu contó la historia de los salvajes de Luisiana que, para coger frutos, talan el árbol. El coste de la operación para cientos de miles de personas no cuenta. Solo que triunfe la maniobra, con la colaboración de CC. OO. y UGT, dorando la píldora como lucha de clases. Claro que cuando Sánchez se dé cuenta de que con esa solución queda afectado el ministro Óscar López, encargado de acabar políticamente con Isabel Díaz Ayuso, las cosas cambian, se ponen los millones de euros que hagan falta sobre la mesa, y todo resuelto. Pasa lo mismo con la historia del Compañero Risitas, ocupante de un alto cargo judicial, que no duda en vulnerar los derechos de un ciudadano, por delincuente que ese sea, para dar munición a su Amo contra un tercero. El fin legitima la incursión en el delito o un grave coste para la sociedad. Evoquemos la conclusión que Montesquieu extrae de su relato sobre los malos salvajes. Es el despotismo.

En definitiva, lo que cuenta es afirmar el monopolio de poder, ejercido por Pedro Sánchez, sin que le afecten irregularidades y corrupciones tales que hubieran hecho caer a cualquier Gobierno democrático europeo. Por una simple razón: él no ejerce ni pretende ejercer una gestión democrática y se equivocan aquellos que confían en que tendrá que abandonar pronto el puesto de mando, por esa acumulación de escándalos. Voluntariamente, nunca lo hará, ya que, como hemos indicado, su ejercicio del poder atiende a otras reglas. Pondrá en juego todos los recursos de su posición al frente del Gobierno y de su aparato de poder y manipulación, para eludir el pago de sus responsabilidades, incluso penales. Mientras sea presidente, lo hará. Adelantemos ya la justificación: es víctima de una conspiración de la ultraderecha, de «bulos, infundios y mentiras». La verdad para él no existe, ni debe existir. Si sale del poder, solo saldrá forzado para ello.

A una autocracia, en fin, corresponde el monolitismo bajo los dictados de su titular, en el funcionamiento de las instituciones públicas, en el discurso emitido por los medios, y por supuesto en la vida política del partido de Gobierno. El 41.º Congreso responde al canon de las unanimidades totalitarias. Más aún que en el precedente, los asistentes se limitaron a llevar a hombros al líder supremo. El PSOE se ha convertido en un transmisor ciego de las órdenes de Pedro Sánchez y su regreso a la existencia normal después de su paso de Atila en el futuro presenta severas dudas. En Sevilla, el partido ha tomado el aspecto ubuesco de una empresa familiar asentada sobre el odio y la impunidad. Puños en alto, a mitad de camino entre la farsa y la evocación del tiempo feliz de la Guerra Civil.

Solo que, en una democracia occidental, la socialdemocracia es un componente necesario, incluso después de eclipses transitorios, como estamos viendo en Francia. Pero aquí y ahora, solo está escrito que el protagonista único de la escena es Pedro Sánchez, como mandamás indiscutible en el laberinto político que su ambición ha creado.

En su discurso de clausura al Congreso del PSOE, Pedro Sánchez exhorta a los socialistas a volver a ganar todas las elecciones, desde las locales a las generales. ¿Ha ganado el PSOE en 2023 todas las elecciones? No hay remedio: es un hombre incapaz de vivir políticamente, salvo envuelto en la mentira y en la voluntad de imponerla a todos los españoles. (TO, 3-XII-2024).

29. Un régimen de corrupción

Fue un refrán utilizado para resaltar la asociación entre los dos sectores del nacionalismo vasco radical, el terrorista y el político, y ahora vuelve a ser de actualidad para calificar nuestro estilo de Gobierno. En efecto, si un animal camina como un pato, grazna como un pato y nada como un pato, lo más probable es que sea un pato. Por la misma regla de tres, si un Gobierno tiene en su entorno inmediato a quienes practican la corrupción, no hace nada para acabar con ella y descalifica a quienes la ponen de manifiesto, existen severas razones para sospechar que, por activa o por pasiva, ese Gobierno es la corrupción. Lo subrayé hace ocho años al criticar con máxima dureza la gestión de Mariano Rajoy, quien a mi juicio se había comportado como «un protector de la corrupción y no merecía gobernar». La sentencia sobre el caso Gürtel aún no había sido pronunciada, pero datos e indicios eran más que suficientes.

Nada hay en la situación actual que haga merecedor a Pedro Sánchez de una estimación más favorable, porque ateniéndose a sus propias palabras, repetidas una y mil veces, es altamente censurable quien con los hechos invalida las promesas de desarraigar la corrupción, e incluso hace todo lo posible por desautorizar a los jueces y a los medios que la denuncian.

Con la circunstancia agravante de que obliga a todo su Gobierno, a su partido y a sus medios a actuar en bloque secundando ese rechazo. Nunca conoció ni habló con Aldama, nunca conoció ni habló con Aldama. Uno tras otro, cada miembro del coro de acólitos repite ese desmentido sin variación alguna, hasta el infinito. Menos mal que entró en juego su subconsciente, al recurrir Sánchez como siempre al método Ollendorff, de modo que cuando en Portugal le preguntaron por Aldama, se fue por la tangente hablando… del necesario rescate de Air Europa. Sin comentarios.

En las circunstancias actuales, el deber de Pedro Sánchez como jefe de Gobierno democrático es bien sencillo: no esperar a la actuación judicial y poner los recursos del Estado para averiguar a fondo qué es lo que ha sucedido a lo largo de la cuerda negra que une el criminal enriquecimiento con las mascarillas, al parecer punto de partida, con el laberinto de Venezuela, pasando por una cascada de influencias, presiones y favores ilícitos, todo generosamente pagado a costa de los ciudadanos. No solo de cara al conjunto de los españoles, sino a la imagen de España, cada vez más deteriorada.

No existe la menor posibilidad de que cumpla con esa exigencia, pero los indicios están ahí y llevan a formular preguntas cuyo alcance va mucho más allá de las fronteras del caso Koldo/Ábalos, tanto en el orden económico-delictivo como en el político. Vemos cómo el interés del Gobierno consiste en mantener la fragmentación de las piezas aisladas, y la solución pactada del monumental fraude que protagonizó la embajada en Caracas ha sido la primera muestra. Tenemos solo eslabones de una cadena en que es preciso reconstruir los enlaces entre sus piezas: el embajador, el ministro Moratinos, el entonces presidente y luego militante Zapatero, hasta llegar a las actuaciones de Pedro Sánchez y de ZP después del fraude electoral y de la represión capitaneados por Maduro. Sin olvidar el episodio Delcy, que tirando del hilo del caso Koldo/Ábalos puede apuntar a una trama de fraude económico y posible complicidad política con una dictadura.

Mirando hacia el pasado, el mismo caso citado apunta a la necesidad de ir en busca de los orígenes, hacia esa olvidada crisis de la COVID donde todo indica, vía mascarillas, que la cortina de las muertes masivas tapó los delitos. Y ahí muy pronto se sitúa el punto de partida de la estrategia de Pedro Sánchez, verosímilmente propiciada por su vicepresidente Iglesias, consistente en bloquear cualquier actuación judicial que ponga en peligro su política.

El panorama actual supone notables cambios en relación no solo a su antecedente inmediato, sino atendiendo a la práctica de ese vicio secular en España. Algo que conviene subrayar. Estamos cerca y lejos al mismo tiempo de los años dorados que siguieron a la Transición, cuando cobró forma un sistema de corrupción perfectamente rodado al calor del crecimiento económico y la descentralización política: los cargos electivos aceptan los sobornos y recompensan a los depredadores económicos que los contratan. En un nivel muy superior, los de Koldo siguen funcionando así, mientras hemos pasado del Pocero a Aldama. En el plano intelectual, de las tesis más o menos copiadas de los aspirantes a políticos a los encargos académicos de lujo sin titulación (más la correlativa humillación de los capacitados).

Era en aquel tiempo Españistán el paraíso del ladrillo. La reserva de caza y especulación dominada simbólicamente por Jesús Gil. Todo demasiado tosco y primario. Había que depurar las técnicas, a favor de la revolución tecnológica, pasar de la escala local a la estatal, y de este modo será posible ampliar sin límites el negocio. Hasta el presente.

Existe una clara diferencia también respecto de la era Rajoy, donde la mancha de corrupción afectaba al aparato del partido, si bien en la cima de la financiación, mientras en la actualidad se sitúa junto a su vértice, apuntando al entorno familiar del presidente, pero sobre todo en forma piramidal con su número dos, Ábalos, como epicentro. No es solo una corrupción en el Estado, sino una corrupción de Estado, cuyo efecto contaminante irradia sobre todos los aspectos de la acción del Gobierno: las decisiones económicas (tipo Air Europa), las sanitarias (mascarillas), la política exterior en cuestiones de extrema sensibilidad (Venezuela, tal vez Marruecos, y ahora China: pensemos en el viraje de Sánchez en Pekín sobre los coches eléctricos).

De confirmarse la hipótesis, y subrayamos que de momento es solo una hipótesis, reforzada por la declaración del «nexo corruptor» —UCO *dixit*—, nos encontraríamos en un régimen de corrupción, con el agravante de que en todos los planos su gestor actúa de manera implacable frente a cualquier oponente y sin atender al espíritu y la letra de la ley, siguiendo una lógica de la acción más propia de una organización gansteril que de un sistema político. En cualquier caso, según explica Anne Applebaum y nos recuerda Félix de Azúa, el poder dictatorial genera siempre cleptocracia.

Sería ingenuo pensar que tal degeneración, de confirmarse, no afecta al conjunto de la acción del Gobierno, dada la centralidad asumida en todos los órdenes por Pedro Sánchez. (TO, 26-XI-2024).

30. Callejón sin salida

Son otros tiempos y la experiencia del pasado inhibe la propensión a la violencia, pero tanto el nivel de tensiones a que está sometida la vida política como la dosis creciente de odio nos remite a la crisis de los años treinta. Aquí y ahora, por obra y gracia de una auténtica reacción desde arriba, el sistema político se encuentra sometido a una erosión y a un grado de conflictividad tales que han saltado las alarmas de la convivencia democrática.

Tenemos un Gobierno que no duda en enfrentarse a las actuaciones judiciales, con una manifiesta voluntad de acabar con la separación de poderes; un presidente endiosado que juega a dictador y ampara un entorno de corrupción, poniendo en marcha una guerra permanente contra los jueces y contra sus adversarios conservadores, cuya satanización acaba siendo el único argumento para justificar su poder. Y como cierre del círculo, la ofensiva contra el ordenamiento constitucional prosigue gracias al apoyo de partidos que, por su separatismo o por su orientación antisistema, tienen como objetivo la destrucción del «régimen de 1978».

Así las cosas, es inevitable el crecimiento de la frustración en los componentes de un amplio espectro que va desde el centro-izquierda hasta la extrema derecha, dicho con nombres y siglas, de García-Page a Vox, al verse literalmente negados por el Gobierno como ciudadanos activos, como miembros reconocidos del sistema político. Ninguna oposición sufre un tratamiento similar en la Europa democrática.

Tal vez deberían resignarse a comprobar, como el dirigente del PP sometido a escuchas en el Senado, que, si no llega una catástrofe, Pedro Sánchez será inamovible a medio plazo. No importa que sus proposiciones de ley sean rechazadas una tras otra, que la aprobación de los presupuestos dependa del fugado Puigdemont, que *su* fiscal general del Estado —y remarquemos lo de *su*— resulte imputado por entrar a saco en la guerra política, que se descubran en su anterior número dos todo tipo de trapacerías y que las sospechas de corrupción alcancen a su mujer.

— 308 —

En la España de hoy, coexisten dos realidades y la única que importa al parecer es la suya, aun cuando esté basada sobre la mentira frente a lo existente. En esta sociedad así partida en dos, la esperanza debiera residir en que un Gobierno tan inseguro en su base electoral y parlamentaria sería relevado antes o por otro, de oponentes o de coalición. Pero es una falsa expectativa, porque Sánchez se aferrará para mantenerse al último clavo ardiendo, sin respetar los usos vigentes en la UE.

Solo abandonará el poder si es arrojado literalmente del mismo, porque aborrece la idea de un relevo democrático. Para impedirlo, hace vivir al país en un auténtico estado de excepción, en cuanto a las infracciones de la normalidad constitucional y al grado de conflictividad, cuando la situación del país para nada lo autoriza. Todo es fruto de la egolatría, y también de la capacidad de odio de un hombre. La interrogante es entonces saber adónde puede llevar esta insoportable tensión.

El papel de la oposición no es fácil, porque sufre *de facto* una exclusión del sistema político. Nunca una información ni una consulta, ni un diálogo. Para Sánchez no debiera existir, como ocurre con el Poder Legislativo o el Judicial. Todavía Vox puede moverse en el espacio de la enmienda a la totalidad y de competencia con el PP, entregándose a la autoafirmación. Por su parte, el PP se ve atrapado por el constante *pressing* de Sánchez, en la pinza formada entre la descalificación que recae sobre él, como asociado a Vox en la ultraderecha, polo del mal, y el resultado contraproducente de todo intento de participación, poniendo por delante el interés colectivo, caso en su día de la reforma del «solo sí es sí», presentada por Sánchez como irrelevante, a pesar de lo que supuso esa colaboración, y todo para ser golpeado de nuevo al día siguiente.

Sánchez enfoca las relaciones políticas con la lógica del

patrón de una organización gansteril, implacable y sin la menor concesión al otro, y que además mueve las fichas con la agilidad de un trilero. Naturalmente sin derramamiento de sangre, la lógica de su acción coincide con la del personaje de Al Pacino en *Scarface*, la vieja película de Brian De Palma. Es ante todo un *killer* político inmisericorde. Que sale a la luz su corrupción en el entorno familiar y político, pues hay que acabar con el juez y atacar al PP, siempre culpable. Que se hace público el informe de la Guardia Civil sobre la trama Ábalos, le falta tiempo para utilizar la movilización por los alquileres, presentándose como valedor de los pobres contra los ricos. Siempre y para todo, trata de encubrir una trampa con otra, mediante una actuación y un discurso cargados de violencia, buscando el aniquilamiento del otro.

Todo ello puede servir de atenuante, pero no de eximente de la torpeza mostrada recientemente por el PP en su labor opositora. Un error elemental es el de unas portavocías hasta ahora apelmazadas, confundiendo la precisión con el tono áspero, muy poco convincente. Y a Feijóo le faltan imaginación e ironía para poner en su lugar las falsas evidencias de Sánchez. Aunque a la hora de pronunciar condenas, lo hace mucho mejor que sus segundos.

Lo más grave es la reiteración de errores de bulto sobre problemas graves. El más sonoro fue el del voto para acortar las penas efectivas de los asesinos etarras, pero no es el único. El apresuramiento y la improvisación han presidido las actuaciones en relación a episodios de gran importancia. La primera, la acusación lanzada por González Pons contra el Gobierno por su complicidad con el autogolpe de Maduro en Venezuela, demasiado pronto, lógicamente sin los datos posteriores que la hubiesen respaldado. Consecuencia: un efecto bumerán que el Gobierno supo aprovechar a fondo, desautorizando al PP para ahondar en la condena del enlace entre el dictador y la trama venezolana de Sánchez.

La más torpe, la vía de judicialización mediante querella contra el PSOE, elegida para luchar contra la corrupción del Gobierno, por lo descubierto sobre Ábalos. Por una parte, tal vez debilita la actuación en curso de la Audiencia Nacional, dando pie a la inevitable argucia del Ejecutivo cuando presenta todo acto judicial que le afecte como resultado de la subordinación al PP. Ante todo, la base consiste en informaciones anónimas en un periódico crítico frente al Gobierno. Resultado inevitable: no admisión a trámite y denuncia desde la Moncloa como bulo.

En el tema etarra, fue adecuada la respuesta simbólica del Senado, pero una vez más, amén del clamoroso error al votar la reforma, cabe reseñar la ausencia total de explicación sobre el mismo a la opinión pública y de elaboración de un relato alternativo que pusiera en su sitio la intoxicación gubernamental sobre el asunto. A modo de colofón, al portavoz popular Miguel Tellado no se le ocurrió otra cosa que exhibir desde el escaño las fotos de los socialistas —no al menos de socialistas y populares unidos— muertos por ETA, sin tener en cuenta que es un modo de propaganda usual en los batasunos, vedado por consiguiente para los demócratas. El efecto bumerán fue inmediato. Como para la afirmación de Feijóo de que «la corrupción del PSOE no ha hecho más que empezar», prodigio de inconcreción y pie para una réplica fácil, dados los antecedentes de la era Rajoy.

Por hablar en lenguaje informático, urge una actualización en las formas y contenidos de la oposición democrática a Pedro Sánchez. A sabiendas de que el episodio en curso de la imputación del fiscal general del Estado supone un punto de no retorno en la vulneración del Estado de derecho. Casi la continuidad de García Ortiz pasa a ser secundaria, a la vista de la exhibición de prepotencia del Gobierno frente a cualquier circunstancia desfavorable. Ninguna autocríti-

— 311 —

ca que debiera existir por la penosa escena del guardián de la ley infringiéndola, sino elogio y defensa de quien incumple la ley al dictado del Gobierno. Tampoco respeto a una instancia básica del ordenamiento jurídico, como es el Tribunal Supremo, presentado por el coro de papagayos de servicio como autor de una decisión injusta que ellos no dudan en denunciar. Los ministros ejercen de jueces de los jueces cuando no les convienen sus resoluciones. Mejor, cuando desagradan al amo de la organización de la cual forman parte.

Estamos ante una demostración más de la capacidad del presidente para mover a su antojo todas las piezas del tablero político, hasta en los más pequeños detalles. Sin olvidar nunca la exigencia de manipular a fondo la opinión pública. En el caso García Ortiz, sustituyendo en los medios estatales el criterio democrático de información libre y pluralista por la concesión al fiscal del privilegio de una declaración exclusiva y excluyente en TVE (24 Horas). En todos los medios al servicio de Sánchez, rige aquello de que solo digo mi canción a quien conmigo va.

Una vez que el Gobierno de Pedro Sánchez ha proclamado la injusticia de la imputación del Supremo, es muy verosímil que el fiscal se mantenga en el cargo, con su segunda resolviendo finalmente la acusación a su favor, siendo una pieza clave en el régimen de supremacía ejercido por Sánchez sobre el poder judicial. Resultará posible invalidar o incumplir cualquier ley si esta contraviene los intereses superiores. Corre a cargo de dos piezas clave del sistema jurídico, el Tribunal Constitucional y el fiscal general del Estado, garantizar el imperio de la ley. Sin ello tendría lugar una erosión decisiva del Estado de derecho.

Nada tiene de extraño que la única resistencia proceda del propio estamento judicial, frente a los intentos de someterlo al dictado de sus intereses con «extravagantes» querellas. Tal es hoy la batalla decisiva. Sería erróneo, en todo caso, suponer que la victoria del cerco judicial por la corrupción traerá la caída del presidente, dado que la lógica de una organización gansteril no atiende a los requerimientos democráticos para abandonar el control de un territorio. Al modo de su fiscal general, el presidente cuenta con datos para hacer mucho daño, seguir enfangando de veras la vida política, y sobre todo porque la oposición carece de alternativas. Hoy por hoy, la alianza PP-PNV-Puigdemont es solo una pesadilla irrealizable. Lo peor sería en todo caso la pasividad. Llegado el momento, la moción de censura es imprescindible como momento de clarificación ante la opinión pública.

En último término, a diferencia de la constatación pesimista que le hiciera Carrero Blanco a Franco, aludiendo a que por desgracia no sería eterno, el aún joven Pedro Sánchez sueña con ver realizado su propósito de que los españoles le secunden sin remedio en su voluntad de eternizarse en el poder.

Acudiendo al humor negro, puede decirse que lo logrará, si el PP se obstina en cometer errores como los citados, y sobre todo en ennegrecer la propia imagen, como ha sucedido en la gestión de la catástrofe de la dana. El presidente Mazón se ha convertido en el capital político más importante del PSOE, de cara a futuras elecciones. Lo anunció ya con la intempestiva urgencia para aliarse con Vox, haciendo concesiones simbólicas que sus adversarios no dejaron de aprovechar. La suerte del 23-J se jugó ahí, y ahora el hombre ha dado todo un recital de incompetencia, explicaciones confusas y palabras para olvidar, desde la comida interminable sin saber para qué, donde lo único seguro es que él no la pagó de su bolsillo, hasta la comparación inaudita de Valencia con Gaza. Si el PP se obstina en mantenerlo, la suerte está echada. Muchos ciudadanos disconformes con Sánchez preferirán un autócrata listo a caciques impresentables. (TO, 24-X-2024).

31. Apoteosis

Entregado Pedro Sánchez a la constante exaltación de sí mismo, cabía esperar una ceremonia que diera fe de su endiosamiento. En una palabra, que nuestro presidente organizase su propia apoteosis, la cual, de acuerdo con el dualismo propio de la concepción cristiana, supondría asentar su ascenso a los cielos sobre la construcción de un paraíso. Y claro, a efectos de que el dios y su paraíso fueran creíbles hacían falta también un diablo y un infierno. La ventaja es que, gracias a la memoria democrática, los tiene ya bien identificados: el franquismo y sus herederos, es decir, todos aquellos que no comulgan con el progresismo, encarnado en Él.

Una vez reunidos los componentes de la apoteosis de Pedro Sánchez, va implícita la finalidad, bien utilitaria: fundamentar su papel de creador y guardián de un paraíso sobre la satanización de sus oponentes y enemigos, siempre al acecho para montar un infierno neofranquista en España. Solo Él puede impedirlo. Llegados aquí, únicamente se requiere el detonante para activar ese montaje explosivo, y ninguno mejor que la efeméride de los cincuenta años de la muerte del Diablo Fundador. Es así como el 10 de diciembre de 2024 Pedro Sánchez anunció a los españoles que, en nombre de la libertad, iba a proceder a lo largo de todo el siguiente año a la exhumación del cadáver político de Francisco Franco.

La exhumación de cadáveres de gobernantes no es algo habitual. Solo por una motivación de gran importancia llega a ser decidida, y sin duda Pedro Sánchez juzgó hace cinco años que esta existía para trasladar el de Francisco Franco, del Valle de los Caídos al sepulcro familiar. La exhumación para el propósito de reposición de un jefe de Estado resulta todavía más infrecuente, y de modo involuntario la de Franco puede acabar siéndolo. El único precedente en mi memoria es el desenterramiento en 1796 del zar Pedro III por el zar Pablo, sucesor de Catalina la Grande, con el fin de que le fueran rendidos honores al cadáver. Intentaba contrarrestar el extendido rumor de que Pedro III no era su padre. Así que Pablo ordenó el macabro homenaje a su antecesor, no para honrarle, sino para apuntalar una imagen pública deteriorada. El paseo por Castilla del féretro de Felipe el Hermoso, acompañado por su esposa Juana, sería nuestro único antecedente, si bien aquel acto estuvo guiado por el amor y no por un interés oportunista, como fue el caso del zar ruso.

Algo parecido ocurre cuando Pedro Sánchez presenta a bombo y platillo su nueva operación de propaganda: 2025 declarado Año de la Libertad, aprovechando el cincuentenario de la muerte de Francisco Franco. En apariencia, se trata de reivindicar la conquista de la democracia en una transición justo entonces iniciada. Sin embargo, el lema elegido, «España en libertad», indica que la conmemoración no es lo que a primera vista declara, sino que estará volcada hacia el presente. Su objeto no es recordar a los españoles el valor de la Transición, sino cantar las excelencias de la España de Pedro Sánchez.

Dejémosle la palabra. Estamos en «una de las democracias más plenas del mundo. Una economía moderna, abierta y sostenible, una sociedad tolerante e inclusiva, y una potencia internacional, comprometida con el multilateralismo, el europeísmo y la paz». Antes era «una dictadura pobre y aislada». Nos amenaza a continuación con que calles, plazas, museos, se llenarán de actos culturales, un centenar como mínimo, impulsados por el Gobierno, para que todos los españoles aprecien sus magníficos logros.

Hasta aquí en apariencia nada grave, salvo para descubrir que Sánchez ha encontrado una nueva forma de decirnos lo que todos ya sabemos y que él repite sin descanso, como aquel personaje del relato breve de Salvador Espriu: *«Soc el millor»*, soy el mejor. Más discutible resulta simultanear la muerte de Franco y la Transición, ya que la muerte de aquel fue necesaria para la Transición, si bien todavía no es ni siquiera el inicio de tal periodo. Este surge de un difícil proceso de construcción democrática que concluye en la Constitución de 1978. El salto hasta el presente de la España feliz con Pedro mandando supone borrar un capital político que justamente ahora es cuestionado por sus aliados y puesto en peligro por él.

No hay lugar para ese reconocimiento, pero sobre todo las verdaderas intenciones del presidente quedan al descubierto al añadir una segunda parte contratante, que hará de la conmemoración un campo de batalla donde está seguro de alcanzar la victoria, como Franco logró en 1939. El contenido de «España en libertad» se atendrá a la Ley de Memoria Democrática, esto es, a un ajuste de cuentas con el pasado de intención estrictamente política, aplastando, cómo no, desde su versión de ese pasado, a la oposición.

En el discurso de presentación del Año, Sánchez expresa la voluntad firme de acabar no ya con la Fundación Francisco Franco, sino con toda «falsa ley de concordia», donde «se equiparan víctimas con verdugos». Una memoria de obligado cumplimiento es puesta al servicio de su ofensiva política permanente. A diferencia de 1977, no es una libertad sin ira, sino una libertad con ira. Frontalmente opuesta a la idea de reconciliación nacional y al espíritu de la Transición.

Llegamos adonde siempre. El diablo de la derecha está a la espera y frente a ese nuevo Anticristo, Él se encuentra listo para aplastarle. Una adaptación cutre de Carl Schmitt. La victoria, advierte Sánchez, «nunca es definitiva», «el peligro de involución es real» (un diputado «profanó el templo de la democracia» elogiando a Franco), y para que resulte claro que su destinatario no es Vox, sino el PP, concluye denunciando a quienes «pactan leyes con los enemigos de la libertad y la igualdad». Según obra, por contraste con ese enlace impuro, los pactos con Puigdemont y Bildu son santos y buenos. Tal es su doble baremo.

Tras la lectura de las intenciones declaradas por Pedro Sánchez, no hay duda: será un año de festejos en honor de sí mismo y de una constante descalificación del PP. A modo de coartada, la exhumación simbólica de Francisco Franco servirá como saco de los golpes para una inacabable exhibición de «progresismo». El efecto buscado, oportunista y peligroso, no puede ser otro que una revancha de la contienda civil, de justa revancha, declarando una absurda guerra imaginaria aquí y ahora, con un indeseable despertar de memorias enfrentadas. Todo vale si con ello Pedro Sánchez incrementa las posibilidades de perpetuarse en la Moncloa.

Vamos hacia una de esas maniobras infinitas que gustan al presidente, perceptible en este caso por la configuración de su extraño prólogo, el acto en el Auditorio Nacional donde anunció su proyecto, al mismo tiempo que entregaba diplomas de «reparación» a una veintena de víctimas del franquismo. Siempre las víctimas como aval y justificación del donante. Y con Vicente Aleixandre al frente, merecedor de todo homenaje, pero aquí fuera de lugar, desempeñando al lado de Miguel Hernández el papel de un broche de oro para dorar la entrega de unos diplomas poco atractivos.

Todo innecesariamente soviético. ¿De qué sirve ese reconocimiento a los dos citados o a María Zambrano, que no fue víctima? Tendremos muchas demostraciones de ese tipo, donde el homenaje sirve de escabel al organizador o un nombre destacado ennoblece una distinción para los leales. Aun cuando su nombre sea citado, ¿quién se acuerda de la muerte de Enrique Ruano, una verdadera víctima, en ese contexto?

Con «España en libertad», asistiremos a un interminable ejercicio de propaganda, que de paso puede atraer a algún intelectual hasta ahora reacio a mostrar su adhesión pública al «progresismo» gubernamental, y que aceptará alguno de los papeles asignados de comisionado o «experto» (eco de los inexistentes de la COVID en 2020). Sería duro negarse a participar en la cruzada contra las mentiras históricas de la ultraderecha y aparecer asociado al neofranquismo.

El incremento de la crispación queda garantizado, de tener el eco perseguido semejante campaña «cultural». Lo que no tienen previsto Sánchez y sus asesores es que las valoraciones propuestas del pasado, la sacralización de la Segunda República y el envío del franquismo al infierno, provoquen un efecto bumerán.

De entrada, resulta bloqueado el efecto de actualización del conocimiento que suele acompañar a las grandes conmemoraciones. Desde el punto de vista de la memoria histórica y de la política, los cincuenta años de la muerte de Franco hubieran podido ser la ocasión para celebrar debates en profundidad sobre ambos temas. En el marco de la celebración prevista, todo se limitará a desarrollar o refutar la «verdad» impuesta de antemano por Pedro Sánchez.

No cabrán la complejidad ni los matices. Menos discutir con sosiego si la guerra de Franco fue un genocidio o qué responsabilidades tuvieron el Estado republicano, o las organizaciones de la izquierda, en crímenes de guerra (o contra la humanidad) como Paracuellos, o los cometidos en las checas. Mentarlo sería como echar aceite a un incendio.

La reconciliación es hoy más necesaria que nunca, pasando porque todos reconozcan las verdades, por duras que sean, para ambos, no con equidistancia sino con ponderación. Sumidos en la oleada de propaganda de Sánchez, nada cabe esperar.

Es más, si como va a suceder, «España en libertad» se atiene a la visión tradicional, enteramente prorrepublicana y antifranquista, tan inmaculada como la Virgen en la Anunciación, conviene avisar de la existencia de una nueva historiografía revisionista, aupada sobre investigaciones exhaustivas, que la deja claramente malparada. Una memoria unilateral en ese sentido ya no se sostiene y con toda seguridad los medios culturales y políticos conservadores no van a soportar en silencio la película de buenos y malos que día a día piensa proyectarles Pedro Sánchez. El punto de llegada final, inevitable, en el calor de la polémica, será una exhumación ideológica positiva de Franco y del franquismo para una parte más o menos amplia de nuestra sociedad. No hacía la menor falta.

Hay, sin embargo, un aspecto en el cual, citando las palabras del dictador, no hay mal que por bien no venga. A la vista de la exhibición en curso de propaganda política totalitaria, tal vez sea la ocasión para plantear al menos el tema del legado de Franco, no ya por sus méritos personales o los de la dictadura, sino por su incidencia sobre los usos de nuestros gobernantes, en cuanto a la vocación autoritaria y a la aspiración a gobernar personalmente, por encima de las instituciones representativas, y en especial sobre el propio partido.

Arrancando de Adolfo Suárez, y en respuesta autocrática de los dirigentes a la debilidad partidaria, podremos apreciar que el hiperliderazgo criticado en Pedro Sánchez hunde sus raíces en ese pasado. Lo mismo sucede con la corrupción que se instala en el entorno del presidente del Gobierno y acaba siendo aceptada por el PSOE y por el conjunto de la sociedad, a la siciliana.

Ha sido una pasividad que, sin duda, se gestó en las cuatro décadas de dictadura, en el fatalismo derivado de la sumisión a un poder arbitrario, pero inevitable e indestructible. Por debajo de la superficie, la herencia de Franco dista de haber desaparecido, con mayor intensidad lógicamente en una derecha procedente del régimen anterior. Lo cual no significa que hoy el PP sea neofranquista, como lo es Vox. Aunque por la brutal presión de Pedro Sánchez en ese sentido no cabe excluir que ese regreso a los orígenes tenga lugar si se produce el fracaso anunciado del intento por mantenerse en el centro-derecha.

La deriva autoritaria de Pedro Sánchez conduce finalmente a examinar el juego de similitudes y distancias entre sus modos dictatoriales y los de Franco. A pesar del salto temporal, de los orígenes enfrentados y del abismo ideológico, existe un innegable punto común, ya que tanto Sánchez como Franco asumen plenamente la exaltación de su propio poder, de su posición preeminente en el sistema político, hasta el endiosamiento.

Por eso no entienden que puedan existir barreras jurídicas que limiten la omnipotencia, y con una similitud sorprendente, ambos piensan que su principal tarea consiste en alcanzar la victoria definitiva contra una oposición vista como enemigo. En consecuencia, los dos creen —uno en su día, otro hoy—, para desgracia del conjunto de los ciudadanos de este país, que la Guerra Civil de 1936 no debe ser superada y ha de seguir dictando nuestro destino político.

Algo siniestramente lógico en Franco, suicida (para su país) en Sánchez. Por eso la intención, siniestra también, del segundo, consistente en cabalgar sobre el espectro del franquismo, puede impulsar la resurrección política de este, y el Año de la Libertad, de la falsa libertad de Sánchez, transformarse en el Año de Franco.

Según el programa oficial, Pedro Sánchez y Francisco

Franco son y deben ser los dos únicos protagonistas de esta historia. La Transición no existió y, por supuesto, tampoco el rey, ni el de entonces ni el de ahora. Y no debe existir, según acaban de recordárselo a Felipe VI unos socialistas locales, sacando el cachicuerno a órdenes de su señor, por atreverse a visitar sin permiso a los damnificados valencianos. El cerco al rey es ya un hecho, visible en la reacción de los seguidores de Sánchez a su discurso, y «España en libertad» parece ser buena ocasión para estrecharlo: o se incorpora como mascarón de proa al barco fúnebre o será calificado de franquista. Pedro Sánchez es implacable. (TO, 31-XII-2024).

32. Un falso Quijote

El personaje de Cervantes contiene una pluralidad de significados y mensajes. Entre los más inmediatos, se encuentra la recomendación de huir de las enseñanzas de los libros de caballerías que llevan a don Quijote a intentar aventuras fantásticas e inútiles para ver realizados sus ideales. Una serie de personajes seguirán su suerte en la historia de la literatura y de la música, a veces con resultados notables, como el ballet *Don Quijote*, de Ludwig Minkus; otras con aventuras cada vez más insensatas, convertidas en un muestrario de comportamientos ridículos.

En esta línea, cabe situar una infumable novela de hace siglo y medio, que fue muy popular en Francia, titulada *Tartarín de Tarascón*, de Alphonse Daudet. El protagonista, animado por la lectura de los libros de viajes y por las noticias de los descubrimientos, sigue el ejemplo del hidalgo manchego y abandona su pueblito occitano para ir de un lado para otro en busca de lo que las agencias de turismo llaman hoy «destinos exóticos». Es un descabellado intento de adueñamiento del mundo, desde la condición soñada de cazador de leones.

La emulación del Quijote en España tiende a reproducir el ejemplo del original, para designar una personalidad que aborda un empeño desmesurado, a partir de la plena confianza en sí mismo, sin medir su capacidad para llevarlo a cabo. Lo recordé al leer la declaración de Pedro Sánchez, presentándose como el héroe dispuesto a luchar en solitario contra «la Internacional reaccionaria». Un estupendo ejemplo de quijotismo. Es nuestro Pedro de la Moncloa. No le basta con sostener una lucha permanente contra la derecha y la ultraderecha españolas, en una revancha imaginaria de la Guerra Civil. Eso es poco para él. Ante el avance de la reacción a escala mundial, Pedro Sánchez le plantará cara como campeón autodesignado del progresismo. Desde su castillo de la Moncloa, o abandonándolo para ir al combate, se dispone a cumplir, y a escala mundial, su misión de desfacedor de agravios y sinrazones, propias de los reaccionarios, también sin duda de «protector de las doncellas», ahora actualizada y extendida a la causa feminista en su totalidad.

La simultaneidad de la toma de posesión de Trump y del Foro de Davos ha proporcionado la ocasión para valorar en qué medida Pedro Sánchez «cumple», de acuerdo con su lema. Y no ha dejado de acudir a la cita, si bien con menos redaños de los esperados. Eludió el choque frontal con Trump, pues ya tiene España suficiente con el precio que pagar por nuestra economía por su preferencia dada al cambio climático, en vez de cumplir los compromisos con la OTAN en materia de defensa. La ministra Robles dice que el cumplimiento es «absoluto»: falso. El Gobierno no solo rechaza la subida obligada del 2 al 3 por ciento del PIB, sino que estamos en el 1,3 por ciento. Sánchez lo explicó este mes en la reunión de embajadores: somos pacifistas y ecologistas. Von der Leyen no se entera, pero Trump sí, y por eso nos clasificó entre los BRICS, en un error intencionado que supone aranceles del ciento por ciento. Pero leyendo *El País* este domingo me tranquilizo: nos aliamos con China.

Así que Sánchez se ha cuidado muy bien en Davos de no designar a Trump de modo directo, dando la vuelta a una cita suya sobre la grandeza de la nueva estructura de poder en la comunicación (aunque tengo la impresión de que no ha sido recogida en las transcripciones oficiales), a partir de la cual emprende una crítica en profundidad, bien construida, sobre las repercusiones negativas de esa situación.

Pedro Sánchez no renuncia al tartarinesco intento de cazar leones reaccionarios por todo el mundo, pero en realidad, como siempre ocurre con sus declaraciones de alcance general, su propósito es muy concreto y se dirige a la sociedad española. A partir de ahora, dirá que las medidas restrictivas que adopte sobre los medios en España tienen el aval de la instancia internacional. Sobre sus adversarios de Davos, poco puede hacer, salvo brindis al sol. El autonombramiento como principal defensor de la democracia para enfrentarse a la Internacional reaccionaria es, ante todo, un aval para su política efectiva de enfrentamiento constante en España, día a día, con las normas y los usos democráticos.

Acaba de probarlo un episodio, también coincidente con la apoteosis de Trump y con el Foro de Davos: el intento fallido de que el Congreso aprobara el llamado decreto ómnibus, seguido de la inevitable declaración de guerra al PP, asentada sobre la Mentira con mayúscula. Medidas ampliamente compartidas por todos los grupos, como el aumento de las pensiones, la subvención a los transportes o los socorros por la dana, eran reunidas por el Gobierno en un «lo toma o lo deja», con otra larga serie de cuestiones, entre ellas la entrega de un palacete al PNV o el freno a los desahucios. Al ser rechazado el proyecto por PP y Junts, el Gobierno volcó el cieno de su propaganda sobre los populares, decidiendo Sánchez que todas las medidas eran equivalentes y, como lo decidía él, no podían ser divididas. Al ser preguntado en directo por los periodistas, se refugió como siempre en el engaño, sin proporcionar dato alguno: el regalo al PNV o la protección de inquilinos morosos u okupas, iguales a la subida de las pensiones o los bonos de transporte. Pero sin decirlo abiertamente. Es decir, intoxiquemos.

Es una costumbre de Sánchez poner una envoltura positiva a un contenido que nada tiene que ver con ella, como en su día para restringir competencias al Senado o cubrir un cargo del Centro Nacional de Inteligencia. Más que de un fraude de ley, se trata de un fraude de democracia, que la oposición debiera cortar de cuajo preventivamente. No se debe jugar una y otra vez la partida con las cartas marcadas por el Gobierno. Al ómnibus hay que pararlo antes de que sea votado. Ya vemos cómo está alcanzando sus fines la maniobra en curso de colar o aprovechar demagógicamente su artimaña legislativa.

Por sus intereses partidarios, sentenció nuestro falso Quijote, el PP provoca «el dolor social». La verdadera intención del personaje se comprobó de inmediato al asegurar que no iba a admitir la separación de las medidas, propuesta por Feijóo. A lo hecho, pecho. Las pensiones no importaban si se conseguía el descrédito del PP ante la opinión pública. (Tuvo que cambiar el domingo, y sacar al demagogo).

Tenemos delante esta vez una jugada incalificable, ya que el fraude de democracia no es un fin en sí mismo, sino que tiene por objeto, de forma consciente por su parte, generar «el dolor social». Un dolor real, de gente que vive con lo justo. Y una vez provocado, con la siniestra ayuda de los periodistas de RTVE & Co., del «diario independiente» y sus afines, lo dirige contra una oposición que, como siempre, se explica mal. Esto sugiere que nuestro presidente está también tranquilo con los cayucos que le permiten seguir satanizando al PP de cara a los canarios.

Así, veremos a los sindicatos rodeando las sedes de los populares, porque los jubilados pensarán que no les importa nada el edificio regalado al PNV: que se lo den, bailen allí un *aurresku* —que lo bailarán— y me dejen el aumento de las pensiones. Y tampoco importa que el PP acabe votando a favor del decreto reducido, con la subida de pensiones: lo importante es mantener la difamación. Esto marca un más allá de la movilización de masas en apoyo de una política, al convertir el episodio político en un pretexto para activar esa movilización, mirando a destruir al adversario, un recurso propio de la estrategia conocida de los fascismos.

Estamos ante una perfecta deshumanización de la política, con Pedro Sánchez pretendiendo elevarse sobre los problemas angustiosos de la gente con un grado de perversión y endiosamiento que francamente aterra. Ante un simple voto desfavorable, exhibe con toda frialdad su omnipotencia dirigida a castigar y destruir al otro. Una actitud que solo es comprensible si se contempla a sí mismo como un ser de naturaleza sobrehumana, al modo del dios sobre las nubes que creía ser un dictador en los años treinta.

El sábado 25 de enero de 2025, valía la pena fijarse en el gesto severo y hierático, que marcaba en su intervención una superioridad y un distanciamiento absolutos respecto de la realidad y del tiempo, y asignaba culpas y sufrimientos, al modo de quien actúa desde la inmortalidad propia de su endiosamiento.

Nuestro fingido caballero andante es siempre fiel a su lógica de inversión de los significados, pero constatarlo ya es insuficiente, porque con la violencia desplegada en el episodio del decreto ómnibus nos adentramos en una concepción apocalíptica de las relaciones políticas, del bien aplastando al mal en todo y por todo, de consecuencias impredecibles.

¿Hasta dónde va a llegar por el simple hecho de que no sean aceptadas sus trampas? (TO, 27-I-2025).

33. Un horizonte totalitario

Asistimos en España a una experiencia política fascinante, aunque lo sería aún más vivida desde el exterior. En un periodo histórico, cuando las democracias encogen como una piel de zapa, proliferan a nivel mundial los gobiernos elegidos de tipos dispuestos a durar más que un rey absoluto, y asoman en el horizonte los monstruos de los viejos y nuevos imperialismos, resulta extraordinario ver como un líder político, paso a paso, se encamina hacia la eternidad, pero, eso sí, exhibiendo día a día una ejecutoria de absoluta lealtad a la democracia.

Hasta el punto de que va a consagrar un año de su Gobierno al esfuerzo de grabarla de forma irreversible en las mentes y en los corazones de los españoles. Es un empeño único en el mundo, y confianza y energía no le faltan. Acaba de pronosticarlo al presentar el 8 de enero de 2025 su conmemoración sobre los cincuenta años de felicidad sin el dictador Franco: augura que nos esperan otros cincuenta. No estamos ya mirando a las próximas elecciones, ni a la perspectiva 2030, sino a un más allá lejano, y ese esplendoroso futuro se lo deberemos a él.

Lo que ya no está claro es si ese tiempo feliz será efectivamente democrático. El estilo de gobierno de Pedro Sánchez se ha definido ya lo suficiente para saber que las elecciones seguirán celebrándose, que la sociedad civil creerá encontrarse en la normalidad, e incluso que pueden existir otros partidos políticos que no sean el suyo, siempre que no aspiren a sustituirle en el poder. Otras cosas serán menos seguras. La libertad de expresión en los medios estará formalmente garantizada, como la de asociación, y la existencia de la judicatura, al seguir perteneciendo, como esperamos, a la UE, pero ya comprobamos la firme voluntad de restringirlas radicalmente. ¿Qué decir de la proposición de ley, orientada a blindar al Gobierno frente a la actuación judicial?

En cuanto a la monarquía, tal como van las cosas, su futuro a medio plazo es incierto. Siendo el de hoy un mundo al revés, después de siglos de reyes impresentables, la presencia de uno discreto y leal a la democracia no solo es una agradable sorpresa, sino una garantía para la supervivencia de las instituciones democráticas. También un visible estorbo para nuestro autócrata, tanto por ser un obstáculo para la plena realización de sus sueños como por la inequívoca voluntad del rey, probada el 3 de octubre de 2017, de utilizar todos los recursos disponibles en defensa de un orden constitucional amenazado.

La partida no ha hecho más que comenzar, y es desigual por las limitaciones constitucionales a la acción del jefe del Estado. Para disgusto de Juan Carlos I, los constituyentes de 1978 se cuidaron muy bien de asegurarlo. En sentido contrario, el presidente sabe que le es preciso renunciar a un ataque frontal, y por ello se entrega a una permanente labor de desgaste, confiando en la falaz identificación entre democracia y republicanismo, por el momento sin éxito alguno. Pero nuestro hombre es tenaz y cuenta con permanentes ayudas en el campo «progresista».

Por eso, en lo esencial, resulta aconsejable mantener la apuesta por el éxito final de Pedro Sánchez, si los independentistas catalanes y vascos —más los primeros— no lo arruinan antes. Al igual que su predecesor, José Luis Rodríguez Zapatero, tiene pocas ideas y, por lo mismo, pocas complicaciones a la hora de decidir, cuando lo que está en juego es la confirmación o el riesgo de su posición de poder. Lo suyo no es el ajedrez, sino el billar, vía Miguel Barroso, igual que su maestro Fidel, y sus movimientos son siempre precisos. Lo combina con la agresividad del boxeo tailandés que aprendió de Pablo Iglesias. También sabe que esa posición de fuerza suya se asienta sobre un ejercicio riguroso en el cual ha de desmontar las piezas clave que lo sostienen y ponerlas sin excepción alguna bajo su dominio. Es lo que hemos llamado la estrategia de la araña, que en nuestro caso va cubriendo con su tela los centros de poder: Tribunal Constitucional, fiscal general del Estado, Banco de España, Poder Legislativo... Incluso desbordando el ámbito institucional, con la conquista de Telefónica por el Gobierno.

Hasta aquí, una expansión cuantitativa de su área de poder, que permite hablar de una dictadura, en la medida en que tiene por objeto, sin reservas, la concentración en su persona de los tres poderes. Hay, sin embargo, una dimensión adicional, a partir de la cual anticipar el futuro, observable aquí y ahora, en cada ocasión en que Sánchez tropieza con una oposición institucional y personal que le ofrece resistencia. Como respuesta, nunca se atiene a las reglas del juego constitucional, aunque desde ellas estuviera en condiciones de imponerse, como en el caso de la Ley de Amnistía. No se trata ya de que su poder crezca a costa de las instituciones, sino que el adversario, visto como mortal enemigo, ha de ser vencido, casi diríamos que aplastado.

El marco normativo se difumina y solo queda en pie la afirmación de su decisionismo. De ahí que su actuación como autócrata plenamente realizado sea previsible, mirando de cerca al proceso en curso de imposición absoluta de su voluntad sobre su partido, el PSOE, desde el congreso celebrado en Sevilla, en noviembre de 2024. La militarización decretada en el congreso de 2021, se completa ahora con una exigencia de sumisión ilimitada a su mando, algo muy adecuado para conmemorar la figura de Franco. Lo menos que puede decirse es que Stalin no lo hubiera hecho mejor. Esperemos que Sánchez no le imite en llevarlo hasta las últimas consecuencias. Por fortuna, son otros tiempos y está Europa.

Es el método que Robert V. Daniels calificó para el partido soviético como la puesta en práctica del «flujo circular del poder», que Sánchez está aplicando al PSOE con todo rigor, incluso en los rituales de sumisión cuando hay que domeñar a disidentes. La fórmula consiste en eliminar todo proceso democrático en la elección de los cargos de responsabilidad, siendo designados únicamente por el jefe —la traducción de la palabra rusa *vozhd* viene a cuento—, quien no solo atiende a su subordinación, sino a que sean soportes activos de su control absoluto. Una vez puesto en marcha, el flujo circular del poder funciona como factor de estabilidad, siempre que no se olvide el mantenimiento de las reglas enunciadas. Lo olvidó Jrushchov, siendo depuesto, a diferencia de sus buenos gestores, Brézhnev, incluso Gorbachov, y por supuesto el maestro Stalin. A la vista de sus primeros pasos, no cabe duda de que Sánchez lo aplicará sin el más mínimo margen de libertad. Único inconveniente: estamos ante la negación rotunda de la democracia, pero de eso se trata.

Lo que ya resulta más misterioso es el naciente ritual de sumisión, practicado por los cargos de responsabilidad que por un momento manifestaron, incluso públicamente, su discrepancia ante ese imperio absoluto del secretario general. Y lo es más porque, inaugurado con Lobato en Madrid, luego se repite puntualmente. Lobato incluso acude al *Espejo público* de Susanna Griso para mostrarla; al día siguiente, aparece contrito, proclamando su ciega obediencia y que nadie le ha forzado a ceder. Solo que la ceremonia se ha repetido, y simultáneamente en Castilla-León y en Sevilla, por jefes de comunidades autónomas hasta entonces orgullosos y díscolos. Nadie les ha forzado, aseguran, tal y como declaraban los enemigos del pueblo ante las cámaras estalinianas tras haber sido torturados. Es seguro que tal cosa no ha sucedido, en el plano físico, pero los datos son contundentes. Algún día Sánchez tendrá que contar el secreto de cómo convierte a políticos socialistas en ovejas políticas.

El éxito es evidente: de forma indolora, un partido democrático deviene totalitario. Es más, la mutación provocada por Sánchez no es solo un antecedente de lo que sería la vida política española de confirmar su diseño de matriz soviética, sino que desde ya se proyecta sobre ella. Al mismo tiempo que toma en su mano las claves de la organización partidaria, las ocupa con miembros de su Gobierno y aspira a que desde el partido pasen a ser, con las próximas elecciones, presidentes de comunidad. Hay muchas posibilidades de que el proyecto fracase, los votantes tendrán la palabra, pero si triunfa tendremos configurada una sólida estructura de poder de tipo piramidal, con él en el vértice, y el Estado central y los autonómicos reducidos al papel de instrumentos que transmiten y ejecutan sin pestañear sus decisiones.

La ofensiva en curso para imponer su mentalidad, e incluso su lenguaje, al conjunto de la sociedad, de forma paralela al deseado sometimiento total del poder judicial, completan un diseño estrictamente totalitario. Aun siendo por supuesto de materialización difícil, está ahí ya a la vista de quien quiera mirarlo. No existe alternativa dentro del horizonte político de Pedro Sánchez, porque es él mismo quien cierra todo camino democrático. Tanto más cuanto que su autocracia lleva consigo una carga cleptocrática que impide una eventual marcha atrás.

Para apuntalar semejante proyecto, resulta funcional todo aquello que refuerce su piedra angular: la visión dualista de la sociedad española, sometida a una guerra imaginaria de la cual Sánchez debe salir vencedor.

La campaña sobre Franco tiene este sentido, y ahí tenemos a la vicepresidenta María Jesús Montero, ofreciendo al presentarse en Sevilla un despliegue demagógico de la política descrita de Sánchez sobre el PSOE y el futuro autonómico. La candidata presidencial carece de reparos a la hora de gritar a voz en cuello «¡No pasarán!» como tapadera de su política fiscal sobre Cataluña, asociando además la consigna a su aplaudida celebración por la tocata y fuga de los dirigentes socialistas que «sufrieron la injusticia» por los ERE.

Nos topamos así con la evocación de la Guerra Civil como absurdo, la de uno de sus símbolos más populares como profanación, al hermanar la vicepresidenta Montero en Sevilla, con el grito de guerra —«¡No pasarán!»—, resistencia antifascista y cleptocracia ERE, el PP y los moros que trajo Franco. Sobre todo, con la ignorancia deliberada de que su enseñanza para el presente fue la reconciliación nacional, no una revancha. Todo esto es grotesco, aun cuando no debe ser menospreciado como peligro. Lo subrayó Felipe VI durante su viaje a Roma: a ese pasado, no hay que volver ni como caricatura. Ignoro lo que pensará de esto mi amiga Lola, mujer de ideas claras como su abuela, tocada por el exabrupto. Por mi parte solo puedo expresar disgusto y miedo. La estupidez ha abierto demasiadas veces un camino de sangre en la historia.

Al final, todas las piezas encajan en el puzle de Sánchez, sobrado de coherencia y modernidad, en contra de lo que sugiere su crítica posmoderna. El vaciado pieza a pieza del sistema democrático no admite excepciones en ningún aspecto, y la política internacional es un ejemplo, cuando surge un asunto sensible como Venezuela, donde la conciencia democrática puede afectar a los intereses de Sánchez. A pesar de la máscara de humanidad con que intentó cubrirse, y de un acabado ejercicio de cinismo político al recibir en Madrid al pobre González Urrutia, el balance final es inequívoco: traición a la democracia en Venezuela, traición a la democracia, en una palabra, por muchos disfraces que siga poniéndose. Nombrar en esta situación un embajador en Caracas, es reconocer.

Para cerrar el círculo de la antidemocracia, Sánchez acaba de proponer la ley del candado frente a las investigaciones judiciales que están poniendo cerco a su corrupción. Hasta cierto punto, es admirable en su coherencia como dictador, con un sesgo de gansterismo político por la personalización, la falta de respeto a la ley y a la moral, su habilidad para ocultar y mentir, el cinismo y la inexorabilidad, que caracterizan a sus actuaciones. Un verdadero espectáculo, salvo para vivirlo.

Sorprende de entrada que todos sus *fideles* —desde el portavoz al tertuliano— dicen lo mismo, repitiendo las palabras del presidente —o en su ausencia de su portavoz— como si se tratara de un coro de papagayos, sin la menor variante. En segundo lugar, nunca atienden a la pregunta que les es formulada, y en lugar de eso, atacan con violencia a la oposición, aunque no venga a cuento, y en los últimos tiempos, si se trata de un problema judicial que de un modo u otro afecta a Sánchez o a su entorno, cargan contra el juez, o contra la instancia judicial, que perciben como enemiga. Así que no estamos ante informaciones del Gobierno a la opinión pública, sino ante reiteradas declaraciones de guerra de ese Gobierno contra la oposición democrática y contra los jueces. Bajo la aparente transparencia de las formas, esto nada tiene que ver con los usos vigentes en la Europa democrática.

No cabe olvidar una singularidad adicional. Ese ataque nunca busca el apoyo de argumentos. Consiste en una descalificación primaria, porque está destinado a funcionar como una consigna que los seguidores del Gobierno han de asumir a ciegas. Parte de suponer que el Gobierno es el bien y sus enemigos, el mal, del mismo modo que la hinchada de un club nunca aceptará que el derribo cometido por su defensa central es penalti. Solo que esto es más grave que la pasión por el fútbol. Cuando la portavoz del Ejecutivo, una ministra cuya boca repintada no consigue ocultar la crispación, descalifica el auto perfectamente legítimo de un juez del Supremo, como si este fuera un botarate o un malvado ignorante de lo que es un indicio, no está lanzando solo un ataque personal a un magistrado a quien el Gobierno debe respeto. Está desautorizando ante todos los ciudadanos, y de forma grosera y deliberada, la autonomía del Poder Judicial.

No es nada nuevo en la historia. Un documental sobre el incendio del Reichstag en 1933, de la cadena Arte, nos recuerda la reacción de Goebbels frente a un último resto de dignidad judicial durante el proceso, tolerando que el falso testimonio del jerarca Hermann Göring fuese desenmascarado. Era el último obstáculo que había que eliminar, antes de la destrucción definitiva de la democracia. Para alcanzar ese mismo resultado, hoy no hacen falta cruces gamadas ni camisas pardas, ni invocaciones desaforadas al Imperio alemán y contra los judíos, bastan la demagogia disfrazada de información y la voluntad de destrucción del adversario, a cargo de atildados políticos actúan desde los escenarios habituales en una democracia del siglo XXI. Sin olvidar la figura siempre útil del chivo expiatorio. En lugar de los comunistas y judíos en el Reich, aquí les toca a los «jueces abusivos» y se van sucediendo un juez tras otro para recibir el oportuno linchamiento «progresista». Llegado el caso, la ley de Lynch es aplicada al Tribunal Supremo en su totalidad.

El hecho es que, hoy por hoy, para aliviar el peso de sus corrupciones, el Gobierno está asumiendo la actitud de un delincuente que declara culpable a todo juez que esté investigando sus posibles delitos, o los de sus allegados, por atreverse a hacerlo. En Francia, un expresidente como Sarkozy puede ser juzgado y condenado. Lamentable por lo que afecta al prestigio de una alta institución, y nada pasa. Aquí la simple investigación afectando no ya al presidente, sino a su entorno, da lugar a la satanización de los jueces que la emprenden. La lógica de inversión culmina su papel de destrucción intencionada del Estado de derecho.

El desenlace inevitable será la implantación, directa o indirecta, del *lawfare*, la posibilidad de juzgar y sancionar a los jueces que se atrevan a desempeñar su función con independencia. El argumento del viejo film *Los asesinos acusan*, se verá así actualizado en «los delincuentes juzgan». No sería una novedad como actitud: ya hicieron de jueces los responsables de la rebelión catalana de octubre de 2017 al redactar la Ley de Amnistía.

Llegados aquí, vuelve a ser útil el recuerdo de Berlusconi, personaje coincidente con Pedro Sánchez en su entrega a practicar la política del amor a sí mismo, con la inevitable secuela de odio contra quienes se oponen a ella. En ambos casos, contra su principal obstáculo institucional, los jueces. Lo reflejó Nanni Moretti en su película *El caimán*, augurando su triunfo final, con la voladura del Palacio de Justicia. Pero en Italia existía la muralla de la presidencia de la República, garantía de la vigencia del Estado de derecho. En España, la limitación de las facultades del jefe del Estado impide la activación de un freno similar y Pedro Sánchez puede seguir desarrollando su ofensiva. Última etapa, el proyecto legal del 21 de enero de 2025, abriendo la puerta a llenar la judicatura con nombramientos ministeriales.

Para consumar este diseño totalitario de formas posmodernas, falta solo la sumisión absoluta de los medios a los dictados del Gobierno. No es la primera vez en la historia contemporánea que la libertad de prensa sirve de último bastión para defenderse de un poder arbitrario. En la España moderada, bajo Isabel II, la prensa fue el último residuo activo del orden constitucional. Fue en 1865 cuando un artículo en el diario *La Democracia*, «El rasgo», escrito por Emilio Castelar, puso al descubierto la corrupción de Estado, practicada por Isabel II, movilizando la opinión pública hasta provocar su deposición en 1868. Y con el franquismo, desde que Fraga implantó su Ley de Prensa, la lucha entre la escritura democrática y la censura del régimen anticipó los términos del enfrentamiento político en la siguiente década.

Paradójicamente, es el valor decisivo de la prensa en España como constructora de la libertad, primero, y en el descubrimiento de la corrupción, después, lo que hace necesaria para el Gobierno la ley del candado que anuncia, destinada a silenciar a los medios. Sin estos no hubiera salido a la luz prácticamente ninguno de los grandes casos de corrupción, desde los años ochenta. Empezando por el caso Roldán. Eso es precisamente lo que impulsa la vocación punitiva de Pedro Sánchez y de alguno de sus socios.

Resulta ya esclarecedor, signo de desprecio y odio, el empleo oficial del término peyorativo «recortes de prensa», para designar a las informaciones que ponen en marcha los procedimientos judiciales sobre la corrupción del Gobierno. A los «jueces abusivos» que desconocen con quién se la están jugando, habrá que añadir a los periodistas o a los colaboradores en los medios que perturban el mundo tranquilo y feliz de los corruptos. Una vez más, autocracia y cleptocracia marchan unidas.

En el caso español, no existe dificultad para percibir el tránsito de una evolución autoritaria de la democracia a una dictadura, en la medida en que el propósito inequívoco de Pedro Sánchez es el de concentrar en su mano los tres poderes, jibarizando al Legislativo e instrumentalizando el Judicial (con el pequeño inconveniente de que sus socios le dejan vulnerar la Constitución, no gobernar). Pero, desde que ha sufrido la amenaza de las investigaciones sobre corrupción, ha dado un paso más, y por el propio mantenimiento de su poder, trata de imponerse a la autonomía judicial y de la prensa, estableciendo un sistema de poder propio, no regido por la ley, sino por su decisionismo, por su red de intereses.

Estaríamos ante un régimen de corrupción, gansteril, obviamente no porque se dedique a asaltar bancos, ordenar crímenes ni practicar el narcotráfico, sino porque reproduce la lógica de las grandes organizaciones gansteriles del siglo XX, al poner en pie un sistema de poder propio. Actúa este bajo los dictados y los intereses de su jefe, que se sobreponen a las instituciones legales, alterando y destruyendo su funcionamiento, tal y como lo regula su normativa en el marco de la Constitución. Diría que es preciso ser ciego para no verlo, cuando el fiscal general del Estado es su fiscal general del Estado, el Tribunal Constitucional (con su mayoría «progresista») puede seguir el mismo camino, sometidos ambos a una instancia superior, con la consiguiente primacía del presidente sobre el funcionamiento del sistema judicial, cuya autonomía resulta anulada.

Al cometer recientemente un monumental error, exigiendo al juez Peinado declarar por escrito, aplicando la «inescindibilidad» entre su condición de presidente y la de ciudadano, Pedro Sánchez ignoraba de forma deliberada lo que dice la ley, al no traducir la preferencia en privilegio. Expresaba, sin embargo, a las claras su objetivo, consistente en que el sistema judicial y el ordenamiento legal le reconocieran sumisión, al ser inescindible su condición de presidente del Ejecutivo y la autoasignada cabeza de los mismos. Es lo que sigue pensando y poniendo en práctica.

El jefe de la trama gansteril necesita las instituciones, pero para que estas actúen a sus órdenes y según sus intereses. Son dos estructuras y dos niveles de poder superpuestos, donde el aparato estatal se mantiene como subordinado, envuelto por el gansteril, determinado por este en sus actuaciones. Una dependencia que recae, especialmente, sobre el

PSOE, sobre los medios *ostentóreamente* que hubiera dicho el finado Jesús Gil. Un tipo que conoce el sistema desde su interior, lo expresó de forma zafia y expresiva: «Todo depende del *puto amo*». Y ningún dictador clásico aceptaría presentarse bajo esa denominación. (TO, 7-I-2025).

Conclusión

El deseo de Pedro Sánchez

Unde et quo? ¿De dónde venimos y adónde vamos? Para elaborar un pronóstico de alguna fiabilidad, tendríamos que conocer con precisión el punto de partida, cuál es la situación actual de España, y lo cierto es que esta no encaja en ninguna de las clasificaciones que circulan por los manuales de ciencia política. Es más, para empezar, puede decirse que su funcionamiento efectivo incumple e invierte las reglas del ordenamiento constitucional vigente, por lo demás bien precisas.

Los últimos acontecimientos, en concreto, rechazan cualquier explicación politológica. Son como el intento del jesuita, narrado por Voltaire, de demostrar al emperador de China la racionalidad del cristianismo: «Pues es muy fácil —le dijo—, creemos en un solo dios, y ese dios son tres, y uno de ellos es el padre del otro, y el tercero es un ave que vuela...». «No sigas —le interrumpió el emperador—, me has convencido».

Para explicar la configuración del poder en la España de hoy, vale la pena aprovechar que estamos en el centenario del surrealismo. Lo mejor será acudir a la imagen de la espléndida premonición de la Guerra Civil española por Salvador

Dalí, titulada *Construcción blanda con judías hervidas*, de enero de 1936 y que conserva el Museo de Filadelfia. A mi juicio, se centra en el sentido de la tragedia mejor que el *Gernika*, de Picasso, al poner en primer plano el horror de la previsible autodestrucción. Aplicándola al presente y reducida a demostración del absurdo, la denominación culinaria elegida por Dalí en 1936, alusiva a unas improbables judías, pasaría a ser «Faisán marinado con *calçots* esparcidos»; marinado para evitar el posible olor del protagonista de la escena, y los *calçots*, en homenaje a quien acaba de demostrar que la domina. La evocación del absurdo implícito en toda guerra no es inútil.

En apariencia, todo está claro. España es una democracia representativa que funciona con regularidad, celebra elecciones con notable frecuencia, hay un fuerte Ejecutivo con garantía «cancilleresca» y, como jefe de Estado, un rey que va haciendo olvidar los malos sabores que nos dejaron sus antepasados hasta 1931. El Estado de derecho se encuentra firmemente asentado, en el plano formal. La economía progresa, permitiendo la superación de las tensiones sociales que siguieron a la crisis de 2008.

La realidad es bien diferente y casi ninguna de las piezas del sistema político funciona como es debido. El Ejecutivo ha decidido invadir las competencias de los otros dos poderes, sometiéndolos sin respetar los límites establecidos por la normativa vigente. Ha subordinado todo a un instinto de supervivencia, convertido en deseo de perpetuación, y para atender a ese fin, subvierte las relaciones políticas al uso en las democracias. Instaura un estado de guerra imaginaria permanente contra la oposición, excluyéndola de hecho del espacio político, para buscar apoyo en las fuerzas que tienen por objetivo la destrucción del sistema, sin que importe que alguna de ellas, justo la más influyente, se encuentre excluida de toda relación política normal, como una apestada.

En cambio, el prófugo, cuyo propósito era y es la destrucción del Estado constitucional, al mercadear su peso en votos parlamentarios, acaba siendo el verdadero legislador. La humillación no puede ser mayor. En España, por obra y gracia de Pedro Sánchez, acaba de inaugurarse una nueva forma de gobierno: la *extrademocracia*, un sistema democrático dirigido con mando a distancia desde el exterior por su principal enemigo.

Obviamente, las instituciones funcionan en la forma, pero los debates parlamentarios resultan sustituidos por reuniones conspirativas y las decisiones son tomadas por actores políticos tan ajenos al sistema como el mencionado responsable de una rebelión contra el mismo. Tal y como ha sucedido con el decreto ómnibus, la oposición democrática resulta de antemano excluida en la negociación de las decisiones, sin el mínimo respeto, solo insultos: para nuestro dictador, sería humillante aceptar los usos propios de un orden democrático. Poner al Estado en la posición de un mendigo o de un truchimán que va a Suiza, a impetrar la ayuda del prófugo, es la nueva normalidad. La democracia no es suprimida, pero sí vaciada de sus contenidos, tanto en el plano simbólico como para la adopción regular de las decisiones.

Para llegar a entender cómo ha sido posible ese descenso hacia el absurdo, enfoquemos la dimensión teleológica que determina el comportamiento político por Pedro Sánchez. Lo esencial, en su caso, como en el de Mussolini, Fidel Castro, Mao Zedong, también en los bajos fondos, los de Pablo Iglesias o Matteo Salvini, es la voluntad de alcanzar y consolidar a toda costa una posición de dominio, tanto frente a competidores como sobre las instituciones.

El resorte que mueve la actuación política de Pedro Sánchez no ofrece dudas. Se ha empeñado en perpetuar a toda costa su poder, maximizando su alcance, y se cree autorizado para ejercerlo sobre las demás instancias del Estado, mandar sobre los jueces… y hacer aprobar leyes en que, como en una olla podrida, todo cabe. Las normas elementales de la racionalidad, en cualquier actividad, son ignoradas. De ser sacerdote, condicionaría una celebración de matrimonio a que los novios le pagasen unas vacaciones al conserje, proporcionándole así «escudo social». Grotesco y agresivo siempre contra el PP. Bajo las formas democráticas, el discurso de Sánchez y sus corifeos tiende siempre a expresar una concepción apocalíptica, de eterna lucha entre el bien y el mal, aquí y ahora, entre el progreso y la reacción, donde a él le toca hacer de arcángel san Miguel, paladín del primero, y a la oposición, de diablo a sus pies. Ridículo, degradante, pero quizá eficaz. La cosa viene en línea directa del fascismo, vía Fidel, y allí ha funcionado.

De acuerdo con ese discurso, la vida política deja de consistir en una combinatoria de conflicto y convivencia, entre seres humanos, para saltar al plano escatológico, en el cual nuestro presidente asume el deber de construir un muro que proteja para siempre a los españoles del asalto del mal. Su dimensión, como en el muro contra la inmigración mexicana de Trump, es doble: física y simbólica. Los reaccionarios carecen de existencia como sujetos políticos; solo reciben una identidad a efectos de ilustrar la personificación del mal (a Feijóo y a Ayuso, Sánchez y los suyos no les dirigen nunca un comentario: son siempre el error y la maldad). Como en nuestra vieja dictadura con Franco, la función del presidente es soteriológica, de salvación de una sociedad, superando el dolor que le provocan los ataques de los malvados, como él mismo puso de manifiesto en abril de 2024, con sus días de reflexión.

La recompensa a tan alta misión se sitúa en el mismo nivel superior, de manera que, partiendo del vacío cultural y político que caracteriza a su personalidad, su propósito se eleva hacia lo absoluto, ejerciendo un poder omnicomprensivo, justo porque nace del vacío y carece de objetivos concretos. Y como sucede con sus colegas de distinto signo y dimensiones, de Erdoğan a Mao, de ahí se deduce una vocación de eternidad, evidente en Sánchez por sus reiteradas y desafiantes alusiones al objetivo de superar los límites temporales establecidos, de «ir más allá», del año 2027 «y los que vienen después».

La historia, suele decirse, se repite como caricatura, y en este caso estaríamos ante la pretensión de una inmortalidad simbólica, correspondiente a una personalidad excepcional, que tanto en Mao como en su epígono estaría probada por la capacidad de sobrevivir a los ataques recibidos, caso de Mao, de resistir a otros análogos de naturaleza política por Sánchez, saliendo siempre victorioso. Incluso, desde la caricatura, tendríamos el paralelismo entre la reconquista del PSOE por Sánchez, contra su gestora, y la de Mao contra el Partido Comunista en la Revolución Cultural. Con la misma voluntad de exterminar a sus rivales, por supuesto políticamente en Sánchez. La Guerra Civil, convenientemente resucitada contra el PP, no tiene otro objeto.

Esta grandiosa previsión, asumida por el presidente Sánchez, tropieza, sin embargo, con dos graves obstáculos que amenazan con arruinarla. Por usar una pomposa expresión italiana, *que ti sgonfiano la mongolfiera*, que te pueden pinchar el globo. Uno es la corrupción que afecta a su entorno y que le está llevando a una batalla a muerte contra la autonomía judicial, convertida en último bastión en la defensa de la democracia. Otro es la propia fragilidad que provoca a su acción como gobernante la alianza con los partidos nacionalistas, a los cuales nada les importa la degradación de la democracia en España, siempre que ello no entorpezca sus respectivos objetivos soberanistas.

El problema para Sánchez reside en la desproporcionada

capacidad que detentan los partidos nacionalistas para condicionar, e incluso bloquear, su acción de gobierno. Solo que, a él, mientras le avalen su guerra contra la derecha española, poco le importa. Y la capacidad de forzar la alternancia antes de las elecciones generales de 2027 es nula para la derecha constitucional, y difícil aun entonces: Vox es el mejor aliado de la supervivencia electoral del PSOE.

Lo que está claro, de cara al futuro, es el diseño estratégico de Pedro Sánchez. El hombre es muy previsible, como se ha visto en el caso Muface y en el decreto ómnibus: está dispuesto siempre a subordinar los intereses que cree generales a los de su persona. Es buen discípulo de Simeone, hace de cada partido una guerra a muerte en defensa propia. Solo necesita que persista la bonanza económica para hacer digerible el privilegio económico otorgado a Cataluña, y entre tanto reforzará el control del Estado sobre los intereses económicos privados, al modo de lo ejecutado con Telefónica, poniendo en marcha un singular capitalismo estatal de especulación, generando una «tecnocasta» dispuesta para la corrupción, como ha señalado Juan Luis Cebrián. Lo de Begoña Gómez es juego de niños.

Así, de manera insensible, con reformas avaladas por un Tribunal Constitucional progresista, pasaremos del Estado de las autonomías a un Estado confederal asimétrico, con dos subestados, Cataluña y Euskadi, listos para separarse si lo juzgan necesario, aunque la existencia de la UE lo desaconseje a medio plazo por sus respectivos intereses económicos. Serán prácticamente independientes, seguirán borrando la vinculación con España y disfrutarán del mercado interior, de soberanía fiscal y de estar en la UE. ¿Quién da más? A cambio, aseguran a nuestro Esaú mucho más que un plato de lentejas: la seguridad en su *status* de autócrata. Eso sí, siempre que una crisis económica no nos separe.

En la batalla decisiva para salvaguardar la democracia, la

judicial, con las nuevas leyes Sánchez podrá vencer, a costa de algunos sustos, y también acallar a los medios más estridentes. Mientras no haya crisis económica, reafirmará su condición de salvador de España para la causa del progreso. Lo que ya puede resultarle más difícil, aunque se dirige en línea directa hacia ello, es ver realizado plenamente más que su sueño, su deseo —citemos a su fan Almodóvar— de un Estado donde todo gire en torno a su persona y no haya adversario posible. Estamos viéndolo en la batalla por *su* fiscal general, que no es defensiva, sino de movilización general de los medios jurídicos del Estado contra un juez del Supremo. Como Berlusconi en *El caimán*, no duda en volar simbólicamente el Palacio de Justicia, en someter a su plena voluntad la autonomía judicial. El firme deseo de Pedro Sánchez es un Estado *petrocéntrico*. «Sanchismo» nada dice, al caudillo se le llama por su nombre. Para la democracia, una verdadera pesadilla, como la que anunciaba Dalí en su visión profética de 1936.

En apariencia, sin componente de masas no tendríamos fascismo. Así es si nos atenemos a la forma clásica. Pero no hay que seguir pensando en Mussolini y en sus camisas negras para hablar de fascismo o de totalitarismo. En cuanto a la dependencia de las organizaciones políticas respecto del jefe, estaríamos en nuestro caso ante un control de tipo estaliniano, ejercido por el presidente sobre el PSOE, e indirectamente sobre los sindicatos, con un centro de poder único en la figura de Pedro Sánchez. No hay movilización de masas, pero sí instrumentalización y subordinación ilimitada de las organizaciones. El déficit en cuanto al necesario complemento de las masas resulta, además, cubierto mediante el aparato de control y comunicación omnicomprensivo de que dispone Sánchez. Es el principio, recordado por A. Scurati en su *Mussolini*, de la sumisión absoluta de todo y de todos al jefe. Una actualización del «fascismo eterno».

No obstante, vivimos tiempos de reacción innovativa. En la derecha, por obra de Trump, de Musk y de Vance, acaba de cobrar forma en Estados Unidos un nuevo leviatán al servicio del megacapital y de la tecnocasta, bajo el signo de una radical desigualdad entre clases y naciones. Al fijar la subordinación radical de Europa como uno de sus objetivos, afectará necesariamente a la estabilidad del proyecto de Pedro Sánchez, y en principio debiera impedir su consolidación. Se abre un abismo.

Epitafio

Este libro nació de una preocupación que vino a sumarse a la que ya suscitaba la marcha trágica de la pandemia. Las cosas podían ir igual de mal, o peor, en países como Francia o Italia, pero allí la información pública funcionaba, y esa diferencia se confirma hoy, cuando en los medios oficiosos del Gobierno el quinto aniversario de la llegada a España de la COVID da lugar apenas a comentarios sobre el problema real de las secuelas, mientras en Francia o en Estados Unidos se publican estudios rigurosos, utilizando documentación estatal que aquí debe ser inaccesible. Pronto la desconfianza creció al ver el freno gubernamental dado a la investigación de una juez sobre el 8-M. Sí, ya Pedro Sánchez, vía Marlaska, contra la autonomía judicial. Y se extendió hacia otras esferas de la acción de gobierno, según reflejan mis colaboraciones en El Correo de Bilbao, El País —*hasta julio de 2022, con obligada sordina*—, y The Objective, *desde entonces.*

Como puede comprobar el lector, la desconfianza se convirtió en crítica, hasta desembocar en una enmienda a la totalidad, creo que justificada, y que no tiene otro objeto que referir un proceso de degradación política del cual, a mi entender, es responsable el presidente Pedro Sánchez. Se propo-

ne examinar su gestación y apunta a la necesidad de que sea superado, tanto por el bien de nuestro ordenamiento democrático como por la supervivencia del propio Partido Socialista.

Hace algo más de diez años, coincidí en Bogotá con Felipe González, con ocasión de un pequeño congreso, y el expresidente le preguntó al organizador, el común amigo Gustavo Palomares, por la razón de mis críticas en el pasado. Mi respuesta fue clara: los GAL, un terrorismo de Estado, desarrollado bajo su presidencia. Solo que aquello, por fortuna, pasó, mientras la puesta en práctica del proyecto totalitario formado en la mente de Sánchez sigue y se ahonda día a día.

Nunca fui miembro de una organización socialista. Cuando me asomé a la vida política, en los años sesenta, esa opción no existía en la práctica. Me quedaba el viejo carnet de la UGT de mi padre, Antonio Elorza, que había mantenido en su poder durante la dictadura, con el riesgo consiguiente, y más habiendo sido topo, que ahora guarda la Fundación Largo Caballero. Por eso, cuando a finales de los setenta, conocí a Alfredo Pérez Rubalcaba, durante una negociación para proponer a Joaquín Ruiz-Giménez como rector, se extrañó por mi voluntad de colaboración, siendo del PCE, y yo le expliqué mi propósito de aunar los intereses de ambos. El socialista no me era ajeno. De ahí tal vez que, años más tarde, me contase con sinceridad su postura sobre la corrupción, que cito literalmente en este libro.

Hubo algo más a lo largo del tiempo. A finales de los sesenta, en el raro espacio de tolerancia que creó en torno suyo Juan Velarde, en el Ministerio de Trabajo, publiqué en su Revista de Trabajo por vez primera desde la Guerra Civil los textos de Pablo Iglesias («el Abuelo») y de otros fundadores del PSOE, como Jaime Vera. La censura no podía recogerlos ni prohibirlos por haber sido publicados por un medio estatal, pero sí multar a quien hablase de ello en la prensa, caso de

Soledad Puértolas en La actualidad económica. *Fueron pronto reunidos en un libro, elaborado conjuntamente con María del Carmen Iglesias, titulado* Burgueses y proletarios, *que publicó Laia en 1973.*

Pero Franco aún no había muerto, así que cuando la revista Sistema *centró su número 11 sobre Pablo Iglesias, el Tribunal de Orden Público nos acusó al director Elías Díaz, a Enrique Moral Sandoval y a mí de incitación a la violencia, o cosa parecida, con un premio de dos a seis años. El entonces secretario de* Sistema, *José Félix Tezanos, debe saberlo mejor que yo. Por fortuna, tras el 20-N, el juez Francisco Mateu, más tarde asesinado por ETA, se reveló siendo un admirador de Trotski; yo le aseguré que solo me preocupaba el siglo XVIII, y él me ofreció el sobreseimiento, que acepté encantado.*

En 1979, siendo director de la revista Estudios de Historia Social, *organicé un número especial, conmemorando el centenario del PSOE, abierto con un ensayo de Eric J. Hobsbawm.*

Mi último acto público fue la colaboración, en 2009, en la campaña que culminó en la elección de Patxi López como lehendakari. Tomé la palabra a su lado en el «encuentro con los intelectuales», en el histórico Carlton de Bilbao, como único intelectual, porque los otros dos previstos desistieron a última hora. La mano del PNV era y es poderosa. Quedaba como sorpresa final la larga y fructífera entrevista que mantuve personalmente con un ministro, seis días antes del único debate televisado de la campaña electoral, el 4 de noviembre de 2019, para proporcionar datos que le fueran útiles. Me había convencido aquella declaración de Pedro Sánchez, diciendo que no podría dormir tranquilo con Pablo Iglesias como vicepresidente. Pero «resultó inevitable».

Hay, pues, una nota de amargura en mi toma de posición actual, que enlaza con la de los viejos dirigentes socialistas con quienes tomé parte hace algunos meses en una sesión de terapia política, y de buena comida, en un restaurante asturiano de Madrid. Un desgarramiento compartido por ellos, desde otro ángulo, al ver cómo va siendo desmantelada la aportación que con todas sus sombras representó el tiempo de Felipe González para la democracia y para la modernización de España (que yo, debo confesarlo, entendí mal entonces, aunque no del todo). Por mi brevísima e intensa relación epistolar con la desaparecida Carme Chacón, me atrevo a pensar que ella sentiría una tristeza similar, sobre todo en el tema catalán. Rubalcaba había sido un buen ministro del Interior, pero ella tal vez hubiera intentado otras cosas. Cuando el presente es oscuro, puede no venir mal una ilusión retrospectiva, más necesaria aún cuando el panorama internacional se ha ennegrecido totalmente y a la espalda del infierno que estamos mirando se abre la puerta de otro dispuesto a causar la destrucción de Europa.

Escrito el 1 de marzo de 2025